Ni Buzhidao De

你不知道的中国CHINA

中国地理文化丛书

安徽（二）

江淮之滨

章尚正◎主编

中国旅游出版社

本书编写委员会

主编　章尚正

撰文　章尚正　高超峰　马贤胜　许　贺　余　佳　王　珍　汪　慧　童　伟　胡　娟　杨晶晶　赵乐乐

摄影　章尚正　章志宏　余　敏　等

校对　章尚正　高超峰　马贤胜　刘晓娟　等

序

我们伟大的祖国有960万平方公里的辽阔疆土和1.8万公里的海岸线。从东到西，由南向北，壮丽的山河、富饶的土地，蕴藏着无尽的宝藏，滋养了伟大的中华民族；各地区独具特色的地域文化，共同形成了生生不息、绵延不绝的中华五千年文明。

数千年来，地理环境的不同生成了不同的民族，也成就了不同的文化。北方的草原大漠既养育了能征善战、驰骋欧亚的一代天骄，也造就了千年不衰的敦煌文化和鬼斧神工的月牙泉奇景；东南沿海辽阔的海疆，既便利了徐福、郑和扬帆远航，传播中华文明，吸收海外文化，也成就了一代又一代侨商巨贾，让中国人的足迹踏遍海角天涯；江南水乡富饶的阡陌田畴既哺育了成百上千的文人雅士，也雕琢出道法自然、幽雅绝伦的江南园林；如果说青藏高原的雄伟雪峰、蓝天白云和千古冰川是虔诚宗教的天然乐土，那么川渝的灵山秀水、天府的氤氲气候则是孕育辛辣美味的川菜佳肴的必备温床……在中国这块神秘的土地上，随处可见的是自然和人文的完美结合，随时可感的是中国地理文化的独特魅力。中国人崇尚天人合一，崇尚自然，寄情于山水，借山水寓思想；名山大川，野径小溪，一草一木，不仅成为中国人精神的慰藉，而且承载了中华民族灿烂的文化。

我们编辑出版这套《中国地理文化丛书》，意在区分不同地域，采用通俗易懂的问答形式向读者介绍各地特有的地理风貌、历史遗存、民风民俗、逸闻逸事、宗教文化、风土人情。条目的选取以突出地域性、知识性和可读性为标准，力求让读者通过浅阅读，收获真知识和正能量。为便于查询，本书特按省、市、自治区行政区划编辑成册，每册又以地市级行政区划编目。为保证质量，我们特邀数百位长期从事历史、地理、旅游研究的专家、学者联合编撰，使图书既不失严谨而又真正做到了简约生动，通俗易懂。

了解中华大地不同地域自然和文化的发展和演变，既有助于了解我们世世代代赖以生存的这块土地的昨天和今天，又有助于了解我们伟大的民族和悠久文化的昨天和今天，更有助于把握我们的民族和文化的未来。特别是在中华民族复兴之梦日渐光明的今天，这项工作显得尤为重要。如果我们的努力能为这项神圣的使命贡献一份绵薄之力，那将是我们的无上荣光！

目录
CONTENTS

安庆市

马鞍山市

芜湖市

铜陵市

滁州市

巢湖市

六安市

蚌埠市

淮南市

淮北市

宿州市

阜阳市

亳州市

安庆市

你知道安庆市吗？

安庆位于中国安徽省西南部、长江下游北岸，毗邻湖北省和江西省。安庆市在清乾隆二十五年（1760 年）至 1938 年曾为安徽省省会，现为皖西南的中心城市，辖迎江、大观、宜秀区三区和桐城、宿松、枞阳、太湖、怀宁、岳西、望江、潜山八县市。总面积 1.53 万平方千米，总人口 610 万。其中市区面积 821 平方千米，人口 73 万。境内山地、丘陵和洲圩湖泊各占 1/3。全境地形自西北向东南，分别为山地、丘陵和沿江平原。

安庆属亚热带沿江季风性湿润气候，四季分明，光照充足，无霜期长，严寒期短，是安徽省重要的粮、油、棉、水产品和畜产品的生产基地之一。主要农作物有水稻、棉花、油菜、花生、芝麻、大豆、小麦、玉米等；水生动物有鱼、鳖、鳝、虾等；大别山区盛产香菇、木耳、猕猴桃、柑橘、板栗、名贵中药材及优质名茶天柱剑毫、岳西翠兰、天华谷尖等。安庆已形成以石油化工、轻工纺织、建筑材料、机械电子为四大支柱的工业体系。

安庆战略地位重要，自古以来就是交通要道、军事重镇，明末清初钱澄之有诗赞道：“长江万里此咽喉，吴楚分界共一州。”安庆现为

对外开放一级口岸，可常年通航5000吨级货轮和万吨油轮，素有“千年渡口百年港”之称，为长江沿岸十大港口城市之一。安庆长江大桥横跨大江南北；合九铁路贯穿境内5县（市），与大京九铁路相连；安庆民航已开通北京、广州、武汉、厦门、上海等航线。安庆现已形成水陆空齐备、四通八达的交通网络，为广大游客提供了极大的方便。

安庆是中国历史文化名城、中国优秀旅游城市、国家园林城市。境内遍布名山秀水、人文古迹，有国家级风景名胜区天柱山、花亭湖，全国重点文物保护单位薛家岗文化遗址、振风塔、白崖寨和世太史第，国家级自然保护区鹞落坪，还有国家森林公园5处，国家地质公园1处，省级风景名胜区6处，省级文物保护单位51处，省级历史文化名城桐城、潜山。丰富的自然景观和众多的人文景观，加上优越的地理位置、便利的交通网络，使安庆正成为一座新兴的旅游城市。

“安庆”名称从何而来？

安庆历史悠久，早在新石器时代就有人类在这儿劳动生息。2000多年前，安庆为古皖国的所在地，安徽简称“皖”就由此而来。“安庆”之称始于南宋绍兴十七年（1147年），寓意“平安吉庆”。东晋诗人郭璞曾称赞“此地宜城”，故安庆又别称“宜城”。

为何称安庆为“戏曲之乡”？

安庆是中国著名的戏曲之乡，自明末清初以来，这里诞生了两大地方戏曲剧种——黄梅戏和徽剧。

有人说，不会唱黄梅戏，算不得真正的安庆人。此言不虚，在安庆城乡，无论男女老少，都会哼几句“树上的鸟儿成双对……夫妻双双把家还”。黄梅戏原名“黄梅调”，是18世纪后期在皖、鄂、赣三省毗邻地区形成的一种民间小戏。其中一支逐渐东移到以安徽省桐城县（现为桐城市）为中心的安庆地区，与当地民间艺术相结合，用当地语言歌唱、说白，形成了自己的特点，被称为“桐城歌”或“黄梅歌”。这就是今日黄梅戏的前身。黄梅戏以其动人婉转的唱腔、醇厚甜润的韵味、清新浓厚的乡土气息以及载歌载舞的欢快表演形式，深受人们的喜爱，并迅速崛起为全国五大戏曲剧种之一，享誉中外。

徽剧产生在皖南和安庆一带。徽剧的繁荣，对中国近代戏曲的发展产生了巨大的影响，特别是对国剧“京剧”的诞生起了重要的推动作用。清乾隆年间，安庆四大徽班进京演出，深受京城皇族及百姓的喜爱。四大徽班领袖安庆人程长庚将徽剧、汉剧、昆曲、秦腔融为一体，使徽调逐渐演变为以西皮二黄唱腔为主体的京调，造就了新的剧种——京剧，程长庚因此被誉为“京剧鼻祖”。

黄梅戏到底起源于哪里？

20 世纪 50 年代，“黄梅戏源于湖北黄梅县，发展于安庆”的说法曾经流传甚广，现在学者对此广泛考证后多有质疑。

陆洪非在 1985 年出版的《黄梅戏源流》一书中，列举了对黄梅戏源头的四种说法。说法一：“黄梅戏源自安徽桐城的《桐城歌》，而《桐城歌》在明朝时就传到黄梅一带。他首肯这种观点，他认为黄梅戏是由桐城县罗家岭的严凤英唱红的，而罗家岭的方言是纯正的桐城腔，由此可证桐城是黄梅戏的源头。”说法二：“黄梅戏是在‘怀宁腔’的基础上发展起来的。每当春种秋收之时，农民们惯唱‘怀调山歌’来歌颂自己劳动的丰收。这种民间优美抒情的山歌小调，统称为‘怀宁调’。”说法三：“黄梅戏起源于安徽安庆地区。从前每逢黄梅季节，常常洪水成灾，四乡农民为了祈求丰年，就在这个时候举办迎神赛会，会上出现各种歌舞演唱，在这种歌舞演唱形式的基础上产生的一种戏曲形式，因与黄梅季节有关，故名曰‘黄梅调’。”说法四：“黄梅戏源于湖北黄梅县的民歌小调即黄梅采茶调。”

戏曲理论家吴福润先生在《黄梅戏艺术》杂志撰文，认为桐城（安庆）“黄梅戏”全国闻名，而黄梅戏起源地众说纷纭，部分人认为起源于湖北黄梅县，可能是由“黄梅”二字引来的误传。“黄梅戏”的确与“黄梅”二字息息相关，但“黄梅”不是人们所说的黄梅县，而是“黄梅山”。传说此山因很久以前寒冬腊月山上遍开黄色梅花而得名，后来“黄梅”逐渐稀少，现在偶尔也能发现“黄梅”踪迹。

也有人认为如今争论黄梅戏源于哪儿已没有意义，对黄梅戏的发展没有任何推动作用，建议专家学者将更多注意力放在黄梅戏本身的发展规律上，进一步巩固、提高黄梅戏这个地方剧种在当今戏曲领域中的地位。

安徽黄梅戏发展历程如何？

黄梅戏是安徽省的主要地方戏曲剧种。在湖北、江西、福建、浙江、江苏、台湾等省以及香港地区亦有黄梅戏的专业或业余的演出团体，受到广泛的欢迎。

黄梅戏的发展历史，大致分为三个阶段：

第一阶段，约从清乾隆末期到辛亥革命前后。产生和流传到皖、鄂、赣三省间的采茶调、江西调、桐城调、凤阳歌，受当地戏曲（青阳腔、徽调）演出的影响，与莲湘、高跷、旱船等民间艺术形成结合，逐渐形成了一些小戏。又从一种叫“罗汉桩”的曲艺形式和青阳腔与徽调中吸收了演出内容与表现形式，于是产生了完整的故事本戏。从小戏到本戏还有一种过渡形式，老艺人称之为“串戏”。所谓“串戏”就是各自独立而又彼此关联着的一组小戏，有的以事“串”，有的则以人“串”。“串戏”的情节比小戏丰富，出场的人物也突破了小丑、小旦、小生的三小范围。其中一些年龄大的人物需要用正旦、老生、老丑来扮演，这就为本戏的产生创造了条件。

第二阶段，从辛亥革命到1949年。这一阶段，黄梅戏演出活动渐渐职业化，并从农村草台走上了城市舞台。黄梅戏入城后，曾与京剧合班，并在上海受到越剧、扬剧、淮剧和从北方来的评剧（时称“蹦蹦戏”）的影响，在演出的内容与形式上都起了很大变化。编排、移植了一批新剧目，其中有连台本戏《文素臣》、《宏碧缘》、《华丽缘》、《蜜蜂记》等。音乐方面，对传统唱腔进行初步改革，减少了老腔中的虚声衬字，使之明快、流畅，观众易于听懂所唱的内容。取消了帮腔，试用胡琴伴奏。表演方面，吸收融化了京剧和其他兄弟剧种的程式动作，丰富了表现手段。其他如服装、化妆和舞台设置，亦较农村草台时有所发展。

第三阶段，从 1949 年至今。1952 年，桐城黄梅戏艺人带着《打猪草》、《蓝桥会》等剧目到上海演出。严凤英、王少舫合演的《天仙配》、《女驸马》摄制成电影片，轰动海内外。几十年来，安徽省培养了一大批黄梅戏演员，除对黄梅戏演唱艺术有突出贡献的严凤英、王少舫等老一辈艺术家外，中青年演员马兰、韩再芬等相继在舞台上、银幕上和电视屏幕上展现了各自的英姿，《牛郎织女》、《秋千架》、《徽州女人》等新剧的上演，无不引起戏剧界的轰动，显示了强劲的艺术生命力。

黄梅戏表演形式有何特点?

黄梅戏唱腔委婉清新，分花腔和平词两大类。花腔以演小戏为主，富有浓郁的生活气息和民歌风味，多用“衬词”，如“呼舍”、“喂却”之类，有《夫妻观灯》、《蓝桥会》、《打猪草》等；平词是正本戏中最主要的唱腔，常用于大段叙述、抒情，听起来委婉悠扬，有《梁祝》、《天仙配》等。现代黄梅戏在音乐方面增强了“平词”类唱腔的表现力，突破了某些“花腔”专戏专用的限制，并且吸收民歌和其他音乐成分，创造了与传统唱腔相协调的新腔。

黄梅戏语言以安庆地方语言为基础，属北方方言语系的江淮方言。

其特点为唱词结构在整本戏中多为七字句和十字句式。黄梅戏以高胡为主要伴奏乐器，加以其他民族乐器和锣鼓配合，适合于表现多种题材的剧目。

黄梅戏有哪些优秀剧目？

旧时黄梅戏号称“大戏三十六本，小戏七十二折”。大戏主要表现当时人民对现实的不满和对自由美好生活的向往，如《荞麦记》、《告粮官》、《天仙配》等。小戏大都表现农村劳动者的生活片段，如《点大麦》、《纺棉纱》、《卖斗箩》。

新中国成立以后，先后整理改编了《天仙配》、《女驸马》、《罗帕记》、《赵桂英》、《慈母泪》、《三搜国丈府》等一批大小传统剧目，创作了神话剧《牛郎织女》、历史剧《失荆斩》、现代戏《春暖花开》、《小店春早》、《蓓蕾初开》。其中《天仙配》、《女驸马》和《牛郎织女》相继搬上银幕，在国内外产生了较大影响。

为什么说“黄梅皇后”严凤英的一生坎坷？

严凤英，一个让人难以忘却的名字。在她之前，黄梅戏只是一个难登大雅之堂的地方小调；自她以后，黄梅戏才随着《天仙配》、《女驸马》等戏的走红风靡全国。在20世纪五六十年代，严凤英被誉为“美的化身”、“黄梅皇后”。但严凤英一生坎坷，戏路情路波折不断。

严凤英生于1930年，卒于1968年，她本名黛峰，艺名凤英，祖籍安徽桐城罗家岭。她12岁拜师学唱黄梅戏，为族人、家庭所不容，后离家出走正式搭班，改艺名为凤英。1946年在群乐剧场演出，以《小辞店》、《游春》轰动安庆，因此盛名招致灾祸。

1948年，社会动荡不安，不满20岁的严凤英流落到上海，新中国成立前夕又辗转到南京。为生计所迫，严凤英易名严岱峰，先在舞厅伴舞，后结识京昆世家甘贡三之子甘律之，学唱昆曲《游园惊梦》等。严凤英对京昆艺术的刻苦追求，为后来她在黄梅戏中的精湛演技奠定了良好基础。

1951 年她重返安庆。1953 年调入安徽省黄梅戏剧团，历任安徽省黄梅戏剧团演员、副团长，中国剧协第二届理事，中国文联第三届委员，第四届全国政协委员。1954 年参加华东区戏曲观摩会演获演员一等奖。1960 年获全国先进工作者、全国三八红旗手称号。

在安徽省黄梅戏剧团的 13 年间，严凤英演出了 50 多个大小剧目，如《天仙配》、《女驸马》、《红色宣传员》、《刘三姐》、《牛郎织女》、《党的女儿》以及《江姐》等。尤其在《天仙配》、《女驸马》中塑造的七仙女、冯素贞的艺术形象，已成了她的代表作，也成了黄梅戏的传世经典。她主演的《天仙配》、《女驸马》、《夫妻观灯》、《牛郎织女》，被拍摄成了黄梅戏电影艺术片。她主演的《天仙配》荣获文化部“金质奖章”。严凤英的唱腔圆润明快，亮丽沙甜，委婉动听，韵味浓郁，表演质朴细腻，吸收京剧、越剧、评剧、评弹、民歌等唱腔之长，并将它们融会贯通，自成一家，被誉为“严派”，成为公认的黄梅戏一代宗师。

“文化大革命”中，她被指为文艺黑线人物、宣传封资修的美女蛇，并被诬蔑为国民党潜伏特务，屡遭批斗，1968 年 4 月 7 日夜自杀身亡。1978 年 5 月 23 日，安徽省委为严凤英平反昭雪，8 月 21 日安徽省文化局举行了严凤英骨灰安放仪式。

严凤英故居展示些什么?

严凤英故居坐落在安庆市宜秀区罗岭镇境内。原为七间明清民居，因年久失修，旧迹不存。为弘扬黄梅艺术，使严凤英的艺术成就昭示后人，当地政府于 2000 年 3 月开始在原址上修建“严凤英故居”，并于 2004 年 4 月竣工、开放。

故居对面的白虎山是严凤英少年时打柴、放牛、唱山歌的地方。门额上“严凤英故居”牌匾为著名书画家刘海粟先生题写。故居占地520平方米，前后两进各五开间平房，中间是庭院，两边为马头墙，青砖灰瓦，基本恢复了原有建筑风格。

进入故居，首先看到的是严凤英雕像。雕像后方为照壁，猩红色绒布铺底，上嵌毛泽东赞扬严凤英的词句："严凤英是个出色的演员，她演的《七仙女》，成了全国人人皆知的故事。"两侧设立6块12面立体展板，展出严凤英艺术和生活两大类图片120余幅，周边悬挂纪念性字画20余幅。进入庭院，两个花坛小巧精美，常年绿荫。四周廊庑通透，石柱础木柱撑檐廊结构。电视屏幕上播放着严凤英主演的传统黄梅戏剧目，她嗓音清脆甜美，演唱声情并茂，给人以很高的艺术享受。后进为故居复原件陈列，内有方桌、条几、靠椅等旧式家具，共展示严凤英生前使用过的物品50余件。

严凤英故居已成为安庆市宜秀区独具特色的人文景点。

为什么说“未至迎江寺，枉到安庆城”？

迎江寺位于安庆城东门，濒临长江，占地3万余平方米，规模宏大，殿宇华丽，气势巍峨。旧称永昌禅寺、古万佛寺，清顺治七年（1650年）易名迎江禅寺，俗称迎江寺。建于北宋开宝七年（974年），明万历四十七年（1619年）扩建，清同治元年（1862年）重建，其后屡有整修和扩建。明光宗书题“护国永昌禅寺”，乾隆题额“弊善狮子吼”，慈禧赐额“妙明圆境”。整个古寺建筑由殿、堂、阁、楼、房、塔、园等古建筑群组合而成，错落有致，蔚为壮观。

寺门上方嵌有清光绪皇帝手书的“迎江寺”三个楷书金字。正门两侧各放置一个重达3吨的大铁锚，意在镇压江河风浪。

整座寺院建筑在长江岸边的高地上，步入山门为天王殿，弥勒佛端坐神龛内，张口憨笑，远眺长江。两边有“张开口（口）吞江心月，不动神（神）游海角天”的楹联，气魄阔大而意趣横溢，绝妙至极。

矗立寺中的振风塔，建于明隆庆四年，距今已有400多年的历史，是长江流域少见的迎江七级浮屠。古塔共七层八角，高72.74米，内有石阶168级，佛像1080尊，碑刻51块，嵌空玲珑，拔地而起，有“万里长江第一塔”之称。

藏经楼为重檐歇山顶，楼内藏有明宣宗敕建的皇宫翰林院手抄本《莲华经观音普门品》附《心经》，全书近2万字经文全是用纯金水在高丽纸上写描而成，赵体楷书，庄重清逸。经书中还有多幅佛像和菩萨普度众生像，画笔细腻，画艺高超，是国家一级保护文物。

迎江寺西面原是慈云阁，现在是熊范二烈士祠，以纪念辛亥革命时期安庆马炮营起义的领袖熊成基、范传甲，以及死于皖及皖籍的辛亥革命烈士。这样的辛亥革命纪念专祠，在全国独此一座。

你见过迎江寺的大铁锚吗?

在迎江寺正门两侧各放置一个重达3吨的大铁锚，这是国内任何一座寺庙都没有的奇观。那么，古寺门口为什么会放一对铁锚呢?

据民间传说，安庆城地形像一艘大船，迎江寺是船头，寺内高高耸立的振风塔是桅杆。有一年，朝廷任命一位姓彭的举人任安庆知府，可左等右等，一个多月过去了，也不见这位彭知府前来上任。

原来这位彭知府听人说安庆像条船，不利于姓彭（篷）的人做官，一旦“篷”挂上了桅杆，安庆城就要漂到大海里去，对知府、百姓皆不利。彭知府转喜成愁，不去上任吧，这抗命不遵之罪又如何承担得起? 为此，彭知府整日在家长吁短叹。彭母毛老夫人见儿子满脸焦虑之色，便询问缘由，听了儿子说出的顾虑后，想了想，道:“儿啊，你不用担心，我自有良策。看来安庆的官忌讳彭（篷）字，我姓毛，娘与你一道去安庆，这毛（锚）把船拴住，不就平安无事了吗?”

彭知府一听大喜，马上命人连夜打造两只大铁锚。第二天一早，彭知府和母亲各乘一副大轿，家人们套马驾车，装上这对大铁锚，前呼后拥赴安庆上任。进城后，彭知府径直来到迎江寺，将这对大铁锚安放在迎江寺正门台阶上，又进寺求神拜佛之后，才前往府衙接印。

说来也怪，自打有了这对大铁锚，安庆果然年年风调雨顺，五谷丰登，百姓安居乐业。当你游览迎江寺时，可别忘了看一看这对护佑安庆人民平安的大铁锚。

“万里长江第一塔”是哪座塔？

民谚“过了安庆不看塔”，这塔就是屹立在迎江寺内、号称“长江第一塔”的振风塔。

安庆振风塔从明隆庆四年（1570年）建成，迄今400多年，原名万佛塔，后取名“振风”，有“以振文风”之意。

相传，在明代之前，安庆没有出过状元，文风凋敝。一些星象家端详安庆的地形之后，煞有其事地认为，安庆一带江水滔滔，文采难以在此扎根，须建塔镇之，才能不让文采东流。这种说法虽然荒诞，但有趣的是，安庆自建成振风塔之后，境内果然文风昌盛，才人辈出，明、清两代，不仅出了父子宰相张英、张廷玉，状元赵文楷，文人、作家更是数不胜数。

▲ 安庆万里长江第一塔

振风塔为楼阁式砖石结构，塔高82.74米，仅次于84米高的河北定县开元寺塔。振风塔共7层，分168阶盘旋而上，直达塔顶。塔底层供奉一尊5米高的西方接迎佛，二层供弥勒佛，三层供五方佛，四层以上有砖雕彩色佛像600余尊。塔身用砖石砌成，浑厚坚固，由上而下各层的周宽和宽度均按比例逐渐缩小；每层八角，各悬铜铃，风起叮当作响；各层塔门通道出口迥异多变，如同迷宫，游人往往迷入难出。

塔内厅室均呈空心八方形，有精致的砖雕拱门，塔内有浮雕佛像600多座，碑刻51块，第二层至第五层外有石栏环卫，游人可以登楼眺望，巍巍龙山，浩浩长江，全市景色，一览无余。第六层有合抱粗的丁字木圆形刹杆直通塔顶。塔顶为八方体“须弥座”，上接半圆形“覆钵”和5个铁球（佛家称作“相轮”）、一个葫芦“宝瓶”。从相轮到飞角悬挂的8根铁索，叫作“铁伞”。整个塔顶，成为“塔刹”，与塔浑然一体，建筑之精巧，气象之壮观，令人叹为观止，因而振风塔被历代游人赞为“沿江最美之塔”。

由于振风塔矗立在东门江边，每当朝日夜月，塔影倒映江中，虚实交辉，灵光隐射，形成“塔影横江”，为“安庆八景”之一。

安庆市有哪些著名的古建筑？

安庆市是中国历史文化名城。安庆市现存历代古建筑410处，散布在广袤的城乡，形成别具风情的胜景奇观。其中有楼阁式结构的城区谯楼、广嗣殿、慈云阁、怀宁白麟畈的铁砚山房、桐城市的半山阁、方氏九间楼、枞阳浮山镇双瞻阁、潜山县龙潭乡杨家祠堂、太湖县城新华街王氏宗祠、望江城关的文庙；坊式结构有市区钱牌楼石牌坊、倒扒狮石牌坊、岳西县牌坊村的斯桥牌坊；桥有怀宁县思皖桥、桐城市的紫来桥；亭式建筑有桐城市的凌寒亭、枞阳县周潭镇的八角亭、岳西冶溪乡的九老亭、里仁村的余贤公亭堂；台式建筑有怀宁县小市镇的孔雀台、宿松县北浴乡廖河戏台、南台山的太白书台；古寨大多坐落在潜山、岳西两县，其中著名的有潜山县天柱山中的总关寨、东关寨、西关寨、南关寨、北关寨五大寨，岳西县司空山中的司空山寨、旗山的飞旗寨、石关乡的伏龙寨以及白云寨、桃园寨、马园寨等。

你知道安庆世太史第吗？

世太史第，又称“四代翰林第”，全国重点文物保护单位，坐落在安庆市区天台里44号。因宅第主人赵氏祖孙四代赵文楷、赵昀、赵继元、赵曾重均入翰林而得名。宅第始建于明万历年间；清咸丰十一年（1861年），曾国藩入驻安庆城时，曾于宅第设长江粮台；同治二年（1863年），翰林赵昀购后重建。现存四进，每进面宽均为20米。各进之间采用天井做法，两侧山墙为马头墙。大门为八字形门第，门楣上为砖刻楷书“世太史第”横额。门两侧有砖刻楹联：“江山如画，物我同春”。汉白玉石门边框用阴文线刻各种几何图案，线条清晰，技法精湛。西侧有共用山墙的四进住宅，有三门与其相通。两组建筑格调相似，布局、年代相近，实为一体，总面积1500平方米。全国政协副主席、全国佛教协会会长、著名书法家、诗人赵朴初（赵文楷五世孙）即出生于此。

你知道安庆谯楼吗？

谯楼，又名望楼、鼓楼。坐落在安庆市区司下坡北端，坐北朝南。始建年代不详，明洪武元年（1368年）重修。楼为砖木结构，分上、下两层。上层望楼面阔五间，面积211平方米；下层基座为长方形砖石夯土城门式结构，长54米，宽18米，高达4.2米，四周均由青砖砌成护体墙。正中为拱券门洞，宽4.25米，净高3.1米，内壁用青砖垒砌。基座左侧后墙辟有砖券门洞，砌有花岗石踏跺22级，直通基座平台，结构奇特。因得地势之利，踞高面江，具有“楼不倚江江倚楼”之气概。楼旁有古名胜“双桧轩”。清雍正年间，安庆知府徐士林在此题刻长联：“供长生位，刊德政碑，莫非世俗虚文，试问那件事轰轰烈烈，堪配龙山皖水；贴盟誓联，挂回避榜，都是官场假象，只要这点心干干净净，无愧白日青天。”清同治六年（1867 年），安徽布政使吴坤修重修谯楼时，题书楼额为“白日青天”，寓意为官当“明镜高悬、清正廉洁”，故该楼又俗称为“白日青天”。

你知道安庆钱牌楼石牌坊吗？

钱牌楼石牌坊坐落于安庆市区钱牌楼街，东西面向，当街而立，为明代刑部尚书钱如京所立，故又名“大司徒坊”。牌坊为 4 柱 3 门牌楼式汉白玉建筑。坊体高 4. 43 米，宽 7 米。中门东侧抱鼓石上雕有如意纹饰，门头枋上雕刻有莲花图案；南北次门额枋前后雕有 3 组图案；下额枋为瑞兽花浮雕，瑞兽在花草、卷云中翻转腾跃，气势磅礴；额垫座上是菱形、三角几何纹饰，细腻娟秀；上额枋为花草、云形纹饰，飘逸生动。其雕刻技艺繁简相宜、图纹虚实相间，体现了明清时期我国的石雕艺术成就。

大龙山有哪些旅游资源？

大龙山屹立于安庆城北，离市区 10 千米，为城郭之天然画屏。其山自西向东绵亘起伏，山势雄伟，秀嶂叠岭，蜿蜒似龙，而得名龙山。山周 25 千米，面积 120 余平方千米，呈南北走向，横跨市郊和怀宁、桐城二县。龙山四面环水，东依石塘湖，南临长江，西饮石门湖，北靠菜子湖。龙山缊藏有丰富的铜、铁、铅、磷、石棉、明矾等矿藏。大龙山有 92 峰、82 岩、72 岭、62 洞、36 壑、108 奇石，还有乌龙溪、白龙溪、黄龙溪、赤龙溪四大溪流和六条瀑布。大龙山多寺庙观道，有“龙山七十二刹”之说，旧时安庆府就以龙山为镇府之山。

龙山风景区有灵山石树、三县尖、龙山第一刹、石塘湖、龙泉寺、龙湫、洪桂山 7 个景区，景点 200 多处，其中人文景观 35 处。龙山四季风光如画：春季繁花似锦，漫山飘香；夏天峰峦滴翠，泉瀑欢鸣；

秋时满山红遍，层林尽染；冬日银装素裹，晶莹剔透。尤其是朝霞初升或雨后乍晴，远望云雾缭绕，峰峦时隐时现，被誉为“龙山晓黛”，乃安庆胜景之一。此外，还有许多由“冰石流”形成的巨石散布在山壑之间，有的形若伏虎，有的状似卧牛，还有石猴、石狮、石盘、石仓、石树等，千姿百态，形象动人。这些罕见的怪石，不仅给龙山增添了神奇的景致，而且把游人带入了美妙的幻境。

“灵山石树”因何而得名？

景区位于大龙山风景名胜区内，以奇石幽洞为特色。全山由巨型球状花岗石垒叠而成，满山巨石逶迤相叠，组合成一棵枝粗叶盛的参天大“树”，从山麓直冲山顶，雄伟而奇绝，独特景观国内罕见。

相传很久以前，龙宫里的一条黄龙游至此地，因而山有灵气，游人到此，便会家出才子，大富大贵；从此，这里人杰地灵，故称为“灵山”。后来此龙被龙王急召回龙宫，黄龙游兴未尽，顿感不悦，但王命难违，便愤然起驾，不想腾空时用力过猛，导致一阵飞沙走石，使山上的石头纷纷滚落。一些巨型圆卵石便积聚在山谷之中，且从谷底顺山势叠至山顶，形成树的主干，而撒落在两旁山岗上的碎石就成了树的枝叶。远观其全貌，它酷似一株参天大树，“灵山石树”因此而得名。

石树山上沿途景点的分布比较集中，有“海龟观日”、“天狗望月”、“莲花吐蕊”、“童女献寿”等。游览石树有两条线路，一条是从山腹通幽洞直上山顶；另一条则是沿地坡石阶而上。通幽洞全长1500米，洞内堆砌错综复杂，由近百个洞室相连，且是洞中有洞。有的洞宽敞如厅堂，能容几十人；有的狭窄如斗室，仅能供一人侧身而过。有的洞内泉水长年不断，每当盛夏，凉爽异常，温度在26°C左右，是避暑的好地方。

灵山石树是地质学“倒石堆崩塌”现象的重要遗迹，据专家考证，该遗迹在规模上、品位上堪称一流，就是在全国都属罕见，具有地质科研、科普价值。

邓石如的书法为何被誉为“国朝第一”？

邓石如（1743～1805 年），清代著名书法家、篆刻家，安庆怀宁人，原名琰，因避嘉庆讳，以字行，号顽伯、完白山人、笈游道人、古浣子。

他十分热爱家乡的山水，刻有一方印章“家在龙山风水间”，他的号“完白山人”便是来自安徽简称“皖”。邓石如的书法艺术已经达到了“平和简静、遒力天成”的境界，尤其是他的篆刻艺术，打破了当时流传的“馆阁体”刻板拘谨的陈规，大胆创新，开清代碑学之宗，世称“皖派”（又称“邓派”）。他在书法、篆刻艺术上获得的杰出成绩，在当时书法界被推为“国朝第一”、“神品”，在中国书法、篆刻史上有着巨大影响。

相传，当时状元出身的翰林院编修金榜正在家乡兴建祠堂，所有的对联匾额都是自己亲笔手写，并由石工刻好，见到邓石如的书法，金榜自叹不如，厚礼将邓石如请回家中，卸去家中所有刻联悬额，还虚心向邓石如学习篆书。一年后，金榜又将他推荐给太子太傅、户部尚书曹文埴。曹文埴见到邓石如的书法、篆刻作品，惊叹为“国朝第一”。1790 年，适逢乾隆皇帝八十寿辰，曹文埴邀请邓石如进京，一时轰动京城，当时以书法闻名的相国刘文清、以书法鉴赏闻名的陆锡雄见到邓石如的书法都大惊“千数百年无此作矣”。当时京中善于书法之人都以结识邓石如为荣。

你知道邓石如的铁砚山房吗？

铁砚山房是清代书法、篆刻大师邓石如的故居，坐落在安庆市宜秀区五横乡白麟畈。铁砚山房始建于清乾隆年间，主体建筑为穿斗式砖木结构，共四进：第一进为三开间的门厅，有邓石如之子邓传密题写的“铁砚山房”隶书门额；木刻门联为“绿蒲水暖鱼儿戏，红杏花明燕子归”二、三进为2层楼阁式建筑，面阔五开间，进深二间。第二进正厅三开间，名“守艺堂”；第三进名“燕誉居”；第四进为仓房。主体建筑两侧为斋馆庭院，旧有“求声馆”、“挹翠楼”。外围为花园。整座建筑占地1000平方米。铁砚山房面向东南，南望风景秀丽的大龙山，北以凤凰山为屏，西有虎形、白麟两山，合称“四灵山水”。邓石如曾篆有“家住四灵山水”、“家在龙山凤水”、“凤桥麟坂归茅庐”等闲印，以纪念家乡山水之胜。两弹元勋邓稼先就出生于“守艺堂”西住房内。

你到过陈独秀陵园吗？

陈独秀陵园坐落于安庆市北郊叶家冲，占地10公顷。

陈独秀（1879~1942年），又名乾生，谱名庆同，字促甫，号独秀山人，怀宁广圩（今属安庆市）人。17岁考中秀才，18岁发表政论文章，抨击时弊，积极投身辛亥革命，是安徽光复会少数领导者之一。1915年创办《新青年》杂志，传播新思想、新文化，宣传德先生（民主）和赛先生（科学），他提倡的民主与科学的思想成为五四新文化运动的指导思想；他团结与影响的一批青年，成为五四运动的骨干力量，毛泽东称其为“五四”运动的总司令。1921年中共在上海召开首届党代会，陈独秀被选为党中央委员会总书

▲ 陈独秀陵园

记，一直到 1927 年第五届党代会连选连任党中央第一把手。

陈独秀一生曲折坎坷，但始终坚持革命、民主、科学、进步、爱国的政治信念；他一生从秀才到总书记、从领袖到平民，襟怀坦荡，光明磊落，敢于追求真理，既不阿附日本侵略者，也未向国民党屈膝。他屡遭磨难，荣辱不惊，威武不屈，贫贱不移，曾五次坐牢，仍矢志不变，铁骨铮铮，浩气凛然。他一生严谨治学，人格高尚，正直处世，文章著作硕果累累，现存各种文章、诗词、书信等共 1600 余篇，给后人留下了宝贵的精神财富。

陈独秀于 1942 年病逝于四川江津，1947 年归葬于故乡。1991 年，陈独秀墓被列为省级重点文物保护单位。

墓地占地 1058 平方米。墓坐北朝南，由墓冢、墓碑、墓台、护栏、墓道构成。墓冢是在原墓的基础上升高扩大的，半圆形墓冢高 4 米，直径 7 米，汉白玉贴面。黑色花岗岩墓碑通高 2. 4 米，碑身高 1. 8 米，墓碑上书“陈独秀先生之墓”几个苍劲的欧体字。墓台用汉白玉铺砌，两层，正方形，通高 2. 4 米，四周有汉白玉栏杆。墓前有宽阔的石阶和通道，墓南台阶与长 30 米、宽 6 米的墓道相连接。墓的两侧各排列 32 株杉树，喻示着陈独秀走过的 64 个春秋；5 棵龙柏松则代表他曾经担任过中国共产党一大至五大的总书记或执行委员会委员长。

从墓冢东北方向穿过一条林间小径，约百米处有一小院，占地 1. 2 亩，院中二层主楼于 1995 年始辟为陈独秀生平事迹陈列室。内设 5 个展厅，由 10 个标题版面构成，展览使用照片资料 153 张、文献资料 6 份、生活用具（家具）16 件，其中国家一、二级珍贵历史文物 4 件。

陈独秀墓为何要五次立碑?

第一次立碑：1942 年 5 月 27 日，陈独秀逝世于四川江津鹤山坪石墙院，终年 63 岁。陈独秀生前轰轰烈烈，死后竟无钱安葬，幸亏江津名绅邓蟾秋、邓燮康叔侄及同乡、同学、朋友的捐助，才置了四川香楠木棺材，临时厝于西门外鼎山邓夒康园地（此地现修复为陈独秀衣冠冢）。陈独秀的特殊经历，令人难以对他盖棺论定，故墓碑上只刻陈独秀生前好友欧阳竟吾写的“独秀先生之墓”。碑上 6 个字，不含姓氏，直呼先生，体现了朋友间的一往情深。

第二次立碑：陈独秀生前钟爱家乡的独秀山，死后仍想和独秀山在一起。临终前，他嘱咐三子陈松年说：“以后回家，把我的棺木和祖母的棺木都带回去。”陈松年哭着答应了。1947 年 2 月，陈松年根据父亲遗言，雇了一只浙江帮船，载了祖母、父亲两具灵柩回到了家乡安徽安庆，并将父亲葬于安庆北门叶家冲（现属十里铺），与元配夫人高晓岚合于一冢。这既遂了父亲的遗愿——因为此处与独秀山不远，同时也遂了母亲生不能与丈夫同寝，死能合冢的遗愿，可谓两全之策。墓碑很小，正中刻着“先考陈公乾生之墓”8 个字。

第三次立碑：1953 年 2 月，毛泽东到安庆视察时说：“陈独秀早期对马克思主义是有贡献的；中期，他创造了党，有功劳；后期他犯了错误，类似俄国的普列汉诺夫。”由此可见，毛泽东对陈独秀的评价是中肯的，对他的功绩还是赞赏的。但“文化大革命”浩劫后，陈松年带着子女去扫墓，墓已不像墓了，只是荒草丛中的一小土堆，连原先的墓碑也无影无踪。1979 年 10 月，陈松年得到当地有关部门同意和资助，以延年、乔年、松年、鹤年 4 个儿子的名义重修了墓地。墓，仍然是土坟，重立之碑的碑文改为“陈公仲甫字独秀、母高太夫人合葬之墓”。

第四次立碑：1980 年邓小平指出：林彪、江青是反革命集团；陈独秀，还有瞿秋白、李立三同志这三人，不是搞阴谋诡计的……“重要问题要加以论证”（《邓小平文选》第二卷第 257 页）。封冻几十年的陈独秀研究工作开始松动了，陈独秀墓地也开始受到关注。1982 年，安庆市政府确定陈独秀墓为市级文物保护单位，重修了墓冢。墓冢坐北朝南，四周用白石条砌了石栏，石栏外围是一条防山水的土沟。墓顶仍是土冢，未封盖。又重新立了一块墓碑，碑上刻着“陈独秀之墓”5个字，石碑的背面仅有生卒年月，无其他字样。正如萧克将军所言，当时陈独秀问题正处于“半禁区”，“还有顾虑”，所以只能如此。

第五次立碑：随着拨乱反正工作深入开展，特别是1989年前苏联解体后，原苏联和共产国际的历史档案公开了，大革命时期陈独秀问题的史实真相大白于天下，强加给陈独秀的一些罪名也一个个被否定。于是陈独秀墓也逐步得到各级领导的重视。安徽省政府于1998年5月批准陈独秀墓为省级重点文物保护单位。同年中央领导对陈独秀父子故居和墓地的问题作了批示，11月中央还派督察员到安庆就批示办理情况进行了专项督察。中央和省、市有关部门投资1300万元，对陈独秀墓进行全面修缮，现在墓区已开辟为独秀园，墓碑上刻着“陈独秀先生之墓”7个大字，此碑与上一次相比加了“先生”两字。

半个世纪以来，陈独秀墓碑共立了5次，从名字的不同到称谓的变化，使小小墓碑成了一部浓缩的历史，它记载了中共对待历史问题的曲折历程。

你了解“文都”桐城吗？

桐城因其为清代著名的文学流派桐城派的发源地而声名远播。桐城地处安庆市的东南部，历史悠久，文风昌盛，为江淮文化圈的发祥地和集中地。早在春秋时代，即建桐国；公元757年正式建县，1996年撤县设市。桐城“抵天柱而枕龙眠，牵大江而引枞川”，为江、山咸阳之地。古桐城春秋时附于楚，三国时隶属吴，后因其地又西邻湖北，东望江浙，故有“楚头吴尾”之称。桐城物产丰富，山川亦“秀绝人寰”。明代理学家陈献章游桐城，写下《题王判府相桐乡深处》诗，说桐城是“十里溪流十里花，居民多在水之涯”，“僻静园林开栋宇，宽间田地种桑麻”，“天下原无此地佳”。

桐城人文勃兴，代有英才。唐、宋两代的曹松、李公麟，一以诗名，一以画显。明清时期中进士者就达240余人。其中，明末大思想家、科学家方以智堪称“17 世纪罕与伦比的百科全书式”的大学者；特别是以方苞、刘大櫆、姚鼐为代表的“桐城派”，是中国文学史上迄今为止时间最长、作家最多、影响最大的散文流派。近现代桐城文化名人有美学宗师朱光潜，一代大哲方东美，革命家、外交家黄镇，农工民主党创建人章伯钧，计算机之父慈云桂。桐城是黄梅戏之乡，孕育了以严凤英为代表的一代黄梅戏表演艺术家。桐城也因此而成为安徽省历史文化名城，享有“文都”盛誉。

为什么说“天下文章在桐城”？

“天下文章其在桐城乎！”这是清朝乾隆年间世人对桐城派文章的赞誉。

桐城派又称桐城文派，桐城古文派，因其主要代表人物方苞、刘大櫆、姚鼐均系桐城人，故学界将他们连同追随他们的作家群统称为桐城派。桐城派绵延 200 余年，麇集作家 1200 多人，留下传世之作 2000 余种，成为中国文学史上历时最长、参加人数最多、影响最大的文派。近代国学大家马厚文有诗为赞：“黄舒山水古今奇，释氏衰微儒士追。何意高文归一县，遂令天下号宗师。”

明、清两代，桐城文风流播全国，有“天下文章看桐城”之说！其代表人物有方苞、刘大櫆、姚鼐、戴名世、方东树、姚莹、吴汝纶等。

“桐城三祖”指的是谁？

从明中叶以来，桐城学术兴起，士人多结社讲学，“能振笔为古文者，代有传人”。桐城派的形成肇始于方苞，经刘大櫆而渐大，至姚鼐而鼎盛。方苞、刘大櫆、姚鼐，他们都是安徽桐城人，故称“桐城派”，他们三人则被尊为“桐城三祖”。

“桐城派”散文理论的建立，是从方苞开始的。方苞（1668～1749年），清代散文家，字凤九，一字灵皋，号望溪，安徽桐城人，清康熙四十五年（1706年）进士。康熙五十年（1711年），被牵连进戴名世《南山集》案入狱，先被判死刑，后由李光地等人多方营救，得以赦免。赦出后隶汉军旗籍，入直南书房。雍正时赦还汉籍。历任《一统志》总裁，《皇清文颖》副总裁，《三礼义书》副总裁。乾隆二年（1737年），擢礼部右侍郎，七年辞官回乡。他是桐城派散文的创始人，提倡写古文要重“义法”，重“清真雅正”。他在行文时始终以此为宗旨，文章写得雅洁精练，没有支蔓芜杂的毛病，开创清代古文的新风貌。方苞尊奉程朱理学和唐宋散文，因而发表很多文章反对黄宗羲、颜元的反程朱理学的思想，在当时影响极大。著有《望溪先生文集》18卷，《集外文》10卷，《集外文补遗》2卷。

刘大櫆（1698～1780年），字才甫，一字耕南，号海峰，今汤沟镇陈家洲人。刘大櫆20多岁以布衣入京，方苞见到他的文章，极其叹服说：“如苞何足算哉！邑子刘生乃国士尔！”并赞他是韩愈、欧阳修一流人物，一时名噪京城，士大夫多愿与其结交。清雍正七年（1729年）、十年（1732年），两次参加考试都登副榜。清乾隆六年（1741年），由方苞荐举应博学鸿词科，被大学士张廷玉压制落选，张后知大櫆同邑，深感惋惜。乾隆十五年（1750年），张廷玉特举其参试经学，又未被录取。大櫆60岁后为黟县教谕。几年后告归，居枞阳江滨不再出游，以文学教授生徒。

大櫆师事方苞，又是姚鼐的老师。大櫆虽出方苞之门，但文风不同，方苞深于经学，对文章提倡义法，用笔严谨，简明确切；大櫆兼重古文的神韵，博采《庄》、《骚》、《左》、《史》、韩、柳、欧、苏之长，才气雄放，波澜壮阔，形成“日丽春敷，风云变态”的风格。不仅如此，大櫆对“阳湖派”的形成影响也很大。乾隆年间，常州钱鲁斯受业于大櫆之门，后与大櫆弟子王灼一起以“师说”传诵于阳湖恽敬、武进张惠言。恽、张二人始尽弃骈俪之学，专治桐城派古文，传人日众，后称“阳湖派”。大櫆修干美髯，性格豪放，纵声读古诗文，韵调铿锵，喜饮酒，好吟诗。大櫆著作有《文集》10 卷、《诗集》6 卷、《古文约选》48 卷、《历朝诗约选》93 卷等。逝世后，葬于今枞阳金社乡向荣村刘家茗箕地。墓占地 250 平方米，碑文为姚鼐所题，阴补楷书。墓为安徽省级重点文物保护单位。

姚鼐（1732～1815 年），清代散文家。字姬传，一字梦谷，室名惜抱轩，人称惜抱先生，桐城派集大成者。清乾隆十五年（1750 年）举人，乾隆二十八年（1763 年）进士，入翰林院，选为庶吉士，改任礼部主事，充山东、湖南等地副考官，恩科会试同考官，参加《四库全书》编纂，官至刑部郎中职。44 岁辞官回故里，历主江宁、扬州等地梅花、敬敷、紫阳、钟山等书院凡 40 年。

姚鼐提倡文章要“义理”、“考证”、“辞章”三者相互为用。所谓“义理”就是程朱理学；“考证”就是对古代文献、文义、字句的考据；“辞章”就是写文章要讲求文采。这些主张充实了散文的写作内容，是对方苞“义法”说的补充和发展。在美学上，提出用“阳刚”、“阴柔”区别文章的风格。同时，又发展了刘大櫆的“拟古”主张，提出“神、理、气、味、格、律、声、色”为文章八要；学习古人，初步是掌握形式（格、律、声、色），进而是重视精神（神、理、气、味），才能达到高的境界。桐城派古文到姚鼐形成了完整的理论体系。姚鼐著有《惜抱轩全集》和《惜抱轩遗书》，所编《古文辞类纂》风行一时，有力地扩大了桐城派的影响。

姚鼐墓在枞阳县牛集乡阮畈村，面积 240 平方米，圆形土冢，高 1.5 米，墓碑前有花岗石条砌的祭坛和三道拜台，四周竹木苍翠，幽静肃穆。现为省级重点文物保护单位。

桐城文化为何如此兴盛？

桐城文化如此兴盛与桐城人重视教育是分不开的。桐城私塾起源很早，到明代已遍布城乡，明清时期桐城“城里通衢曲巷，夜半诵声不绝；乡间竹林茅舍，清晨弦歌琅琅”。许多贤达智者，淡泊名利，乐于乡里开办教育。方学渐便是“以布衣振风教”的典型。桐城派的大儒们首先也都是大教育家。明、清两代，县学和私塾为桐城培养的进士达 265 人，举人 589 人，其人数之多，实为罕见，以至时有“满朝进士半桐城”之说。

及至近代，新学兴起。传统教育发达完善的桐城，面对新事物亦不甘落后。从文庙向西北去不远，便是著名的桐城中学，其创始人即是被誉为“近代教育先驱”的吴汝纶。吴汝纶曾担任京师大学堂总教习，1902 年游历日本，有感于日本近代教育的发达，回国后便着手创办桐城中学，其为安徽最早的三所中学堂之一。“桐中”的校址当年曾是桐城派文人聚会讲学的地方。走进校园，一股浓厚的人文气息扑面而来。众多石刻点缀于林荫之中。校园里有一棵参天银杏，相传是姚鼐亲手所植，人称“惜抱轩银杏”。“桐中”的校歌借词入谱，记载了吴先生等先辈创业的辛劳，洋溢着“桐中”人对这位“校父”级人物的崇仰和爱戴之情。桐中的学子们也丝毫没有辜负吴先生“代起人豪”的期许和“勉成国器”（校训）的嘱托，章伯钧、朱光潜、慈云桂等彪炳中华近现代史册的人物就是“桐中”学子的佼佼者。

章伯钧少时就读于桐城中学，1922 年，与朱德、孙炳文等一起赴德留学，参加过北伐战争和抗日救亡运动，抗战胜利后，积极从事爱国民主运动，他是民盟和农工民主党两大民主党派的创始人之一。

中国现代美学的奠基人朱光潜，16 岁入桐城中学，他先后在英国和法国获得硕士学位和博士学位，通晓多国语言，是中国大量翻译介绍西方美学经典著作的第一人。他于 20 世纪 60 年代撰写的《西方美学史》一书，是我国第一部全面系统地阐述西方美学思想发展的专著。他长期献身于教育事业，为培养和扶助新人花费了许多精力。身为美学界名副其实的老前辈和权威，他经常说的一句话却是：“我一直在学美学，一直在开始的阶段……”

被誉为“中国计算机之父”的慈云桂，18岁毕业于桐城中学，其后在湖南大学和清华大学就读，1958年，在艰苦的环境下，研制成功了晶体管计算机。1977年，他任“银河”亿次计算机研制项目的技术总指挥和总设计师，经过6个春秋的奋斗，终于研制出达到国际先进水平的巨型计算机，为推进中国计算机事业的发展做出了卓越贡献。

桐城的教育还造就了一大批当代著名学者和作家，诸如方东美、方孝岳、方令孺、马茂元、舒芜等。在桐城，教育与文化形成了一个良性循环。一方面桐城的教育培养了一大批誉满文坛的大儒；另一方面桐城的文人们活跃在全国各地，又主要从事教育工作，使得桐城文化很快向全国乃至海外传播扩散。著名文史学家罗哲文在考察桐城时写道：“想过去冠盖满京华，文章甲天下；看今朝人文重崛起，再度领风骚。”文都桐城，代有传人，也就有写不尽的桐城文章。

为什么说桐城文庙是桐城文化的象征？

说起桐城文化，不得不讲桐城文化的象征——桐城文庙。桐城文庙为明清以来当地祭孔的礼制性建筑群，雄踞县城中心，面临广场，正对繁华街区和平路，名人故居集中的老街三面环拥，如众星拱月。据《安庆府志》、《桐城县志》，文庙原在县城东郊外，始建于元延祐初年（1314年），元末毁于兵火。明洪武初移建于今址，后因屡遭兵火与风雨侵蚀，明、清两代修葺19次。

明代的桐城文庙规模宏大，占古县城城区面积的1/6。现在的文庙是其核心建筑，保存完好，占地面积4150平方米。它以御道为中轴线，对称排列布局；又以大城门为中心，构成一排横式建筑，形成前后两个院落，依次建有：门楼、棂星门、泮池、泮桥、大成门、祭坛、大成殿等，格局堂皇，古朴典雅。

文庙门楼，为三开间亭阁式建筑，左右为红色宫墙，嵌有“宫墙万仞”石刻。它的梁、枋、檐、柱装饰有60多幅人物花卉图案，都是鼓励士子们奋发读书的画图。外观整个文庙门楼，正看为“牌楼”，侧看为“阁”，造型优美，雕刻精细，颇具气势。

后院北端为文庙主体建筑大成殿，它面向祭坛，两侧连接东西长庑。大成殿是一座以斗拱为梁柱节点的木构架抬梁大木殿式建筑，面阔五间，进深三间，总面积达 425 平方米，堪称皖中乃至江南地区大成殿之冠。

通观文庙建筑群，不仅石坊冲天，飞檐凌空，气势宏伟，还有许多造型优美、精巧细致的砖刻、木雕、汉白玉雕，仅文庙门楼就有镂空木雕、浮雕 60 多处，“孔子生平故事”、“渔樵耕读”、“魁星点斗”、“独占鳌头”等图案，逼真传神，生动有趣。

左光斗为何被称为“铁骨御史”？

左光斗是明朝末年著名的民族英雄史可法的老师，一位铮铮铁骨的御史。他一生刚直不阿，关心百姓疾苦，爱护人才，敢于同权贵作斗争，后被宦官魏忠贤迫害致死，他忠毅正直的高尚品格，备受后人敬仰。

左光斗，字遗直，号浮丘，安徽桐城人。他生于 1575 年，自幼潜心读书，虽然天资不是很出众，但学习异常刻苦。桐城一地在明末清初，文风颇为兴盛，名家辈出，左光斗居身于其中，深受熏陶，因而年轻时就颇负才名，除了精通文史外，还比较留心一些经世致用之说，事关国计民生之策。因此可以说他很早就抱有凌云壮志，希冀救国救民。这些思想又促使他养成了清正刚毅的性格。

左光斗 32 岁那年，考中进士，被朝廷授予中书舍人的官职，不久就被提拔为御史，负责巡视监察首都百官。明末政治十分腐败，买卖官爵十分普遍，因而就有人趁机制造假的官符印信，以诈骗钱财，从而形成以吏部为主的造假集团，为害极大。左光斗上任后第一件事就是打掉这个造假窝点，当场搜出假的官印 70 余枚，逮捕假官 100 余人，造假集团的幕后主使金鼎臣也被抓获处死，京城为之震动。

明天启四年（1624 年），左光斗任都察院左佥都御史，率领东林党人与腐朽的魏忠贤阉党集团进行斗争，与东林党领袖杨涟齐名，并称“杨左”。杨涟劾魏忠贤，左光斗参与其事，又亲劾魏忠贤三十二斩罪，被削职为民，次年又被逮捕，押解进京，当时父老头顶明镜，手端清水，拥马首号哭，声振原野，情景十分悲壮。慑于左光斗名声太大，魏忠贤不敢公开杀害，而是命爪牙将左光斗残害致死于狱中，终年仅 51 岁。他的学生史可法称其为“吾师乃铁石铸造的肺腑”。

崇祯帝即位，铲除阉党，冤案方得昭雪，赠左光斗太子少保，谥“忠毅”。他的忠贞义举，成为志士仁人效法的楷模。后人为其建左公祠，又名左忠毅公祠，祠在桐城市区公园街，前为大殿，后为左公住宅（啖椒堂）。左公墓在桐城北乡。他的文章奏议、诗词章句被后人收集在一起，辑为《左忠毅公集》，广行于世。

明末“移宫案”和左光斗有何关系？

明光宗朱常洛病重卧床，召侍寝宫女李选侍入居乾清宫服侍。李选侍野心勃勃，乘机祈求光宗皇帝封自己为皇后，但未达到目的。光宗皇帝死后，李选侍赖在乾清宫不走，假传先皇遗命“母天下”，声言要“垂帘决事”，并勾结阉党魏忠贤、刘朝等人，挟持年幼的太子朱由校，迫令群臣尊自己为皇太后，企图执掌朝纲。左光斗极力反对，他上书太子“且闻李氏侍先皇无鸡鸣脱簪之德（主动自责以劝丈夫勤勉政务的美德），待殿下又无抚摩养育之功，此岂可托圣躬?”李选侍看到左光斗的上书，十分恼火，数次召左光斗入宫欲加以指责。左光斗毫不退让：“我，天子法官也，非天子召不赴。”朝中一批正直的官员也大力支持左光斗，李选侍万般无奈，只得搬出乾清宫，移到仁寿宫（宫女养老处）居住。这就是明末宫廷著名三案之一的“移宫案”。

左光斗为何赏识史可法?

左光斗重视荐贤举能，为国选士。明天启初年（1621 年），左光斗担任京城主考官，一个风雪寒夜，他带着几个随从，经过一座寺庙，看到厢房里一位年轻的书生伏案睡着了，桌上放着刚写好的书稿，左光斗看了书稿之后，十分欣赏，随即解下自己的貂皮披风轻轻盖在书生身上，出门时又轻轻将门掩上。经询问寺里的僧人，得知这个书生名叫史可法。这就是著名的“解貂”的故事。后来史可法赴考应试，左光斗阅看了史可法的试卷后，当即提笔批为第一名，还将他带回家中，拜见自己的夫人，并感叹说：“吾诸儿碌碌，他日继吾志事，惟此生耳。”

“父子双宰相”指的是哪两位宰相?

历史上著名的“父子双宰相”指的是张英和张廷玉。张英是清初理学名臣，历任工部尚书、礼部尚书、文华殿大学士。他为官清正谨严，一生深受康熙宠信，康熙称他“始终敬慎，有古大臣风”；为人又极谦和，遇同僚“善气导迎，未尝有迕”，家居则乡邻以至仆隶“常得其和……无所寄怨”。“六尺巷”故事就源于张英。

张廷玉是康熙、雍正、乾隆三朝元老。在中国历史上，张廷玉并非著名宰相，但却是中国历史上连仕 24 年、任期最长的一位宰相。任上深得雍正、乾隆两代皇帝的信任。雍正生性多疑，但独独相信张廷玉，二人甚至“名曰君臣，情同契友”，这一点与张廷玉的性格有直接关系。良好的家风使他养成了为人谨慎、不事张扬的性格，他有一句名言叫“万言万当，不如一默”；雍正也称他“外和平而内方正”。

到了乾隆朝，汉臣的比重逐渐上升。当时讷亲被称为“满洲泰山”，而张廷玉则为汉臣众望所归，称为“汉江砥柱”。乾隆皇帝对这位三朝元老也敬重有加，当时张廷玉官至军机大臣，封至太子太保、保和殿大学士。死后，乾隆下诏以皇族礼仪厚葬，加谥“文和”，配享太庙，成为汉臣配享太庙第一人，并开清代文臣封伯侯之先例。所以他的墓园也叫“文和园”，位于风景秀美的龙眠山麓，墓道旁排列着形态各异的神兽和石刻，颇有皇家气派。墓园里还有两块雍正亲题御碑，称他为“赞猷硕辅”、“调梅良弼”。

张英墓在哪里？

张英墓，位于桐城市城西北 7.5 千米的龙眠乡双溪村的“金鸡地”。因张英晚年归隐龙眠，筑“赐金园”自居，他自择墓地，传其选择墓地有“金鸡报晓，勤勉侍朝”之意，以表达对康熙皇帝的忠诚，故此地名曰“金鸡地”。该地背枕金鸡山，面对“赐金园”，墓地两旁各有一溪（名双溪），环境幽美。

墓主张英是当朝一品官员，大部分墓饰是“御赐”，材质考究，工艺精美，具有很高的历史和艺术价值，是不可多得的珍贵历史文物。墓座面积 2000 平方米，原墓前设九级石阶，上为拜台，台下置石制供桌、烛台、香炉等整套祭具。台下立石雕翁仲两对，石狮、石兽、石羊、石龟各一对，对称排列，布局规整。前沿有四柱石牌坊一座，高 5 米、宽 8 米，阳文镌刻“恩荣”二字。

清康熙四十八年（1709 年）、乾隆元年（1736 年）御赐碑二方，均为龟座，分立牌坊后。庄重肃穆，气势宏伟，加之风光绮丽，为后人游览、凭吊之境。邑人姚鼐有诗云：“千嶂龙眠碧玉围，双溪蟠绕玉龙飞。圆堤松响交山阁，山崦花光照涧扉。青草已埋黄阁局，绛霄还振素流衣。衰羸幸与年年会，昏黑犹嫌早命归。”

“文化大革命”期间，墓冢两次被炸，墓地装饰物遭摧毁，断碑碎石流散全村。现张英墓被列为文物保护单位，已进行文物修复。

六尺巷从何而来？

在桐城市南隅的西后街，有一条长约百米、宽 2 米的古巷，名为“六尺巷”，至今已有 300 多年的历史。据清人姚永朴《旧闻笔记》和《桐城县志略》记载，清朝康熙年间，文华殿大学士兼礼部尚书张英（乡人称其为老宰相，称其子张廷玉为小宰相）家住桐城西后街巷南，人称“宰相府”，与张家相邻住着一位姓吴的乡绅，两家宅院之间有一块隙地。有一年，吴家大兴土木起造新屋，并将院墙前挪，垒到了相府墙根脚下，占用了这块原属张家的隙地。吴家的举动惹恼了宰相府的人，双方争执不下，张家一怒之下，当即修书一封，急送京城，希望老宰相为家中撑腰。孰料张英知道后，提笔修书予以劝阻，还在信中赋诗一首：“一纸书来只为墙，让他三尺又何妨！长城万里今犹在，不见当年秦始皇。”家人得信惭愧不已，便听从了老宰相的安排，不仅放弃了这块隙地，还主动拆去旧墙院，从原来的墙界后退三尺，另砌新墙，以示礼让。吴家得知后，十分惭愧，也主动退后三尺，砌墙盖房，于是两家墙壁之间便空出这六尺宽的巷道，成为当地美谈。六尺巷后楼毁墙圮，今于原址附近重修，已辟为旅游景点。

康熙赐张英哪些对联？

清朝康熙帝玄烨统驭天下 61 年，以其文韬武略，开创了“康乾盛世”，堪称千古一帝。张英官居宰辅之位，常傍君侧，应对得体，深受康熙器重，赞誉他具有古大臣风范。朝中典语辞章，多出张英之手。清康熙四十一年（1702 年），张英年老归里，闲居城内五亩园及龙眠山赐金园内，含饴弄孙，怡然自得。康熙十分挂念这位老臣，常向张廷玉垂询其父近况，康熙四十二年（1703 年）赐联云“诗书乃立身之

本，孝弟为制行之原”；两年后，又赐联云：“白鸟忘机，看天外云舒云卷；青山不老，任庭前花落花开。”“远处尘埃少，闲中岁月长。”“梗稻年年观获乐，子孙世世读书声。”赐联的同时，康熙还赐予张英“秋水轩”、“双溪”、“种花处”、“谦益堂”、“藻静”等数方匾额。康熙对张英的恩待之心，由此可鉴。

你听过老宰相题画和小宰相对联的故事吗？

清康熙某年的一天，县城紫来茶馆的雅座里，几个书生边品茶边欣赏一幅丹青。画面上一座山庄沐浴着朝阳，村前有条小河，岸柳成行，桥上走着一个飘然若仙的老道；桥头泊着一船，船头立一扬脖欲啼、神气十足的大公鸡，布局得当，情景交融。

书生们跃跃欲试，要为这幅画题诗。可吟来吟去，谁也概括不了这画的全部内容和含意。正在此时，一个衣着平常、手捧黄铜水烟袋的老叟上前笑道：“难矣哉？不难也！”几个书生斜睨了老叟一眼，不无轻蔑地反问：“你能行吗？”老叟点头含笑，挥笔疾书：“日出扶桑万户低，大船拢落小桥西，道人非是寻常客，嘱咐金鸡莫乱啼。”不仅概括了画面的全部构图，且诗意含蓄，既有自喻之意，也有警人之处，一语双关，耐人寻味。书生们一改常态，恭敬地央求老叟落款留名。老叟无奈，只好签名张英，并勉励几个书生以后要虚心求学。书生们感激涕零，领教而去。

一年春节，小宰相张廷玉与其弟廷琢欢聚一堂，廷琢口出一联，请兄作对，联曰：“除夕月无光，点数盏明灯，为乾坤增色。”廷玉一时思穷，无以为对。及至翌晨元旦击鼓，祭天祀祖时，文思激发，对曰：“新春雷未发，击几声镗鼓，代天地扬威。”当年端午节，兄弟饮酒五亩园池边，池中荷叶滚珠。廷琢仍作上联请兄对之，联曰：“白藕入泥，横插玉簪通地理；”廷玉不假思索，脱口成对：“红荷出水，倒悬珠笔点天文。”足见廷玉构思精巧，气魄宏伟。

姚鼐为何写《登泰山记》？

《登泰山记》是清代“桐城派”代表人物姚鼐的力作，享誉中国文坛200余年。这篇文章的诞生，还有一个耐人寻味的故事。清乾隆三十九年（1774年），姚鼐辞官归故里。一路风尘，进入泰山境内，便决定顺道拜访昔时好友泰安知府朱子颖。故友重逢，不亦乐乎。言谈中，朱子颖先称颂姚鼐功德、文采，然后又炫耀自己治理泰安的功德。但是朱子颖为政口碑欠佳，对此姚鼐早有所闻，所以姚笑而不应。之后，朱氏殷勤邀请姚鼐登泰山观日出，姚鼐很高兴地答应了。

第二天他们就相伴登泰山，不知不觉来到历代帝王封禅祭典之处。当看到众多功德石刻时，朱氏怦然心动，试探道：“历代帝王名士均与泰山结缘，以墨宝与泰山同寿，姬传兄是否亦撰文镌刻于泰山巨石上？”言谈中，分明是想姚鼐为自己撰写“政通人和”之类的功德文章。姚鼐知道其用意，虽然此次泰山之行，朱子颖招待得很殷勤，但他决计不辱自己的文德。登山归来后，朱子颖见姚鼐毫无为自己写文章的意思，便迫不及待送上文房四宝。姚鼐展纸挥毫，一气呵成《登泰山记》一文。朱子颖看了文章之后，大失所望，原来文中毫无为朱子颖歌功颂德的内容，朱子颖一语双关道：“姬传兄，我现在才真正了解你，可敬可佩！”

你知道“孔雀东南飞”的故事吗？

《孔雀东南飞》是中国汉乐府民歌中最长的一首叙事诗，最早见于南朝徐陵的《玉台新咏》，题为“古诗为焦仲卿妻作”。宋代郭茂倩《乐府诗集》将它收入《杂曲歌辞》，题为“焦仲卿妻”。《孔雀东南飞》的创作时间大致是东汉献帝建安年间，作者不详，全诗350多句，1700多字，从汉末到南朝，此诗在民间广为流传，被誉为“千古绝唱”。

故事发生在东汉建安年间庐江郡（今安徽省安庆市潜山境内），才貌双全的刘兰芝和庐江小吏焦仲卿真诚相爱。可婆婆焦母因种种原因对刘兰芝百般刁难，兰芝毅然请归，仲卿向母求情无效，夫妻只得话别，双双“誓天不相负”。兰芝回到娘家，慕名求婚者接踵而来。兰芝因为与仲卿有约，断然拒绝。然而其兄恶言相向，兰芝不得已答应了太守家的婚事。仲卿闻变赶来，夫妻约定“在天愿作比翼鸟，在地愿为连理枝”。兰芝便在出嫁的喜庆之日，投水自尽，焦仲卿见状痛不欲生，毅然“自挂东南枝”，后两人合葬，在林中化为鸳鸯鸟。

怀宁县小市镇与《孔雀东南飞》有关的景点有哪些？

怀宁县小市镇古称“小吏港”，又名“焦吏港”，位于怀宁县西南部，与潜山县城隔河相望，是东汉著名乐府诗《孔雀东南飞》故事发生地。

为纪念焦仲卿与刘兰芝这段伟大的爱情故事，怀宁县修建了大型的园景孔雀园。孔雀园内有孔雀台、孔雀坟、望雀亭、兰芝桥、相公桥、相关庙、永明庵、苦芝井、兴飞塔、望雀塔等景点。离孔雀坟不远处还有300多年前从洛阳移植的纯种牡丹花。

孔雀台又称万年台，相传是焦仲卿与刘兰芝定情的场所，并与南京凤凰台、武汉黄鹤楼合称为“长江流域三大精灵”，自古就有“到安庆必登塔，到小市必登台”的说法。碑文记载，此台始建于唐朝末年，为一土墩台；元朝在土墩上搭了竹棚，上盖竹篝；明朝永乐年间，台基用石条砌筑，台身为砖木结构；至清朝中叶开始修缮为戏台，各行各业都在特定的日期相邀戏班在此台进行演出，少则几日，多则十天半月，并在当地形成了一种独特的文化现象。可惜的是，原台在“文化大革命”期间遭到了严重毁损。

现修复后的孔雀台高13米，总建筑面积为200平方米，台基及台前广场占地面积达1公顷。

孔雀坟，墓基用块石砌成，墓前立有大理石墓碑，约 1 米多高，碑文“汉焦仲卿、刘兰芝之墓”用隶书刻成，碑上方雕有一对美丽的孔雀，象征焦、刘两人忠贞不渝的爱情。唐天宝七年（748 年），大诗人李白客居庐江郡治（今潜山县城），曾作《庐江主人妇》一诗以凭吊，云：“孔雀东南何处栖？庐江小吏仲卿妻；为客裁缝君自见，城鸟独宿夜空啼。”

你了解徽班领袖、京剧鼻祖程长庚的艺术贡献吗？

程长庚名椿，一名闻翰，字玉山（一作玉珊），寓名四箴堂。祖居安徽怀宁石牌镇，出生于潜山县黄泥镇程家井。程长庚为京剧艺术的形成做出了重要贡献，被称为徽班领袖、京剧鼻祖，是一位爱国、爱才、爱艺的一代戏剧传奇人物。

程长庚幼年在家乡徽班中学戏，出科后随父入京。初次登台时，程长庚因技艺不精，遭到了观众的嘲笑、喝倒彩。遭此打击后，程长庚整整三年没有登台，闭门发愤苦练，演技大进。再次登台亮相时，扮演《文昭关》一剧中的主角伍子胥，“冠剑雄豪，音节慷慨，奇侠之气，亢爽之容，动人肝肠”，观者数百人，皆狂叫动天，喝彩不已，程长庚由此一鸣惊人，誉满京城，成为当时“四大徽班”之一的三庆班的台柱演员。

程长庚的唱腔，脱胎于“徽调”，取法于楚调，兼收昆曲、山陕梆子诸腔之长，融会为“皮黄调”，却以徽音为主。当时称徽派。倦游逸叟在《梨园旧话》中说他“乱弹唱乙字调，穿云裂石，余音绕梁而高亢之中又别具沉雄之致”。他的嗓音内行话叫“脑后音”，他讲求字正腔圆，不事花哨，直腔直调，沉雄爽朗。他的唱和念法，是柔寓于刚；发声吐字，安徽的乡音土味较浓。

程长庚的做功身段，一招一式，都是遵循老徽班演法，绝不稍逾规矩。他的投袖（单投袖）、扬袖、捋髯等小身段，也无不讲求“端凝肃穆”。他的表演善于体察人物的性格、身份，注重表现其气质、神采，做功身段沉稳凝重。

程长庚熔徽、汉两调及昆腔于一炉，文武兼精，是京剧形成的奠基人之一。他的嗓音高、宽、亮具备，演唱在高亢之中，别具沉雄之致，声情交融，极其感人。他的唱白，汲取了昆曲的咬字发音，故字眼清楚，集抑扬吞吐之妙。

程长庚最擅长的是扮演老生，他一生多演出忠义节烈爱国内容的戏，多扮伍子胥、岳飞、鲁肃、祢衡等气节人物，被称为京剧的“老生泰斗”，京剧早期老三杰（老三鼎甲）之一。由于程长庚出科于徽班，自然他所学的同样具有徽班演员的特点，那就是文武昆乱不挡，十门角色都能拿起来。由于他有这样扎实的功底，所以能演剧目十分丰富，不仅老生本工的正副角色他都会，而且武生戏、净角戏也都能演。即以他的靠把戏来说，五种颜色靠戏的角色，他都能演。代表剧目有《文昭关》、《战长沙》、《华容道》、《群英会》、《取成都》、《镇潭州》、《战樊城》、《鱼肠剑》、《取南郡》、《举鼎观画》、《状元谱》、《法门寺》、《安五路》、《天水关》。他的昆曲也唱得很好，经常演出的有《钗钏大审》等。

你知道“民国第一写手”张恨水的文学创作生涯吗？

张恨水（1895 ~ 1967 年），原名张心远，安徽潜山县岭头乡人，生于江西广信小官吏家庭。张恨水是中国现代文学史上最多产的作家之一，有“中国大仲马”、“民国第一写手”之称。

张恨水童年就读于旧式书馆，沉溺于《西游记》、《东周列国志》一类古典小说中，尤其喜爱《红楼梦》的写作手法，醉心于风花雪月式的诗词典章及才子佳人式的小说情节。青年时期的张恨水成为一名报人，并开始创作。他自 1914 年开始使用“恨水”这一笔名，其名取自李煜“自是人生长恨水长东”之句。1924 年 4 月，张恨水开始在

《世界晚报·夜光》副刊上连载章回小说《春明外史》，这部长达90万字的作品在此后的57个月里风靡北方城市，使张恨水一举成名。1927年，张恨水的另一部更重要的作品《金粉世家》连载刊登在《世界日报》副刊《明珠》上。这部小说有100万字，在报上先后连载了5年，极受读者欢迎，从而进一步扩大了他的影响。但真正把张氏声望推到最高峰的是将言情、谴责及武侠成分集于一身的长篇《啼笑因缘》，这部小说至今已有二三十个版本，在发表的当时就因各大电影公司争着要将之拍摄为电影而几次成为新闻，由它改编成的戏剧和曲艺也不在少数，而因《啼笑因缘》而作的续书之多更创民国小说中之最。至此，张恨水的名声如日中天，即使不看小说的人也知道这个作家，就如同不看京戏的人也知道梅兰芳一样。

1949年夏，正值新旧政权交替之时，张恨水突患中风，丧失写作能力。随后，经周恩来特批，聘请其为文化部顾问，按月发给600斤大米。1954年，张恨水病情刚好转，便辞去职务，又专事写作，以此谋生。1959年任中央文史馆馆员，1967年2月，在北京病逝。

张恨水一生写作极为勤奋。20世纪30年代初期，他应邀每天同时为六七家报纸副刊撰写连载小说，日均创作5000余字。抗战时期，重庆上空不断有敌机盘旋，别人都躲进防空洞，他若无其事，仍旧全神贯注地写小说。1949年夏天，他因中风瘫痪在床，仍旧坚持写作，不断有作品问世。在近半个世纪的写作生涯中，他笔耕不辍，硕果累累，除创作120多部中长篇小说外，还写有大量的散文、诗歌，全部作品加起来大约3500多万字。他的朋友张友鸾评价他说："他的一生，是写小说的一生，金字塔是一块一块垒起来的，他的成功是一个字一个字写出来的。"

"古南岳"指的是哪座名山？

五岳之一的南岳现今指的是湖南衡山，其实，"南岳"本是天

柱山。

西汉元封五年（前106年），汉武帝刘彻南巡时，倾慕天柱山山雄石奇，登山拜月，封其为“南岳”。据说，在祭岳时，人群高呼万岁，所以民间又将天柱山称为万岁山。

后来，隋文帝志在南疆，改封湖南衡山为“南岳”。此后，天柱山就一直被称为“古南岳”了。

天柱山位于安徽省潜山县西南部，景区面积82.46平方千米，其主峰海拔1488.4米，高耸挺立，如巨柱擎天，因而称为天柱峰，山也因此得名。除了古称南岳、万岁山，天柱山又被称为皖山、皖公山、霍山、潜山。

春秋时，周王朝在潜山一带设置皖国，封皖伯大夫治理皖国，百姓为了纪念皖公的功绩，称天柱山为“皖山”、“皖公山”，安徽省简称“皖”亦源于此。

因天柱深藏万从之中，一峰高耸，千岩万壑，围绕拱拜，故称霍山。因潜山古称潜邑，汉改为潜县，因其境内峡谷幽深，群山起伏，故名潜山，潜山县因山得名。这些不同的山名正体现了天柱山悠久的历史和厚重的文化。

天柱山现为国家重点风景名胜区、国家森林公园、5A级旅游景区、国家地质公园。

天柱山有哪些旅游景观？

天柱山有42座山峰，山上遍布苍松、翠竹、怪石、奇洞、飞瀑、深潭。《天柱山志》称其“峰无不奇，石无不怪，洞无不杳，泉无不冽”。白居易赞美天柱山“天柱一峰擎日月，洞门千仞锁云雷”；李白的“待吾还丹成，投迹归此地”，苏东坡的“平生爱舒州风土，欲居为终老之计”，均流露出他们把天柱山选为自己归宿的愿望，足见其迷人之处。

目前，天柱山主要有梅山、野人寨、东关、西关、主峰等景区。

早在唐宋时期，佛、道两教视天柱山为“洞天福地”，争相建观造刹，传道布经。当年佛教禅宗三祖僧璨在此以禅之妙义悟世，安贫乐道，传钵立化，而今三祖寺雄峙天柱山脚，殿宇林立，香烟缭绕，已成为全国重点寺庙。

从三祖寺向西北沿石级登山，展现在眼前的是变幻无穷的瑰丽景色。转一个弯，天地一新；上一道岭，风光又异，使人应接不暇。

天柱主峰如擎天巨柱，雄伟壮丽，气势非凡，享有“一柱擎天”、“万岳归宗”的美誉。在主峰正面崖壁上，横书镌有“孤立擎霄，中天一柱”八个大字；“顶天立地”四个大字直书其下，气魄宏伟，令人惊叹。天柱峰左、右侧有飞来、三台两峰相峙，更显得气势磅礴。

飞来峰下的神秘谷被游人称为“天柱一绝”。神秘谷长约五六华里，谷底由 54 个形态各异的洞穴连接而成，洞连洞，洞套洞，洞内有牖，有庭，有门，有石梯，有石栏。在暗洞中穿行，难辨东西，不知阴晴，压抑沉闷；但一出洞口，即见光明，又使人激动欣喜。

山上有全国第三大高山人工湖“炼丹湖”，碧波荡漾，水天一色，美不胜收。

天柱山的风景多而奇，难怪明代诗人李庚赞曰：“天下有奇观，争似此山好。”

“神秘谷”神秘在哪儿？

神秘谷是天柱山精华景点之一，又是通往主峰的主要游线。此为峰巅崩塌的巨石错落叠置于峡谷内形成的洞群奇观。因被道教尊为司命真君的洞府，《道经》封为“第十四洞天，五十七福地”而享誉古今。

神秘谷自龙吟虎啸崖入口，穿过五指峰，紧傍飞来峰，环绕衔珠峰，直达渡仙桥，全长400多米，落差100多米。从外表看，神秘谷只是一堆乱石，但有近百个石洞，全在叠石巧堆中，游客再多，只闻其声，难见其人。全谷巨石错落，危洞幽深，且洞上有洞，洞里有洞。有时疑无路时便是路，看似道处却迷途。石洞大时，可数人并步，有石可坐憩；洞低处人必须匍匐行，手足并用；洞内凉气袭人，有泉水叮咚，松吟鸟鸣。小的洞仅容一人过。洞内一忽儿陡峭，需拽藤摸壁，一忽儿又马踏平川；暗处，须借一缕微光，穿插迂回；转眼则豁然开朗，长驱直入。

神奇的洞穴风光，壁立千仞的险峻感受，神秘的宗教色彩，使“神秘谷”成为游人的必游之地，被誉为“全国花岗岩洞第一秘府”。著名作家王蒙先生游后欣然题词“天柱通神”，俄罗斯前总理基里延科赞叹：“天柱山，通往神奇的地方！”

天柱山蜒蚰石的两只角为什么一长一短？

天柱山东关石鼓峰下有一个长十余丈、宽丈余的怪石，叫蜒蚰石，它紧贴在倾斜的石壁上，欲上天柱，而它的两只角却是一长一短。传说，如果这个蜒蚰的两只角长齐了，就会兴风作浪，天柱山就会变成汪洋大海，所以雷公看到它的两只角快长齐了，就会击断一只，千百年来被雷公击断的角已经成堆了。

天柱山大王坟是谁的墓地？

天柱山的百花崖下，有一处景点叫“大王坟”，是抗元英雄刘源的墓地。南宋末年，元军入侵中原，宋王朝退守江南，潜山农民刘源在天柱山聚兵抗元。宋咸淳元年（1265年），统制宁宗达奉朝廷之命，与义军首领刘源占据天柱山结寨抗元，扎下东、南、西、北、总五个营寨。他们将数万民众集结在山洞里，春季出耕，冬季入寨，做好抗击元军的准备。1275年，元军威逼安庆，太湖义民傅高也在司空山起兵抗元，与天柱山的刘源联合进击，战功卓著。这时，元军深知天柱山战略位置的重要性，派昂吉尔统率精锐部队强攻天柱山。由于元军采取围困战术，截断运输，又暗中收买内奸，最终攻破西关寨，刘源战死在天柱山峰下。昂吉尔割下刘源的人头，向元朝廷邀功请赏，天柱山的民众为刘源装上了一个金身（假头），安葬在天柱峰以东的百花崖下，后人称之为“大王坟”。

三祖寺有哪些旅游景观?

三祖寺属禅宗五大祖庭之一，又名乾元禅寺、山谷寺，位于天柱山野寨区。原为南北朝齐梁间何氏三高故宅，后舍为寺。三祖寺始建于梁武帝年间（505年），其时有宝志禅师与白鹤道人都想占据这个名胜之区，开辟道场。宝志禅师斗法得胜，卓锡开山建寺，外建七小塔，从此之后山谷成为佛教道场。

三祖僧璨禅师得二祖慧可传法后，承达摩衣钵云游至此，隐居天柱15年，扩建寺院，选场建坛，讲经传法，名扬长江两岸。隋大业二年（606年），三祖禅师在山谷大树下为众说法，合掌立化，葬山谷寺后。唐玄宗天宝年间，舒州别驾李常素仰宗风，将三祖身火化得五色舍利300粒。以百粒出己俸建塔。唐肃宗在位期间，赐寺号“祖山谷乾元禅寺”。代宗大历七年，谥塔号“觉寂”，独孤及撰写碑铭历述寺塔之来由、盛况。

后来，寺塔屡有兴废。至明嘉靖四十三年（1564年），院僧了莹重修觉寂塔及塔院，一时称盛。1979年，安徽省人民政府拨款重修寺院；1981年9月，觉寂塔被列为安徽省重点文物保护单位；后又多次扩建，如今，三祖寺梵宇辉煌，金殿交碧，祖庭重辉，宗风光大。

寺依山势建成，前低后高，雄大壮丽。除天王殿、大雄宝殿等正殿外，两旁有东佛堂、观音阁、西房等，为天柱山第一大庙。四周古木参天，卓锡泉、锡杖井、宝公洞、风篝台、三高亭、文化亭点缀其间。觉寂塔又名三祖寺塔，始建于唐天宝五年（746 年），已有 1200 多年历史，虽经宋、明、清几代重修，但塔形仍保持唐塔风格。塔外旋中空，出入相制，与他塔异。塔为楼阁式，斗拱布局，七层八角，高约 30 米。塔壁上有佛像浮雕，外有砖栏环卫，内有台阶可登塔，一览四周美景。塔顶有铁铸相轮，高 5 米，四方系铃，风吹悦耳。

你知道山谷流泉摩崖石刻吗？

三祖寺西有大石累累的山谷，谷侧陡岩直立，谷中流水潺潺，松竹遮天蔽日，称为“山谷流泉”。山谷泉旁有一石洞，石洞前有一巨石状如卧牛，名卧牛石，又称“石牛古洞”。相传，北宋人黄庭坚曾坐此石上读书，并自号“山谷道人”。崖壁上留有王安石、黄庭坚等唐宋以来名家石刻 128 幅。天柱山山谷流泉摩崖石刻现被列为全国重点文物保护单位。

皖河漂流在哪里？

在天柱山南麓有一条如同绿绸翠带般的河流盘绕山谷，这就是皖河，而其上游河段的白马潭天险河是皖河漂流的黄金河段。天险河景区河段全长约 7000 米，沿途 7 处险滩，6 处深潭。滩水动如脱兔、潭水静若处子，河边龟牛狮象等奇石栩栩如生。在天险河漂流，人坐竹筏上，顺流而下，跨滩越险，你可以一边欣赏周围的青山秀水，一边聆听那原汁原味的黄梅戏山歌。这里的男女老少，人人张口就来。就连 60 多岁的老船夫，挽着裤脚唱起黄梅戏《天仙配》，那一举手，一投足，也极其到位。若游客有兴致，还可以扯开嗓子与河边洗衣的村民对对山歌。漂流完毕再尝一尝地道的农家宴更是尽兴之举。

薛家岗遗址出土了哪些文物？

薛家岗遗址是国家重点文物保护单位，位于潜山县城南7.5千米处永岗村内，是以新石器时代文化遗存为主，兼有少量商代遗存的古文化遗址。遗址为椭圆形台地，面积6万平方米。经考古专家发掘，新石器时代遗存分4期，以2、3期最为丰富和具有代表性。第三期经国家文物保护科学技术研究所以碳　14测定，距今有5000多年历史。

薛家岗遗址出土石、陶、玉器千余件，特征鲜明。石器多通体磨光，棱角分明。其中扁薄穿孔石铲、窄长条石锛、横长形穿孔石刀，风格独特。石铲、石刀孔周绘有规则的红色花果形图案，为国内罕见。尤其是13孔石刀，长51.6厘米，属世之珍品。陶器在造型上多显示出鲜明的地方特色。其中60多件大小不等的陶球，有文饰、镂孔或不镂孔，腹内有丸，摇动有声，清脆悦耳，精致奇巧，亦为国内罕见。玉器雕刻精美，图案对称，工艺水平很高。该遗址的发现为研究黄河、长江两大流域的文化发展关系提供了极为丰富的实物资料，经国家有关考古专家考察论证后，命名为“薛家岗文化”。

“杂技女皇”夏菊花有哪些传奇人生？

夏菊花是新中国第一代杂技表演艺术家，素有“顶碗皇后”、“杂技女皇”之誉。夏菊花本姓徐，1937年出生在安徽潜山县双峰柳林街的一个农民家庭里。5岁时，父母为生活所迫，将她送给了马戏班的夏老板，做“压子”之女，从此改姓夏。

刚刚5岁，小菊花就被老板的皮鞭赶上了舞台，开始了艰辛的卖艺生涯，忍受着非人的折磨。表演《空中飞人》，老板用一根粗绳子系住她的辫子，升吊在半空荡秋千。每演下来，都要昏死一阵。她想哭，不敢出声，想睡，又怕毒打。用手撮头，头发掉下一把。一次演

《爬高梯》，她从几丈高的梯顶上栽了下来，当场折断了锁骨，险些送掉了性命。

1950年初春，她由湖南衡阳来到了湖北武汉，进了汉口“民众乐园”。她第一次穿上了簇新的彩衣，登上了人民的舞台。

1952年，前苏联国家马戏团访问中国。俄罗斯小姐表演的《叼花》深深地吸引了夏菊花。她决意要把这个绝技学到手，终于在一年之后，她登台表演了《柔术咬花》，从此一鸣惊人。不久，夏菊花奉命前往朝鲜战场慰问志愿军。

夏菊花凭借自身的优势，主攻“顶碗”。从单手顶到双手顶，从单层单飞燕到双层双飞燕，继而又从拐子顶到衔水转顶，最后由脚面夹碗发展到倒立型柔顶。1957年，第六届“世界青年联欢节”在莫斯科学会举行，夏菊花技压群芳，一举夺冠，获得最高奖——金质奖章。

此后，夏菊花的《顶碗》等节目由北京电影制片厂拍成艺术片《春燕展翅》，在全国放映。她相继又到法国、意大利、瑞典、越南、柬埔寨、古巴等欧、亚、美50多个国家访问演出。许多国家元首或总理授予她“艺术勋章”、“议会勋章”，许多总统夫人给她“顶碗皇后”的美称。

1981年10月，中国杂技艺术家协会在北京成立，夏菊花被推选为主席。44岁的夏菊花成了全国文联所属8个协会中最年轻的主席，也是唯一的女主席，她走马上任，开展了一系列的工作，创办了《杂技与魔术》杂志，组织国际获奖节目观摩大会，筹建中国杂技学院，建设武汉杂技厅等，还连年率团出访日本、加拿大、法国、意大利、比利时、秘鲁等数十个国家，为增进中国人民与世界人民的友谊，做出了突出贡献。因而，夏菊花又有了“杂技外交家”之称。

夏菊花还一直关注着家乡的杂技艺术与文化建设。1986年7月，她回到了阔别45年的故乡。当了解到安庆杂技团没有专门练功房，演员们在水泥地上翻跟斗时，当即表示帮助解决，她直接找国家计委和财政部筹措经费，盖起了练功大楼。1991年1月，身为国家评委的夏菊花，又精心安排安庆杂技团参加第 14 届巴黎“明日杂技节”，青年演员许梅花表演的《滚杯》荣获唯一金奖——法兰西共和国总统奖。为此，安庆市人民政府以极其隆重的仪式授予夏菊花“伯乐奖”。夏菊花自 1964 年参加第三届全国人大至今，一直都是全国人大代表，同时，还当选为第五、第六届全国政协常委。

鹞落坪为什么被列为国家级自然保护区？

鹞落坪位于安庆市岳西县境内的青天、和平等乡交界处，属大别山主峰分水岭主段。该区总面积 124 平方千米。保护区于 1991 年 12 月经安徽省人民政府批准成立，1994 年 4 月经国务院批准升级为国家级自然保护区。该区地跨北亚热带向暖温带过渡地带，“南北过渡，襟带东西”的地理位置，古老的地质历史，复杂的生态环境，形成了独特多样的生物资源及自然景观。

鹞落坪国家级自然保护区素有“自然王国之称”，其主要保护对象为大别山区典型代表性的森林生态系统，国家珍稀濒危野生动植物，并作为淮河流域磨子潭和佛子岭水库的重要水源涵养林保护区。

保护区植物资源丰富，被誉为“植物大家庭”，这儿有植物 92 科 525 种，有金钱松、银杏、连香树等国家级保护植物；三尖山、光皮桦等安徽省重点保护植物；五针松、多支杜鹃、美丽鼠尾草等珍稀植物；天麻、半夏、七叶一枝花、杜仲、黄精、丹参、望春花等名贵药材。

鹞落坪也是个“天然动物园”。陆生脊椎动物有 22 目 165 种，两栖动物 2 目 6 科 7 属 13 种，爬行动物 3 目 7 科 14 属 20 种，鸟类 11 目 29 科 75 属 104 种，其中大鲵（俗称娃娃鱼）、刁鸡、白冠长尾雉等被列为国家级保护动物。

这里曾经是红二十八军和皖西特委、皖鄂特委的常驻地，鄂豫皖三年游击战争时期的大本营，史上铸有“红色鹞落坪”光辉的一页。

为什么说司空山既是一座佛教名山，又是一座文化名山？

司空山又名司空原，位于岳西县城西南40千米处的殿前镇境内。司空山景区面积60平方千米，主峰海拔1227米。相传战国时有司空官淳于氏，为官清正，退休后在此山隐居，后人为纪念他，将此山命名为司空山。

司空山是中国佛教禅宗二祖慧可大师弘扬佛法的道场，在我国佛教历史上占有重要地位。公元536年，慧可大师在河南嵩山少林寺得受达摩衣钵，为避北周武帝灭佛之难，带着徒弟僧璨隐匿辗转，逃往南朝，终于于公元561年来到南朝晋西郡境内（今天的安徽省岳西县）的司空山卓锡，保持了佛教禅宗一脉。到司空山后慧可、僧璨择洞而居，世称“二祖洞”、“三祖洞”。师徒二人在洞中修行讲禅，慧可在“二祖洞”顶的巨石之上将达摩祖师的衣钵经书传与三祖僧璨。僧璨将衣钵经书传与四祖道信，道信再传五祖弘忍，直至六祖慧能。此后，禅宗一脉世代相传宗风不灭，四方朝山拜佛者络绎不绝。于是开山建庙营造殿宇，后人称之为二祖寺。隋文帝赐谥慧可为“正宗普光大师”，唐德宗赐谥慧可为“太祖禅师”，后世尊二祖大师为中国佛教禅宗第一人，二祖道场为中国佛教禅宗第一道场，司空山被誉为“中国佛教禅宗第一山”。

同时，司空山又是一座文化名山。唐代大诗人李白曾二度抵达司空山，其间写下不少赞颂司空山的诗篇。在《避地司空原言怀》一诗中描绘了司空山气势磅礴的山云图：“雪霁万里月，云开九江春。”“我则异于是，潜光皖水滨。”“卜筑司空原，北将天柱邻。”后留胜迹“太白书堂”。现代诗人赵朴初至司空山，赋诗叹曰“早闻太白读书堂，梦想登观恨未尝。不意耄年行脚到，谪仙不见见空王。”

司空山山势雄奇，一峰玉立，从不同角度观看，移步换形，变幻莫测，正如古代诗人赞曰："司空斜插一枝峰，压倒群山千万重。阻断来往南北路，单留日月走西东。"山中胜景层列，美不胜收。二祖禅刹、太白书堂、南崖瀑布、赤壁丹砂、银河夜月、乌牛牯石、洗马春池、北岭松风为司空山著名八景。

二祖禅刹背依峰顶悬崖，由天然石洞祖师洞、祖师殿组成。寺后有"传衣石"，为二祖慧可授衣钵于三祖处。寺周围还有历代高僧佛塔碑林。太白书堂建于二祖禅刹东面的司空原中，书堂内院有"奎星石"，堂外有"印心石"、"拜官石"、"洗墨泉"。四周苍松滴翠，山花吐艳，流水欢歌，百鸟和鸣。

登上司空山寨西门古石台，对望司空主峰西面石壁，悬岩中长满丹砂，光艳射眸，雷雨后有幸者能看到青龙绕石、舐食丹砂的幻影。跨出司空山寨北门，在朗朗月圆之夜，你能在平沙、清水、月影交相辉映中看到三月同现。爬上司空山北麓，苍松如墨，云腾雾绕，阵阵松涛伴随晨钟暮鼓，余音袅袅，你将难以分清此是人间还是天堂。登上司空绝顶，南崖石壁悬空，西北悬崖千仞。峰顶巨石上刻有宋代进士翁溥题写的"西南镇"三个大字，举目眺望，大别山千山万岭，逶迤起伏，气象万千，令人心旷神怡。

妙道山为什么被列为国家森林公园?

妙道山位于安庆市岳西县城西南 50 千米，在茅山、店前、河图三乡镇交界处。1992 年 9 月，妙道山被评为国家森林公园。妙道山总面积 3000 公顷，是由妙道山、鸭嘴石、黄柏山组成的环形山脉，峰峦叠嶂，山环水绕，苍松参天，绿云迷壑，主峰狮子峰海拔 1460 米。

妙道山大面积天然次生林保存完好，动植物资源十分丰富，珍稀植物有鹅掌楸、香果树、蓝果树、银杏、大别山五针松等 60 余种，珍稀动物有娃娃鱼、金钱豹、香獐、白冠长尾雉、小灵猫等 20 多种，被称为"大别山天然物种基因库"。生长在高山之巅沼泽地上的千年紫柳千姿百态，极为罕见，有“中华一绝”之誉。

妙道山共分为聚云峰、祖师峰、紫柳园、南溪源、龙门峡谷五大景区，园内群山叠翠、林海茫茫，峡谷幽深，溪流潺潺。著名景观有：中华一绝——千年紫柳园、石狮哮月、孤塔凌霄、祖狮石洞、香妃谷、飞来玉梓、石船扶杯、仙憩遗踪、天生石镜、雨后晶帘等。

主峰狮子峰东有一块巨大的奇石，如巨狮卧于山峦，昂首向天咆哮，故名“石狮哮月”。山顶孤塔一座，如玉剑耸立云霄，名为“孤塔凌霄”。

在宋建古刹金壁寺旁，沿长300米的千余级台阶拾级而攀，即可见临济祖师双修圣地“祖师古洞”。洞中有临济祖师塑像。山东北处的小径旁平卧着一块巨石，名“石船覆杯”。深山竹坪中另有一奇石，相传是宋朝皇亲李三道人升仙之处，名为“仙憩遗踪”。山之东有一处飞瀑，状若晶帘玉带，为“雨后晶帘”。在飞瀑源头有一株葱郁如皂盖的老松，成“仙人扯面”奇观。

妙道山称得上是大别山绿色的明珠，不愧是难得的旅游观光、休闲度假、避暑疗养、科研教学、回归自然的好去处。

天仙河漂流为什么被称为“安徽第一漂”？

被誉为“安徽第一漂”和“大别山中小漓江”的天仙河位于岳西县东南部，距县城35千米，直达国家级风景名胜区——天柱山脚下。有石人湾、小三峡、菱角洲、袁家渡、小洞天五大景区，社庙滩、钓鱼台、娘娘庙、怒狮岩、龙头石、鹭鸶石、莴苣潭等景点。天仙河是大别山中的溪水汇集而成，不仅水量丰富，常年不涸，而且水质清纯甘甜，可以直接饮用。天仙河既有三峡之险峻，又有漓江之秀丽。河流上下落差大，每逢绝壁阻隔、河道被迫转弯时河水如瀑布般坠落而下，险滩之后，往往峰回路转，河面豁然开朗，水流平静如镜。天仙河河水空明清澈，河底的五彩鹅卵石、成群的河鱼清晰可见。天仙河处处是神话般的境界。两岸农家临水而居，人与河自古以来就浑然一体。岸边时有山歌飘来，豪野而缠绵，让人顿然忘却喧嚣的尘世，回到一种古朴和原始之中。当竹筏悠悠地漂向苍茫的山水中去时，你会感到这山水间生长着一种独特的灵性与冲动。

天仙河漂流妙趣横生。橡皮艇结对自助冲浪，过险滩、冲激流，豪情满怀；竹筏集体漂流，身轻如燕，悠然放纵；天龙谷探险漫游，挑战自然，其乐无穷。在天仙河泛舟，漂行于奇峰碧野之间，人随筏流，尽情饱览山水风光。看鱼翔浅底，观白云悠悠，宛如人间仙境；观石磨古碓，蹬木车提水，食山野小菜、吃竹筒蒸饭，住农家小院。参与度假村篝火晚会，听七仙女黄梅新唱，学粗犷山歌。体会淳朴的民风民俗，欣赏秀丽的山水风光，仿佛置身于无尽的诗情画意之中，可谓一路急流险滩、一路欢歌笑语、一路风光无限。

石莲洞景区有哪些主要景点?

石莲洞国家森林公园地处安庆市宿松县城郊，距城 3000 米，属城郊型国家森林公园。公园以森林景观为主体，以自然景观为依托，动植物资源丰富，野生动物达 80 余种。境内山峰林立，苍松滴翠，秀竹娉婷，云雾缭绕，霞光熠熠；更有冰晶清碧的泉水，形态怪巧的石林，或立、或卧、或侧、或横，各具形态，趣味盎然。其古洞、幽谷、巧石、奇树交相辉映，构成典雅、清秀、静谧、深邃的森林生态环境，令人流连忘返。

公园现已开发和建设的主要景点有：

石莲洞：镶嵌在万木葱茏的河西山西半腰，洞口峭壁嵯峨，藤树垂蔓，洞前古树盘枝虬干拱护洞口，洞前挹仙台临崖而建，洞内石室嵌空，清泉滴答，钟乳倒悬，内有授法洞和八仙雕塑像栩栩如生，并留下不少神话传说。

荷衣古池、听雨亭：此为石莲洞进出必经之处，池水是从洞内碧

玉涧流出，取实景和李白“竹影扫秋月，荷衣落古池”诗意。

佛座石：立于石莲洞西南崖际，形似半椭圆围椅，旁有仙鹤、神虎诸石，其神形并茂，惟妙惟肖。

东山石林：在小河西顶及其一线，怪石如林，或似鹰卧、或如虎蹲、或似龙啸、或若仙桃，奇形异态，不下百余尊，真是天开胜境，鬼斧神工。

对酌亭：处危崖峭壁之上，四周怪石重叠，奇松清秀，野花香飘，相传李白曾与宿松县令在此饮酒吟诗。

四顾亭、一线天：建于河西山绝顶之上，为双层六角飞檐凉亭，在此可北顾天柱、南观匡庐、西揖五祖、东望小孤，可饱览千里云山，万顷云涛。在四顾亭西侧有一奇特石群跨道临崖而立，其下中空，上露一线豁口，故有“一线天”之称。

小孤山为何被称为“海门第一关”？

小孤山，位于宿松县城东南65千米的长江之中，原是长江中一座石屿，开始形成于第四纪冰川时期，因其孤独无依而得名。称它“小”，是与江西鄱阳湖口的大孤山相区别。因山形似古代妇女上的发髻，又名髻山。民间又称小孤山为小姑山，称对岸澎浪矶为彭郎矶，流传着“小姑嫁彭郎”的动人故事。相传大禹治水，至此刻石记功，秦始皇东巡，勒中流砥柱于石上。

▲ 安庆小孤山

小孤山山体奇特秀美，东看一支笔，西望

太师椅，南观如撞钟，北观啸天龙。山周里许，高达百余米。它孤峰峭拔，与江南澎浪矶对峙如门，山上竹木郁郁葱葱，山下江水滔滔滚滚。据说海潮至此为界，不复西上，所谓“浔阳江上不通潮”之说即肇于此，故有“海门第一关”之称。

小孤山地形险要，是历代兵家必争之地。南宋后在此设烽火台和炮台，元代红巾军与余阙，明代朱元璋与陈友谅，王守仁与朱宸濠，清彭玉麟与太平军，均在此地对垒交锋，遂有“安庆门户“、“楚塞吴关”之称。自下而上，历365级石阶，迂回曲折，沿途可览一天门、龙耳洞、弥陀阁、惠济寺、先月楼、圣母殿、半边塔、界潮祠、梳妆亭、御诗碑诸景。上东山险峰，可俯瞰郎君山与一滴泉。绕山麓行，看海眼、拦江石、龙角石、古生物化石诸景，美不胜收。惠济寺，又称天妃庙、小姑庙，庙门有楹联：“气障百川偏号小，名济五岳孰云孤?”梳妆亭位于山顶，传为小姑梳妆处，并有嘉靖皇帝手书御碑。

小孤山久为长江名胜，历代文臣墨客沿江上下，南来北往，多登山游览，谢灵运、白居易、王安石、杨万里、范成大、刘基等留下诗词楹联数百篇，陆游《入蜀记》赞道：“凡江中孤山，如金山、焦山、落星之类，皆名天下，然峭拔秀丽，皆不可与小孤山比。”

“小孤山”为何又称“小姑山”？

小孤山民间称“小姑山”，人们将小孤山对岸的澎浪矶附会为彭郎，从而演绎出小姑嫁彭郎的传说，而流传至今的故事又演变成两个情节。

一说是北宋时，福建莆田县林原老爷的女儿小姑暗地里爱上了江西彭泽来此打鱼的彭郎，两人相亲相爱，私订终身。可是遭到父母的阻挠，强迫她嫁给范家公子，并把彭郎赶出境。小姑被迫无奈，深夜逃走，跟随彭郎来到彭泽，过着贫困但自由的生活。不料彭郎因曾经捕捉过小龙而遭到龙王的报复，令小龙前往彭泽江中，趁彭郎和小姑在江上打鱼时，一口把他们吃了。这事惊动了庐山老母、玄老法师和普贤真人，他们立即敕令五雷神发出暗雷，将小龙劈成两截，一截体内有彭郎的身体，缩到南岸，化成石矶，一截体内有小姑尸体，留在北岸化成孤石，成为小孤山。传说小姑在龙口奋战时，因身上藏有仙山宝草，使小龙合不拢嘴，她本想直入龙腹，搭救彭郎，只因龙身被截断，不能如愿。眼看彭郎已死，自己也不想活了，于是向龙口上一撞，竟然从龙头上长出一朵芙蓉来，所以人们又把小孤山叫作“出水芙蓉”。

另一说是，很久以前，长江岸边住着一位叫彭郎的年轻人，以打鱼为生，朴实勤劳。在下游不远的峨嵋洲上有一位姑娘名叫小姑，心地善良，容貌秀丽。两人相亲相爱，订下终身。当地有一渔霸垂涎小姑美貌，带着爪牙去峨嵋洲抢亲，彭郎知道后带着小姑连夜逃走。当渔霸追到江边时，小姑和彭郎双双跳入江中，顿时，江涛汹涌，白浪滔滔，将渔霸与其爪牙全部卷入波涛之中。风平浪静之后，江中现出一山一矶，这就是小姑（孤）山和彭郎（浪）矶，人们传说，小姑与彭郎生不能结为连理，死后也要挺立相望，朝夕相伴。

宋代苏轼曾为李思训所绘《长江绝岛图》题诗“峨峨两烟鬟，晓镜开新妆。舟中贾客莫轻狂，小姑前年嫁彭郎。”戏称小姑与彭郎已结成美满姻缘。陆游也为小姑宁死不屈的英勇行为所折服，写过：“江水东流直下吴，狂澜倒挽一人无。世间枉说奇男子，砥柱还须让小姑。”

“南国小长城”白崖寨有多长？

在宿松县城西北白崖山上有一座著名的古城堡白崖寨。远远望去，山寨城墙依悬崖而建，矗立在崇山峻岭之间，十分壮观，宛如古老雄伟的北方万里长城，故白崖寨又有“南国小长城”之称。

白崖寨所在的白崖山，原名白牙山，因产白牙茶而得名，古时有

“名山风雨白牙青”之说。主峰雁恋坡海拔 476 米，窄径凌空，飘崖柏立。

白崖寨始建于元末，义民吴士杰依山垒寨，率众御寇。此后，白崖寨成为历代兵家必争之地，明、清时有维修与扩建。寨墙由大方块石砌成，高 3 米、宽 1 米，长 10 余华里，环绕东峰、西峰、西阳尖、雁恋坡、大印坡五大山峰，迤逦起伏，巍峨壮观。城墙每隔一段距离便有一座简易的城堞，险要地段呈双层寨围。寨城四周建有朝九、听雨、攀龙、百花、乘风 5 座城门，均有一夫当关、万夫莫开之势。石城之长和保存之完整是华东地区所未有，加上明清石刻多处，不仅是有历史价值的保护文物，而且也是旅游胜地。现为全国重点文物保护单位、安徽省风景名胜区。

白崖寨为何成为历代兵家必争之地？

白崖寨居高临下，易守难攻，寨内既可屯兵，又有大片的田地可供耕作。

明末，农民起义军领袖张献忠连破宿松 47 寨，兵部尚书史可法率官兵退守白崖寨，据此抵抗。史可法见义军声势浩大，准备以身殉职，并作遗联一对：“听涧底泉声，呼天地是歌是哭；看阶前月色，问英雄还死还生？”危急之际，总兵左良玉率兵来救，后转败为胜。史可法获救后，在西营峰犒军，并在山崖上刻上了“最上一乘”四个大字记功。

清朝咸丰年间，太平军围攻据寨顽守的清军，终因寨墙高险，久攻不克，太平军撤退时，气得大骂“远望白崖寨，近看是危崖，老子破不开，只等天来败。”

1932 年，鄂豫皖红军主力以白崖寨为依托，歼灭国民党陈调元部大半个兵团。

花亭湖有哪些旅游景观？

花亭湖是国家级重点风景名胜区，原名“花亭湖水库”，位于安庆市太湖县城西北 2 千米的崇山峻岭之间。它建于 1958 年，湖长 100 千米，水面 72 平方千米，蓄水 23.9 亿立方米，为兼防洪、灌溉、发电、旅游、水产养殖为一体的人工湖。

花亭湖水面开阔，碧波万顷，重峦叠嶂，环湖而峙，朝晖夕照，气象万千。湖岸的绿荫深处，掩映着佛影禅光。狮子山、佛图山、西风洞、龙山宫等胜地的古刹禅宫、宝殿琼阁，无不花围绿绕，松竹交辉，环境清幽，景色宜人。

西风禅寺位于花亭湖大坝东侧的四面山上，因寺中有一面西的幽深天然石洞——西风洞而得名。寺周围有鹰嘴崖、仙人桥、仙人洞、一线天、凤凰石等十大景点，还有“高山流水”等数十处石刻。登西风禅寺居高临下俯视花亭湖，可以欣赏到“一坝锁诸水，白浪托群峰”的景观。

佛图山位于花亭湖上游，山势突兀挺拔，山中有佛图寺，相传为晋代天竺高僧佛图澄所建，故名。《太湖县志》称境内名胜“以佛图山为最”。山下有块天然石门，俗称“禅门”。寺庙的旁侧有飞泉，由壁顶泻落，蔚为壮观。寺后有生白洞，洞外绝壁上有一天然的石塔，由五方巨石相叠而成，高约 10 多米，上粗下细，呈倾斜之势，十分险绝，称天柱塔，塔上刻有“乾坤一柱”四个大字。

花亭湖西北部的汤湾温泉被誉为“吴楚第一泉”，水质清澈，内含碳酸锰、碳酸钠等多种对人体有益的矿物质，可饮、可浴、可医。

泛舟其中，飘飘然如临仙境，几忘我之所在，真是人天圆融，物我同化，浑成一团太和，一片天机！

赵朴初先生于 1990 年仲秋泛舟花亭湖时即兴赋诗：“仅尽情领受，千重山色，万顷波光。”

你知道湘军与太平军的小池驿之战吗？

小池驿（今名小池），位于太湖县东20千米，东有一带小山，临街有一条小河。相传原是小湖，后淤为陆地。据旧志载，唐代开始建驿站，清代虽有一条小街，然不足百户人家。清咸丰九年（1859年）年底至十年（1860年）年初，太平天国英王陈玉成与清军曾在此展开了一场震撼山岳的激烈战斗。

清咸丰八年（1858年）秋八月，浙江布政使李续宾、曾国藩胞弟曾国华在舒城三河镇因中太平军埋伏，战败身死，致令围攻安庆（其时为太平天国西征军大本营）的湘军被迫仓皇撤出。

咸丰九年（1859年）八月，曾国藩与湖北巡抚胡林翼商定攻皖军略——先进攻太湖，后进攻安庆，自己由湖北进驻宿松，令福州副都统多隆阿、总兵鲍超从宿松进军八里冈（今太湖城西乡境内，与宿松县交界）。十一月，多隆阿移营太湖新仓，鲍超由太湖棋盘石渡河，移营岔路口，互为掎角之势，以困太湖城内的太平军。

十二月十五日，陈玉成由安庆统军至桐城，捻军首领张行洛及龚得等亦自怀远、定远、庐州、舒城一带率部前来会师，联合西进，号称20万，实则六七万人。同日，清军方面，多隆阿与候补道蒋凝学商调鲍超之霆字营急趋小池驿抵御。

十六日，鲍超营垒未成，英王军大队人马骤至，鲍军拼死苦战，才得以扎营于小池下街头的蛇形山。英王军从潜山地灵港至小池后山和罗山冲一带，连营数十里，清军望之，无不胆寒。十八日，太湖城内太平军得知援军大至，从城内而出，夹击鲍超军。

二十四日，陈玉成以主力军专打霆字营，更番迭进，昼夜环攻。霆字营棚帐皆为炮裂，士卒伤痍，樵汲几断，危在旦夕。鲍超鞭笞士卒，死守营垒。据逸闻，鲍超不识字，只能自书其姓，于是在纸上大书一“鲍”字，外加圈数重，派人火速送往曾国藩处。曾国藩阅后大叫：“老鲍陷重围矣。”霆字营乃湘军精锐之旅，曾国藩视为王牌，于是飞檄各路驰援。湘军或派马队运送盐米火药给鲍军，或分兵袭扰英王军的前后左右。

二十七日，多隆阿绕到英王军背后，与之战于后冲花山尖，被击败，伤亡1300余人，副都统衔西林布、喀尔库及参将吴明亮等均被杀毙。

咸丰十年（1860）正月二十五日，多隆阿卷土重来，选精骑从新仓渡河，与英王军战于余贯嘴，多隆阿佯装失败，引诱英王军进攻，候补道蒋凝学、总兵朱品隆的伏兵从两翼杀出，曾国藩又派候补道金国琛、总兵余际昌从潜山红土山袭击英王军背后，鲍超军此时亦突围而出，几路清军与英王军展开了一场血战。时值东南风骤起，清军火器“触处立燃”，山上树木起火，风助火势，冲向英王军，英王军大小营垒“百有数十”都陷入火焰中，“烟尘不绝者十余里”，林焦山赤。英王军虽英勇奋战，无奈寡不敌众，前后受敌，伤亡数千人。陈玉成不敢恋战，于是夕撤出小池驿，率余部回安庆。翌日晚，太湖城内太平军亦撤走。

小池之战，霆字营虽未覆没，但已受重创。湖北巡抚胡林翼在奏疏中陈述：小池驿之战，实为“军兴数年以来仅见之大战”。

太湖县为什么被誉为“状元之乡”？

太湖，毓秀钟灵，被誉为状元之乡，文化之邦。在历代科举考试中，中状元3人，文武进士82人，文武举人342人。元朝元统年间，黄信一殿试第一（状元）；清嘉庆元年（1796年）和道光九年（1829年），赵文楷和李振钧两位大魁，被钦点状元；嘉庆七年（1802年），县一榜得三进士（李振翥、王廷元、李长蓁），被传为佳话；民国初年，出任安徽省长的吕调元，也系前清科举出身。一时真可谓文人鹊起，科甲蝉联。

为什么说赵朴初从小就与佛有缘?

赵朴初，安庆太湖人，曾任中国佛教协会会长，中国佛学院院长，中国宗教和平委员会主席，中国书法家协会副主席，中国民主促进会中央常委、民进中央参议委员会主任、副主席、名誉主席，全国政协副主席。

1907年11月5日，赵朴初出生在安庆天台里四代翰林府第中。父亲赵恩彤，任过县吏和塾师，生性敦厚，家中做主的是母亲陈慧。家中设有佛堂，母亲每日早晨烧香拜佛；门前的水塘是她的放生池，里面放养着不少她买下的龟、鳖。

1914年夏日的一天，七岁的赵朴初看到一只蜻蜓在蜘蛛网里挣扎，不一会儿，蜻蜓被越缠越紧，渐渐不能动弹。赵朴初转身到厨房找来一根竹竿，把蜘蛛网耐心地挑开，将蜻蜓救出。母亲见了，非常高兴，第二天带儿子去廨院寺烧香。佛事结束后，母亲与先觉师父闲谈，说起儿子会对对子了。师父听了，指着庙中的火神殿，出了一句上联：“火神殿火神菩萨掌管人间灾祸”，赵朴初想了想道：“观音阁观音大佛保佑黎民平安”。先觉师父笑了，对陈慧说：“这孩子将来必成大器。”

毛主席为什么说“这个和尚（赵朴初）懂得辩证法”？

1958年6月30日，赵朴初陪同毛泽东会见了胡达法师率领的柬埔寨佛教代表团。毛泽东一边等待客人，一边兴致勃勃地和赵朴初聊天。他早就认识赵朴初了，但单独聊天还是第一次。

谈话间，毛泽东以开玩笑的口吻问赵朴初：“佛经里有些语言很奇怪，佛说第一波罗蜜，即非第一波罗蜜，是名第一波罗蜜。佛说赵朴初，即非赵朴初，是名赵朴初。先肯定，再否定，再来一个否定的否定，是不是?”

毛泽东一张口说佛，赵朴初就笑起来了。从这一番话可以看出，毛泽东熟悉《金刚经》。在全部佛经中，《金刚经》是精华。“佛说”、“即非”、“是名”就是《金刚经》的主题，全部《金刚经》反复讲述的就是这一主题。它解答了“降伏其心”的菩萨心行的关键，历来为中国佛教教徒所重视。

但赵朴初并不完全同意毛泽东的话。他自己可不是“非”赵朴初和“名”赵朴初啊！自己可是实实在在的赵朴初。所以，他笑着说：“不是。是同时肯定又同时否定。”平常，赵朴初喜欢研究佛法般若，他发现其中有很多辩证的哲理和辩证方法，如老子说“道可道，非常道”，就与禅有一致性，因为一旦真理可以用语言来表达，就不是原本的、永恒的真理了；赵朴初甚至认为黑格尔的辩证法与佛教存在某种关系。这回，见毛主席说起辩证的否定，赵朴初就谈了自己的见解。

毛泽东很满意赵朴初的回答，点头说：“看来你们佛教还真有些辩证法的味道……”正谈在兴头上，不料胡达法师到了，对话只好中断。

其实，那段时间，毛泽东一直在研究佛教和共产主义相通的地方。1955 年3 月8 日，毛泽东和达赖喇嘛谈话时，就曾明白地说：“信佛教的人和我们共产党人合作，在为众生即为人民群众解除压迫的痛苦这一点上是共同的。”

后来，在提到赵朴初时，毛泽东曾很感慨地说：“这个和尚懂得辩证法。”

周恩来总理为什么说“赵朴初是国家的宝贝”？

1951 年夏末秋初，身为华东民政部副部长、上海市生产救灾委员会副主任的赵朴初和刘宠光部长一起，为分配救灾物资一事到山东、安徽进行调查研究。灾情最严重的是皖北，因饿、病而死者，光皖北就有1千余人，遭洪水死伤者达2千余人。不久，华东军政委员会生产救灾委员会和中央同意了刘宠光、赵朴初提出的分配救灾比例：皖北地区占21.5%，皖南地区占3.5%，山东全省占5%。

1951年年底，中央人民政府在国家机关人员中开展反贪污、反浪费、反官僚主义的三反运动。赵朴初曾经手巨额捐款和救济物资。尽管周恩来、陈毅等非常相信赵朴初的人品，但根据政策，他仍被列为重点核查对象。

经手了这么大的巨额经费，谁能担保不出问题呢？有人猜，赵朴初一定是只“大老虎”。运动开始后，报刊上不断刊登挖出贪污分子和经济犯罪分子的消息。也有个别当事人不了解政策，胆战心惊，乱讲乱咬，结果既害别人，也害自己。赵朴初以平常心对待这场运动，同时严肃地对下属提出三条：“1. 不乱说自己；2. 不乱说别人；3. 不自杀。”

经过层层审查，结论是：赵朴初经手的巨额款项和物资，来龙去脉非常清楚，无一笔糊涂账。周总理十分高兴，称赞说：“赵朴初是国家的宝贝啊！”从此，就有了赵朴初是“国宝”的说法。

赵朴初是如何写“劳动改造诗”的？

1968年12月11日至1969年2月12日，赵朴初被监管劳动，地点在广济寺后西跨院，具体做送煤、劈柴、扫雪、倒脏土等杂务。中国佛教协会的牌子已被红卫兵战斗队的各种招牌所替代。戒坛的香案早已布满了灰尘，和尚被赶出了庙门，只有藏经阁前的松树仍然高高地屹立着，与这群“牛鬼蛇神”为伴。

头一天，赵朴初和虞愚教授被分配做煤球，捡煤核。烧过的煤球灰里，残留着半黑色的煤球，捡起来，仍然可烧。赵朴初在一点一点往煤灰深处掏煤核时，突然想到，看似很冷的煤球灰，却能死灰复燃呢！这使他脱口而出一首五绝来：“细向心中检，然而有不然。冷灰犹可拨，试看火烧天。”吟罢，赵朴初对虞愚说：“现在这种情况是暂时的，不久以后，一切都会好的，一切都将会走向正轨。无论受多大委屈，一定要坚持住，活着，就是胜利。”

1969 年春节前夕，爆竹好卖，赵朴初等人被勒令拆旧纸花，将燃放过的爆竹里的纸骨子剥出来，重做成新的爆竹。这是自己从未做过的事，既新鲜，又无奈。拆旧纸花时，赵朴初想，什么时候“文革”结束了，用自己拆的旧纸花做的爆竹来庆祝，该多好啊！于是又有一诗吟就：“摧枯拉朽尽，铁骨独留枝。好待东风信，新花众妙持。”

后来，周恩来了解到赵朴初被迫劳动的情况，下了保护赵朴初的指示。他不再每天接受监管劳动，被拆掉的电话也安上了。

三个月下来，七写八写，倒也记录下了赵朴初“改造”过程中的思想火花。他抽空将这些意外收获加上标题“闲情偶记”，送给了佛协教务部主任陈秉之。陈秉之十分感慨：别人写“劳动改造”的诗，常常发泄心中的愤懑，赵老的诗却气象峥嵘，没有半点牢骚。尤其是对国家前途，信心十足，其胸襟，确非常人可比啊。

浮山有哪些旅游景观?

浮山三面环水、如船浮渡，古名浮渡山，为安徽历史名山。它位于长江北岸的白荡湖滨，南距枞阳县城 36 千米，最高峰海拔 165 米，面积 15 平方千米。

浮山古以“东西南北皆水汇”、“山浮水面水浮山”而称胜，今以独特的火山地质地貌、摩崖石刻、河湖风光而著称于世。1992 年被列为国家森林公园，2001 年被列为国家地质公园。

浮山是一座保存比较完善，具有典型性的白垩纪晚期火山喷发形成的“露天火山博物馆”，火山寨、火山洞、火山石、火山渣等遗存为国内所罕见。地质学上所称浮山组——浮山旋回，经过大自然一亿多年的风雨精雕细刻剥蚀，形成张公岩天池、会圣仙桥等别具特色的六大景区，有34峰、36岩、72洞、28怪石、483块摩崖石刻，景区内叠嶂、峭壁、岩洞、怪石、岩钟、天桥与涧流，幽谷与湖荡遍布。在这里游人可以亲身体验浮山火山爆发、岩浆溢流、火口坍陷、再喷发、缓慢浸出五次火山活动过程，感受大自然的鬼斧神工，被誉为中国的“维苏威火山”。

张公岩景区是浮山主景区之一，此处融宗教遗迹、火山岩洞、摩崖石刻为一体。

观音洞为山洞之最，宽敞处可容几千人。

纵横交错、缠绕诡秘的峡谷中，以飞来峰下的“天柱一绝”神秘谷最为奇险。谷底54个洞穴形态各异，云集交错，洞连洞，洞套洞，洞洞相连，人游其中，狭窄处须屈身匍行。谷旁古树虬枝，谷内怪石异草，恍似仙境，引人入胜。

山上还有江南最大的岩洞摩崖石刻长廊和宋代莲花座及石雕佛像群。

关于浮山的来历有何神奇的传说？

相传，在远古时代，天上玉皇大帝的女儿，要嫁给东海龙王的儿子。迎嫁时，龙王派一条龙船来到东海之尾的枞阳县境内，因龙船掀起浊浪，泛滥两岸，百姓受灾，苦不堪言。这时观音菩萨路过，见百姓叫苦不迭，就抽出一支发簪，往下一插，又拔下一根头发，把龙船栓在发簪上，永远定在水面上。玉皇小姐来到东海岸边，久等不见迎嫁的龙船。痴情的玉皇小姐始终站在岸边，探身远望，久而久之，便化成了石小姐。小姐身边的箱柜化成了石箱、石柜，而今的浮山，古名浮渡山，它就是龙船的化身。上面还有“桨桩石”、“夹桅石”呢！船头的戗山，孤峰矗立，那就是观音头簪化成的。戗山、浮山之间的矮山，弯弯曲曲，如带相连，那就是缆山，系观音青丝所化。山上“打鼓洞”（脚踏声如鼓）、“琵琶阶”（一阶一音）就是当年迎娶用的乐器。

浮山飞来石何地飞来？

浮山飞来峰峰顶有一无根巨石凌空兀立，如古人峨冠架在危石上，似有腾空之势，又有下坠之危，名为“飞来石”。从浮山东侧眺望此石，如“蓝天耸玉葱”，又似“海螺停礁上”，奇幻异常。石下有缝隙透光，云气上升如炷香燃。传说此石大有来头，曾在女娲补天选用之列。但顽石古怪，不愿随仙上天，却偷偷飞往杭州，又嫌杭州喧嚣不宁，于是趁夜飞至浮山，算是得了清静之地，从此隐居下来，万古不移。因此杭州灵隐寺有石刻：“飞向何地？”而浮山的飞来石旁也有清代文人刘珩群之石刻：“何地飞来？”一去一来，相映成趣。

你知道“勿越雷池一步”的故事吗？

成语中的“勿越雷池一步”，让“雷池”成为“禁区”的代名词。这雷池，就在今天的安庆望江县境内，紧靠长江北岸，面积 100 平方千米。据北宋《太平寰宇记》记载：“大雷水至望江县积而为池，谓之雷池。”由于望江县位于长江北岸湖泽地带，地势低洼，其西部的宿松县和湖北省黄梅县的龙湖、黄湖、泊湖等的湖水均汇于此，形成雷池。雷池往东不远便汇入长江，其上游众湖之水称雷水，下游入江口称雷港。

古雷池地处吴、楚交界，历来为兵家必争之地。东晋时在雷池设置大雷戍，为江防要地。咸和二年（327 年）历阳（今和县）镇将苏峻联合寿春（今寿县）镇将祖约叛乱，向京都建康（今南京）进攻，忠于朝廷的江州刺史温峤欲火速统兵去保卫建康。在建康掌管中央政权的庾亮得知后，担心当时手握重兵的荆州刺史陶侃乘虚而入，因此在《报温峤书》中说：“吾忧西陲，过于历阳，足下无过雷池一步也。”意思叫温坐镇原防，不要越雷池而东。后来用以表示不可逾越的一定范围。“不敢越雷池一步”的成语，即源于此。

安庆有哪些民间歌舞？

自古以来，安庆人民喜歌善舞，创作了许多优秀的山歌、民歌、民间歌舞，并代代相传，流传至今。

安庆民歌可以分为山歌、号子、民间小调。山歌内容一般与山区人民的劳动生活有关，如《茶歌》、《牛歌》、《牧童对歌》等，歌声清脆悠扬，悦耳动听。号子一般流传于沿江水乡，如《车水号子》、《船夫号子》等，歌声粗犷，催人奋进。小调大都反映人们的爱情生活，如《十二月想郎》、《劝五更》等，曲调婉转缠绵，令人陶醉。

安庆的民间舞蹈更是多姿多彩，美不胜收。《花梆舞》流传于太湖山区，反映山区农民护秋时敲梆驱兽的情景，舞蹈气氛热烈，动作粗犷。《挑花舞》流传于望江县民间。该县是著名的棉产区，过去，当地群众的衣服、头巾、围兜一般都用自纺自织的土布制作，上面绣有漂亮的白底青花或青底白花，清淡素雅，形成极具特色的针线工艺“望江挑花”。《挑花舞》中姑娘们穿戴各种图案美观、色彩鲜艳的挑花服饰，飞针走线，表演各种挑花舞蹈动作。

怀宁县的《孔雀舞》是根据《孔雀东南飞》的故事情节创作的。表演时，演员们身穿孔雀图案的服装，翩翩起舞，歌颂焦仲卿与刘兰芝忠贞不渝的爱情。

宿松县的《十二月花神》和桐城市的《十番锣鼓》都是根据传统的民间音乐改编的舞蹈节目。《十二月花神》载歌载舞歌颂一年 12 个月开放的 12 种鲜花，表达人们对美的向往。《十番锣鼓》又名《威风锣鼓》，演员们身着古代武士服装，踏着威武的步伐，不断变换列队，数十面大鼓同时擂响，鼓声震天，气氛热烈。

安庆方言有何特色？

安庆方言唱出了优美的黄梅戏，而实际上它本身就是戏剧般的优美语言。安庆方言可以说是全国主要方言融合而产生的语言。

首先这是由安庆的地理位置决定的。翻开中国方言地图可以清楚地看到，安庆位于中国几大方言区交界处：吴越方言、赣方言、闽方言、湘方言、北方方言，等等。受到多种方言的影响，安庆方言吸收了众多其他方言词汇及语音语调，并形成自己独特的优美方言，并以此为基础形成优美的黄梅戏。

其次，由于历史原因，安庆在近古时代，主要是清末，战乱连年，特别是太平天国时期，原安庆人口剧减，待战争结束，十室九空，江浙、湖广、江西、福建、淮北等外地人大量迁入，融合形成新安庆人，这对安庆方言来说是一种革命，广东、广西人的粤方言，其他地方的徽州话、吴越方言、赣方言、闽方言、湘方言、川方言、北方方言等纷纷涌入，与原古安庆方言一起形成了全国最年轻的地方方言——新安庆方言！

安庆方言词汇千差万别。有的与普通话不同，而在区内是一致的，如“太阳”都叫“日头”；有的与普通话不同，各县之间也不一样。如“小孩儿”一词，安庆人叫“小伢（na）子”，潜山、桐城、枞阳人叫“小伢儿”，望江、岳西、太湖、怀宁人叫“小伢”，宿松人叫“滴滴伢儿”，贵池人叫“小妹（mi）”、“小把戏”。

安庆的灯会有什么特色？

“正月十五闹元宵，火炮连天门前绕。”黄梅戏《夫妻观灯》形象地描绘了安庆元宵灯会的热闹景象：“东也是灯，西也是灯，南也是灯，北也是灯，四面八方闹哄哄。”

安庆灯会历史悠久。早在南宋嘉定十一年（1218 年）的元宵节，为庆祝安庆新城落成，官府就在城内举办过盛大的元宵灯会。

安庆灯会不仅规模大，灯的品种也多，千姿百态。有龙灯、狮子灯、麒麟送子灯，有流行于水乡的鲤鱼灯、蚌壳灯、螃蟹灯、虾子灯、荷花灯，有来自山区的采茶灯、兔子灯、山羊灯，还有跑旱船、花挑、踩高跷，等等。一般从正月初三开始举行，到正月十五元宵节达到高潮。

你品尝过安庆名茶吗？

安庆自古以来就是名茶产地，唐代陆羽所著的我国第一部茶叶专著《茶经》中就有舒州（今潜山县）产名茶的记载。安庆西北部为大别山西南麓，峰峦叠嶂，终年云雾缭绕，加上地势海拔高，昼夜温差大，雨量充沛，具有产茶的得天独厚的自然条件。名茶的品种有“天柱剑毫”、“岳西翠兰”、“天华谷尖”、“桐城小花”、“岳西翠春”、“天柱弦月”、“罗仙云雾”等。

天柱剑毫，产于天柱山。据《安徽通志稿·物产考》记载：“茶以皖山为佳品。皖峰高叠云表，小雾布漫，淑气钟之，故其气味不带熏烘，自然馥馨。谷雨采贮，不减龙团雀舌也。”天柱剑毫外形色翠毫显，挺直匀齐似剑，冲泡后清香持久，汤色碧绿清澈，芽叶舒展整齐，汁味鲜爽回甜，内含丰富的多酚类、氨基酸等有益成分，具有消食去腻、止渴生津、利尿解毒等药理功能。

岳西翠兰，产于大别山腹地岳西县。岳西县是大别山平均海拔最高的县，全县 3300 多公顷茶园，大多分布在海拔 600 ~ 1000 米的深山峡谷中，茶树终年生长在云雾中。山中的兰花极多，往往伴随茶树一道生长，每年采茶时节适逢兰花盛开，茶叶饱沾天地之灵气，吸取兰花之幽香，孕育成了极浓兰花清香的茶叶，故名“岳西翠兰”。岳西翠兰外形为一芽两叶相连，自然舒展，形似兰花初放，色鲜绿，毫显露，有光泽，冲泡后汤色浅绿明亮，叶底嫩绿若鹅黄，入口齿颊留香，回味无穷。

天华谷尖产于太湖县天华峰及南阳河两岸山中。取名谷尖是因为谷雨前后嫩芽刚露出尖角，采制成茶而得名。天华谷尖采制考究，谷雨前，选采心芽披叶似莲子蕊的芽头，经摊晾、杀青、理条、做形、烘干制成。茶形似稻谷，色泽翠绿，冲泡后清香芬芳持久。赵朴初先生在品“天华谷尖”后，曾赋诗称赞故乡茶“深情细味故乡茶，莫道云宗不忆家。品遍锡冬（斯里兰卡红茶）和宇治（日本宇治绿茶），清芬独赏我天华。”

桐城小花又称桐城小兰花，主要产于桐城的龙眠山一带。龙眠山海拔600～700米，山中云雾缭绕，日照短，土质肥沃，茶树生长旺盛，茶叶品质优良。桐城小花茶形细卷，带弯钩，显峰毫，色翠绿，芽叶成朵，显兰花瓣形，冲泡后形似兰花绽放，高香持久。因形似兰花，并有兰香，故名兰花茶。

你知道胡玉美酱园的发展历程吗？

清道光十年（1830年），一胡氏人家由徽州婺源（今属江西）移居安庆，开始在本地走街串巷，肩挑贩卖酱货，继而开设“四美”酱园、“玉成”酱园，后在安庆商业中心四牌楼创办“胡玉美”酱园（“玉美”是店号，既以之志前人创业之艰辛，又寓之以“玉成其美”之意），至今已有176年，是一个负有盛名的“中华老字号”企业。

19世纪末20世纪初，随着业务的发展需要，“胡玉美”不仅在安庆设立多处分店，还在上海、南京、汉口等地设立支店或经销处，并逐步打开津浦、沪宁、平汉通渠，业务日渐发达。产品也不断增多，新添罐头、冷饮、糕点、药酒等多个品种，尤以流传甚久的蚕豆辣酱、虾籽酱油等更具特色。胡玉美主导产品蚕豆辣酱以“选料精细，做工考究，风味独特”见长，为居家旅行调味之佳品，于1911～1929年间荣获巴拿马万国博览会、西湖博览会、南洋劝业展览会等金银奖章9枚，“胡玉美”得以声名大振，享誉中外。

现“胡玉美”公司通过了I 9000国际质量体系认证，除传统产品蚕豆辣酱、酱油、辣油椒酱、复合调味酱、酱菜、生粉外，还开发出海鲜酱、牛肉酱、米虾酱、红烧酱油、艳红酱油等一批功能型、营养型调味品，畅销全国20多个省、市、自治区，部分产品常年供应我国200多个驻外使馆（机构），还批量出口美国、韩国、马来西亚、西班牙等国家及中国港、澳特别行政区，成为我国酱品中的一朵奇葩。

胡玉美酱园的三大名产是什么？

“胡玉美酱园”的三大名产是蚕豆辣酱、虾籽腐乳、桂花糖酱。这三种产品生产历史悠久，风味独特，营养丰富，深受人们喜爱。

蚕豆辣酱采用优质蚕豆辣椒和封缸甜酒发酵制作，蚕豆必须选择粒状饱满成色最好的。红辣椒要鲜红肥硕、肉厚糖多、辣味淡的。生产出来的蚕豆酱具有色、香、味俱全，营养丰富，食用方便等优点，既可作调味品，也可作佐餐用菜。

虾籽腐乳是胡玉美酱园的又一传统特色产品，1884年开始生产。当时，胡玉美酱园所在地四牌楼是安庆市区最繁华的菜市场，由于安庆沿江盛产鱼虾，四牌楼市场鲜虾极多。胡玉美酱园就地收购，烘干后，用小磨麻油、豆腐干、虾籽三种原料配合制成虾籽豆腐乳。虾籽豆腐乳味道鲜美，久贮不变，深受消费者喜爱。

桂花糖酱于1912年试制成功，该产品以鲜嫩的芽姜、桂花为原料，用白糖浸制而成。这种桂花糖姜片薄如纸，色黄透白，微辣而甜，入口即化，具有生津、开胃、祛寒、提神的功效，饮茶和吃早点时食用最为适宜。

麦陇香糕点的由来是怎样的?

“麦陇香”糕点是安庆的传统美食。它是在与著名的“稻香村”糕点的激烈竞争中创建的。

1910 年，有一个浙江商人在“胡玉美酱园”附近开了一家糕点店，还取了一个挺别致的名字叫“稻香村”。由于店面雅致，经营的点心风味独特，所以生意很红火。“胡玉美酱园”庄主胡乘之早就想在糕点行业有所发展，“稻香村”的出现，促使他在“胡玉美酱园”旁边开了一家糕点店，并且根据苏东坡的著名诗句“麦陇风来饼耳香”，给糕点店起了个“麦陇香”的名字。

第一年，胡乘之为“麦陇香”店投资三千两白银，结果赔了个精光。第二年，又投入了三千两白银，还是赔了个干干净净。不过，胡乘之的六千两银子的学费没有白花，他悟出了要想压倒对方，就必须在质量和花样上下功夫。于是，他用重金从苏州、常州、上海、广州等地聘来制作糕点的高手，这些以制作苏式甜食、广东点心而闻名的师傅，充分利用安庆这一带的丰富资源，生产出独具风味的“麦陇香”糕点。这些糕点用料讲究，制作精细，花样翻新。从保存下来的老广告看，前后生产的品种共有 297 个之多，终于顶住了“稻香村”，几十年来经久不衰。

“麦陇香”除了平时供应精细糕点以外，还每年生产大量的应时糕点，如中秋月饼、春节灶糖、元宝、年糕等。这家百年老店生产的 200 多种糕点，每种都有自己独特的配方，并且做工考究、颜色鲜亮、形态各异、精致洁雅、风味独特。“麦陇香”的墨子酥、寸金糖、元宝糖、交切等产品，都被评为安徽省一等糕点。特别是墨子酥，已经是誉满全国的著名糕点。它选用优质黑芝麻、白糖、五香粉、熟白面加少许盐制成。由于配方严格，火功独到，所以墨子酥色泽乌黑发亮，样子很像古墨，入口细腻、香甜油润。由于黑芝麻的药理作用，墨子酥还有滋补润肺、止咳平喘的功能，经常吃还有乌黑头发的效果。

你知道江毛水饺名称的由来吗？

江毛水饺是安庆著名小吃之一。清光绪年间，桐城县罗家岭人江庆福挑着一副水饺担子来到安庆，在城中大街小巷吆喝叫卖水饺。他的水饺味美可口，生意极好，其人颈上有一撮白毛，人们都习惯将他做的水饺称为“江毛水饺”。因生意兴隆，几年后江庆福在城内租房开设了水饺店，取名为“江万春水饺店”，历经百年，久盛不衰。

江毛水饺一直保持传统的制作方法，选用上等面粉做饺皮，馅料用黑毛猪后腿肉，佐以虾仁、榨菜制作，用纯鸡汁或骨头汤煮饺，其饺皮薄如纸，馅如珍珠，具有皮薄、肉嫩、汤鲜的独特风味，深得人们喜爱。

你尝过安庆醉糟鱼吗？

“糟鱼”是中国古代民间的传统产品，早在宋太宗年间就被列为“贡品”。糟鱼气味芬芳、肉质红润、口感松软、保质期长。既保持了鲜活鱼的原质风味和营养成分，又不落腌制鱼的俗套，是现代家庭方便、快捷的美味佳肴，又是馈赠亲友的礼品。

你了解桑皮纸吗？

桑皮纸为潜山县著名手工艺品，它的生产始于汉末，是历代典籍、字画裱背的上品，千古绝技传承至今。20 世纪 80 年代，国家档案局和中国美术家协会对桑皮纸的使用和鉴定予以高度评价。2004 年 6 月，故宫博物院修复倦勤斋通景画，把潜山县桑皮纸作为唯一的纸源。

桑皮纸的原料有野桑树皮、杨桃花、神丹皮、桐藤花、石灰。其中主要原料是野桑树皮；杨桃花、神丹皮、桐藤花是用来分解纸张的均匀度和轻度的，按照节气和气温的不同使用其中一种；石灰是用来除壳和漂白桑皮的。

桑皮纸产品特征：纸质呈米黄色，手感润柔，纸面平整，纸边不规则，洁净，纸面无皱褶及其他附着物等，桑皮纸每张长度为133毫米、宽度为70毫米。桑皮纸质地纤维细密，纹理清晰，绵韧而坚，百折不损，光而不骨，吸水性强，不腐虫不腐蚀。桑皮纸含100%纤维，没有任何其他原料，纵向拉力5000下，横向拉力3000下，重量达46克左右。桑皮纸是传统手工纸的典型代表。

雪湖贡藕有何特色?

在潜山县城东南有一湖，名叫雪湖。湖中夏莲，皆开白花，恍如白雪，因名雪湖。相传，此湖是因大水起蛟陷地而成。“神湖”出名产，雪湖贡藕以它洁白如玉、脆嫩香甜的品质，广受人们喜爱。

雪湖贡藕略呈方圆形，七棱，整条藕一般重3~5千克，最大的重达8千克以上，藕粗直径达10厘米，最长的有160厘米左右。最令人称奇的是，将藕断开，均是9孔13丝。相传朱元璋登基前，因征战陈友谅途经潜山城，偶然吃过雪湖藕，赞不绝口。登基后，令当地每年农历八月初一开湖，采第一批藕贡送京城，称“雪湖贡藕”。

雪湖贡藕生吃熟食皆佳。生吃选取脆嫩的藕节，切成圆形薄片，放在盘内，撒上白糖即可，此为当地宴席的一道冷盘名菜。熟食可选用老壮粗藕，藕孔内填满糯米，蒸熟后可当主食食用。米粉肉蒸藕也为当地的一道名菜。

你尝过桐城丝枣吗?

桐城丝枣为桐城特产，割裂本地生枣，浸入糖水，先用铜锅煮沸，继以文火慢煮，约7小时枣熟汤尽后，取出烘干，味甘生脆，为上等丝枣。相传桐城丝枣曾进贡清帝，定为贡品。

潜山舒席有何特色?

舒席是潜山县的传统名产，因潜山县在唐宋时期为舒州府治所在地，舒席也因此而得名。潜山竹席编织始于西汉，距今已有2000年的历史。在潜山县彭岭出土的汉代古墓里，随葬品中就有竹席。到了唐代，潜山出产的舒席更是闻名遐迩。由于唐宋以来，潜山舒席一直作为贡品进贡宫廷，因此又称“舒州贡席”。清光绪二十二年（1896年），舒席作为中国名产在巴拿马国际商品展销会上获一等篾业奖。翌年，在芝加哥国际商品赛会上又获一等奖。清宣统二年（1910年），舒席参展南洋劝业展览会，获头等奖。明、清时代，舒席名震中外，远销我国港、澳地区和日本、泰国、菲律宾、缅甸、新加坡等许多国家。

舒席原料独特，只能用天柱山脚下王河镇周围几十平方千米内生产的元竹制造。选料讲究，经过剖、刮、煮、晒、编等10多道工序精制而成。潜山竹席细、薄、柔滑、篾纹细致、坚韧耐磨、不生蛀虫、容易折叠、清爽消汗、经久耐用。

舒席不但是一种有实用价值的夏令佳品，而且也是精美典雅的工艺品。山水人物、流云花卉、飞禽走兽、神话故事、古今字画等各种图案皆可编织入席。工艺舒席的品种也很多，有中堂、对联、壁障、条幅、条屏、屏风等，席面上编织的人物花鸟图案栩栩如生，色泽鲜艳，立体感鲜明，层次清晰，具有很高的欣赏和收藏价值。生活用席新品种也不断增多，除睡席外，还有枕席、桌席、坐席、沙发席等，还有专为出口日本编织生产的“榻榻米”。

顶雪贡糕有何特色？

顶雪贡糕是怀宁县传统名产，每逢春节，安庆人总少不了买些顶雪贡糕，作为年货。平时遇有喜庆，也把它当作吉庆的象征，相互馈赠，表示高（糕）来高（糕）去。顶雪贡糕的历史比较久远。相传清朝光绪年间，石牌一家糕坊为与同行竞争，从江苏丹阳请来名师尹维炳，在原配料的基础上加工精制。尹师傅做的糕，色如白雪，所以称“顶雪糕”。1904年，顶雪糕参加南京地方产品竞赛，位居前列，因而贡奉朝廷，又受到慈禧太后的赞赏。这样，顶雪糕的名称上又多个“贡”字。

顶雪贡糕以选料讲究、做工精细著称。主要采用当地产的优质糯米，配上精制白糖、麻油、橘饼、桂花、核桃仁、红绿丝，经过精炒、细磨、润潮、清蒸、切片等多道工序制成。它洁白柔软，酥松可口，香甜适度，营养丰富，老少皆宜。尤其是那糕片厚薄均匀，卷曲如纸，点火即燃，让人赞不绝口。

龙凤贡面的名称是怎么得来的？

龙凤贡面产于怀宁县，历史悠久。相传北宋时，怀宁石牌镇有人在朝中为官，七十寿辰时，其弟千里迢迢将家乡的“长寿面”送京祝寿，其兄又将此面送给宋太祖赵匡胤，宋太祖觉得美味可口，传旨年年进贡，故称“龙凤贡面”。

龙凤贡面与一般的面条制作不同，它采用精致面粉、鸡蛋清、小磨麻油、精盐等多种精料，经手工精心拉制而成。成品白如银，细如丝，丝丝成缕，长短一致。其烹调食用亦有讲究，先备好鸡汤或肉汤于碗内，佐以酱油、味精、葱花，再将锅内煮沸的面条捞出，放入碗内，调拌食用，入口柔软，味道鲜美，营养丰富，最适宜老弱妇孺食用。

怀宁枕花有何特色？

从出土实物来看，枕在我国很早就出现，从其发展历史来看，先有木、石、陶、玉、瓷以至后来的布、棉枕等，种类繁多，各领风骚，随着棉布枕的出现，枕花也随之降生。

枕花也称枕顶花，在有限的色布上，仅仅凭一根针、一条线，挑绣出优美的形象，兼艺术性与实用性于一体。怀宁旧时乡民对枕非常讲究，尤其是新婚嫁妆，枕花图案要体现吉祥、如意、万福。枕花图案制作也是对新娘智慧的评价，故姑娘们钻研技巧，彼此切磋，各显身手，精心制作，她们接受大自然的启示，以丰富的想象力，通过精巧的构思，靠着灵巧的双手，挑绣出情趣盎然、千姿百态、美不胜收的艺术形象。

怀宁枕花在用料上，因地制宜，就地取材，质地各异。有自制的土布，有机制布，也有绸缎；绣线有棉纺线，也有各种丝线，表现方法以挑绣、刺绣为主，劳动妇女根据选用材质的不同，采用不同的绣种，构图、技法综合各家之长，巧妙运用，长期以来，形成了具有怀宁地方特色的枕花绣品网络。怀宁枕花绣品中布局丰满，图案繁茂，场面热烈，用色富丽，纹样写实而生动。刺绣绣品中为表现绣品景色效果，采用劈丝套针绣法，使颜色自然过渡并穿入斜滚针、旋针等技法，使绣品中花鸟等纹立体感更强，而且配色高雅、清淡，针面整齐，有的绣品在花纹处采用盘金滚动绣以达到耀眼夺目，富丽堂皇；挑绣绣品中，将传统的针法巧妙地结合起来，挑绣的图案装饰效果对比强烈，纹样鲜明，装饰美、形式美浑然一体，使人赏心悦目，赞叹不已。

怀宁枕花纹样，继承传统，主题吉祥、万福、如意，各种纹样都是通过其深刻的寓意来表达主题的。劳动妇女在绣品中借以假托、转喻、谐音的形象来传情达意。在怀宁枕花绣品中，一般采用三种方法来形成，一是以纹样形象来表示：如枕花中主图挑绣出龙凤相戏图，寓意新婚佳配生活美满；牡丹是富贵的标志，金银锭代表财富，石榴代表多子多福等。二是以名称谐音来表示，如用佛手谐音福、喜鹊表示喜、花瓶表示平、鹿表示禄等。三是用直观文字来表示。在具体实物中，每种方法不是独立的，而是经常相互配合，巧妙运用。

凉亭雪枣是枣吗？

凉亭雪枣是宿松县历史悠久的传统名点，并非枣，因其形状如枣，洁白如雪，且产于宿松县凉亭河而得名。

相传唐高祖武德年间，一位名叫李传金的糕点师，因避乱来到宿松县凉亭河的亲戚家。他见这里盛产一种能制作雪枣的红色糯米，十分惊喜，于是将制作雪枣的祖传秘方传授于这位亲戚。雪枣制成后，品尝之人无不叫好，称为“仙田金果”，在唐太宗年间被列为贡品。到清代年间，慈禧太后吃了凉亭雪枣，久咳之症不治而愈，称为“御膳糕”。从此，凉亭雪枣更加驰名天下。

凉亭雪枣以糯米、白芋浆为原料，先制胚，放进冷油锅加热，待油沸胚身壮大成形，再打浆上糖。由于原料比例、和料、蒸料、刻胚的技巧不易掌握，很难仿制。凉亭雪枣胚形似枣，质白如雪，外壳薄如纸，内心松如绵，香酥脆嫩，入口即化，能止咳化痰，顺气和中，健脾补肾。

马鞍山市

你了解马鞍山吗？

马鞍山市，位于长江下游南岸、安徽省东部，南至芜湖市区30千米，北与江苏省南京市江宁区毗连，具有临江近海，紧靠经济发达的长江三角洲的优越地理位置。全市总面积1686平方千米，其中市区面积354平方千米；全市户籍人口为126.57万；境内辖当涂县与3区。

马鞍山是20世纪50年代后期崛起的新兴钢铁工业城市。马鞍山矿区地处长江下游宁芜—罗河成矿带，是我国七大铁矿区之一。马钢（集团）控股有限公司所属南山、姑山、桃冲铁矿及待开发的罗河铁矿，已探明的铁矿产地有31处，伴生矿产地10处，铁矿总储量16.35亿吨，占安徽全省铁矿总储量的57.32%。全市国内生产总值428亿元。

马鞍山不仅城市生态环境优美，而且地理位置独特，形成了“九山环一湖，翠螺出大江”独特的城中有园、园中有城的城市风光。其城市建设和环境保护先后受到国家有关部委的多次表彰，先后荣获“国家卫生城市”、“国家园林城市”、“中国优秀旅游城市”、“中国人居环境范例奖”、“联合国迪拜国际改善居住环境良好范例奖”等荣誉称号，马鞍山市已成为扬子江畔一颗璀璨的明珠。

你知道马鞍山的历史吗？

马鞍山地区历史悠久，西周时属吴国，春秋战国时期先后改属越国和楚国，秦至西晋，均属丹阳县（县治今当涂县丹阳镇）。东晋北方战乱，难民南迁，成帝咸和四年（329年），淮河之滨的当涂县（今安徽怀远县境内）流民南徙，遂于今南陵一带侨置当涂县，江南始有当涂县名，但非实体县。永和元年（345年），江北豫州（今河南东南部，湖北东部）侨置牛渚（今采石）。南朝梁天监元年（502年），分丹阳县置南丹阳郡，郡治采石。隋开皇九年（589年），将侨置于皖南一带的当涂县徙置姑孰城（今当涂城关镇），此是姑孰为当涂县城之始，迄今相沿不变。北宋太平兴国二年（977年）设太平州，治姑孰城，辖当涂、芜湖、繁昌三县。元改太平州为太平路。元至正十五年（1355年），朱元璋率起义军攻占当涂，改太平路为太平府，辖县照旧。明清府治隶属不变。民国裁府留县，当涂县直属安徽省。1914年设芜湖道，当涂属芜湖道。1928年废道，仍直隶安徽省。1949年4月当涂解放。1954年2月设马鞍山镇，隶属当涂县。1955年8月设马鞍山矿区政府（县级），隶属芜湖专区。1956年10月12日，国务院批准设立马鞍山市，为安徽省辖市。当涂县先后隶属芜湖专区（地区）、宣城地区。1983年7月，当涂县（除大桥公社外）划归马鞍山市。

采石矶为何被誉为“天下第一矶”？

采石矶，又名牛渚矶，位于马鞍山市西南5000米的长江东岸。绝壁临江，水湍石奇，被誉为“天下第一矶”，位居长江三矶（采石矶、武汉城陵矶、南京燕子矶）之首。

“采石山水甲江南”，唐代大诗人李白钟情于斯，曾多次登临吟咏，留下许多不朽的篇章，以及“醉酒捉月，骑鲸升天”等美丽动人

▲ 采石矶

的传说，诗仙最后的归宿地青山就在附近。唐代元和年间，这里就建起了太白楼。登楼远眺，千里长江，尽收眼底，素有“风月江天贮一楼”之称。千百年来，有许多文人墨客来此寻诗仙之遗韵，发思古之幽情，文采风流，至今不绝。

采石矶扼守长江天险，历来是兵家必争之地，历代发生在这里的著名战争 20 余次。采石矶还是我国早期的佛教圣地之一，广济寺始建于东汉，为江南名刹。

采石矶风景名胜区为全国重点风景名胜区，主要景点有：采石矶、翠螺山、万竹坞、沿江栈道等。

采石矶，拥有全国最大的李白纪念馆，有驰誉江南的三元洞、气势雄伟的三台阁，有“当代草圣”林散之艺术馆等。游人可泛舟于江上，赏“风荷疏影”；或策杖于古栈道，寻“大脚印”，恋“古刹禅林”，聆听晨钟暮鼓；或登上三台阁，瞰山麓秀色，眺“天门晓日”，叹“大江东去”。

翠螺山，原名牛渚山、采石山。山体峻秀，绝壁临江，江中遥望，“似翠螺浮于水面”，因而被称为翠螺山。翠螺山以秀丽称胜，而不乏奇险。山之西麓有“西大洼”，这里岩石裸露，崖陡谷深，草木葱茏。春天，梨花胜雪；秋日，红叶似火。一石一草，皆令人赏心悦目。“蜗牛尾”有临江巨壁，如刀斧削成，壁面纹理起伏，似一幅天然山水图画；崖端巨石数块伸出崖壁，如猛兽昂首长啸。

万竹坞以竹类为主体，结合亭、廊、榭、桥等建筑小品，最终达到了自然与人文的和谐统一。这片清幽世界里，生有十三属 100 多种奇珍异竹，策杖万竹坞青石小径，清风拂面，绿影婆娑，不禁使人想起竹的虚心劲节，奇姿孤操。万竹坞内有粉墙黛瓦的圆梦园，古朴典雅的梦溪联袂等胜迹。圆梦园回廊壁上刻有历代画家写竹精品100幅，廊柱上则刻有当代名家书写的古人咏竹佳联。游人经处，小桥流水，烟雨江南，如行画中。

沿江栈道，凌空飞架于临江的悬崖峭壁之间，南起三元洞，北至蜗牛尾，全长约800余米，依山就势，起伏蜿蜒。沿途设有铁索桥、拱桥、穿山隧洞、观景台、休息广场等景点。游人穿行于沿江栈道，仰观绝壁、俯察江流，探奇怀古，思飘天地之外。

“长江三楼一阁”的太白楼位于何地?

太白楼，位于采石矶风景名胜区内，面临长江，背依翠螺山，浓荫簇拥，是一座金碧辉煌、宏伟壮丽的古建筑。与湖南的岳阳楼、湖北的黄鹤楼、江西的滕王阁并称“长江三楼一阁”，素有“风月江天贮一楼”之称。

太白楼原名谪仙楼。旧志载，始建于唐元和年间。明正统五年重建，工部右侍郎周枕命广济寺僧修惠于寺前建清风亭的同时，在寺前建谪仙楼，肖太白像祭祀于楼上。清康熙元年，太平知府胡季瀛重建，易名为“太白楼”，又将神霄宫旁的李白祠移建于此，形成楼阁合璧的格局。清咸丰年间，毁于战火。现存太白楼系清光绪三年兵部右侍郎彭玉麟捐资重建。新中国成立后，几经周折修葺，面貌一新。1956年，被列为安徽省重点文物保护单位。

太白楼高18米，长34米，宽17米，主楼三层，一层为厅，二层为楼，三层为阁。前后分两院，前为太白楼，后为太白祠。太白楼大门门额上蓝底金书“唐李公青莲祠”，门两侧蹲一对石狮，雕刻精细，形态活泼。三楼檐下高悬“太白楼”匾额，字体遒劲，为郭沫若手笔。主楼底层为青石垒砌，二、三层系木质结构，飞檐镶以金色剪边，歇山屋面铺设黄色琉璃瓦，筒瓦滴水饰物有鳌鱼走兽，造型古朴典雅，挺拔壮观，给人以肃穆庄重之感。进门两壁回廊嵌有清代重建纪事及李白生平碑刻。缘楼内木梯而上三楼推窗远眺，但见长江如练，白帆点点。

太白楼后为太白祠。祠顺应地势，就坡而建，借回廊与前楼二层相连。

马鞍山李白纪念馆始建于何年？

马鞍山李白纪念馆在采石矶风景名胜区内，建成于1959年。

李白生前极爱采石矶山水，多有登临，写有《夜泊牛渚怀古》、《望天门山》、《牛渚矶》、《横江词六首》、《临路歌》等诗作。据传李白系在采石江上泛舟赏月，酒醉落水而死。人们为寄托缅怀之情，死后即在采石矶建有李白墓（衣冠冢）。唐元和年间始建谪仙楼，北宋时建李白祠，清光绪元年（1875年）重建太白楼。

现李白纪念馆包括太白楼、李白祠、清风亭、太白堂、同风阁、骑鲸轩、仙侣斋、松云居、叠翠楼、吟香馆等展厅和碑廊、沉香园等景点，占地面积1万多平方米。李白祠陈列高2.2米的李白楠木雕像一尊。纪念馆珍藏明清以来国内外各种版本李白集40多套，其中善本集7套，藏有明代以来各种书画作品700多幅，历代文物数百件，并设有李白研究资料室。

三元洞因何得名？

三元洞又名“三官洞”，是采石矶5座天然石洞中最大的一座，素为江南天然胜景之一。三元洞得名之说有二：一是据史料记载，清康熙年间，僧人定如云游，悦此清幽绝俗，遂率众僧供奉天、地、水三元神位于此，从而得名三元洞。另有民间传说，湖南三秀才乘船赴京会考，沿江东下，途经采石矶时，忽然听到采石矶上有人呼唤他们的名字，为了探个究竟，他们三人弃船而登岸。刚走进石洞，江面上狂风骤雨，船只被卷入波涛之中。他们方才醒悟，原来刚才不是有人叫他们，而是神仙保佑，方才化险为夷。后来三人皆金榜题名，分别高中解元、会元、殿元，为官一方，为报神仙救命之恩，三人捐资修建洞阁，后人称之为“三元洞”。

当代草圣林散之艺术馆在何地?

林散之艺术馆是我国草书大家、有“当代草圣”之称的林散之先生的作品陈列馆。林散之先生祖籍安徽省和县乌江镇，一生酷爱山林，早年受益于书画大师黄宾虹，他每遇山水佳境，必登临、吟咏、图貌之，得写生画稿800余幅，诗作200余首，尤精于书法。他60岁起始作狂草，功深力到，妙造自然，享誉海内外，有一代宗师之誉。先生生前曾十余次放歌采石，心仪先贤，素有“归宿之期与李白为邻”的愿望，因此，在他百年之后，马鞍山市为他设馆于采石公园内，以遂其愿。

林散之艺术馆设计为园林风格，占地3800平方米，绿草茵茵的庭院里主馆、副馆和学术馆错落有致，三馆均为茅草为顶、粉墙红窗的仿古建筑。主馆名之为“江上草堂”，内藏先生各个时期的代表作100余幅，大多为草书精品；他生前所作写生画稿及诗作手稿则保存于副馆内；值得一提的，是庭院里有几株史前时代的树木遗骸——硅化木默然伫立，与杜鹃同沐春光，与翠竹共享冬雪。联系草堂内先生晚年自述中曾以“散木”自号，然而散木不朽，便可一窥此艺术馆设计者的匠心了。

诗仙李白墓园为何在当涂青山?

李白墓园位于市区东南20千米处的青山西南脚下，即今太白乡谷家村口。青山，亦名青林山，山势峥嵘，峰峦遥接，岩壑灵秀，蜿蜒起伏，林木葱郁，泉水潺潺。史载，南齐诗人、宣城太守谢朓酷爱其胜，谓之“山水都”，曾筑室山南。唐李白“一生低首谢宣城”，生前既爱青山风景，又敬谢公品格，曾有“宅近青山同谢朓”的夙愿，一心想与谢朓结为异代芳邻。李白逝世后，原葬于龙山之麓。唐元和十二年（817 年），宣歙池观察使范传正根据李白生前“志在青山”的遗愿，将李白墓迁至青山西南。1954 年，李白墓被列为安徽省重点文物保护单位。2006 年 5 月 25 日，作为唐代古墓葬，李白墓被列入第六批全国重点文物保护单位名单。

▲ 李白墓

诗仙李白墓园规模有多大？

现在的李白墓园占地约 6 公顷，分前区、中区、后区三部分。前区主要景点：全青石牌坊、甬道及两旁 12 幅反映李白生平的壁画，太白碑林、眺青阁、青莲湖等景点；中区是太白祠，内有李白汉白玉塑像及宋碑一块；后区土要景点有览胜亭、太白林、青莲书院、十咏亭、盆景园等。

李白墓坐北朝南，枕山面水，用方块青石垒成圆形冢。墓顶芳草萋萋，艾菊尤盛。墓前有清代花纹碑一方，上刻“唐名贤李太白之墓”。墓旁新植翠竹、冬青，青翠欲滴。

李白墓完整地保存了唐代名人墓葬形制，太白祠、享堂集中展现了明清宗族祠堂的建筑风格，“宋碑”则详细记载了李白生平身世和诗歌成就，“太白碑林”镶嵌着著名书法家书写的李白各个时期经典

诗碑 106 方。

为纪念诗仙，弘扬民族文化，发展旅游事业，促进对外交流与合作，自 1989 年起，每年农历重阳节，马鞍山举办国际吟诗节。

你知道青山的十咏亭与太白祠吗？

李白晚年作《姑孰十咏》，后人于青山李白墓前姑溪之畔建“十咏亭”以志，但不幸毁于“文化大革命”期间。今重建的“十咏亭”，飞檐翘角，古朴典雅，亭中央石碑上镌刻着李白《姑孰十咏》。

太白祠位于十咏亭左侧。前后两进，素白粉墙，灰黑瓦顶。祠内青砖铺地，飞檐耸脊，雕梁画栋，宽敞明亮。正庭门楣上悬林散之手书“太白祠”横匾。厅内迎面耸立一尊高 2.47 米、重约 3 吨的汉白玉李白塑像。塑像侧身而立，左手按剑，右手后垂，双眸含慧，胡须飘拂，气度非凡。塑像背景是巨幅墨绿色微版画，以李白在当涂游踪为写意，版画上方为书法家舒同所题“李白高踪”匾额。厅堂下中上方悬有书法家司徒越手书“诗无敌”三字匾。两侧壁上镶嵌着 6 块石碑：1 块雕刻李白全身画像，栩栩如生；1 块刻有李白《临路歌》；另 3 块重刻唐代李华、刘全白、裴敬撰写的碑文；最为珍贵的 1 块为幸存的宋碑。该碑是宋淳祐二年（1242 年），兼权太平州事、节制军马孟点根据唐范传正所撰之碑文“重书刻石，立于墓左”的，碑高 1.8 米，宽 95 厘米，共 30 行，每行 63 字，正书，字径六分，额题“大唐翰林李公新墓碑”9 字。此碑距今已有 740 多年历史，为李白墓祠现存较早的历史文物。

太白碑林为何被誉为碑中精品？

太白碑林，位于李白墓园前区。设计风格采用江南园林式，回廊环水，亭台榭阁，古朴典雅，造型别致，均有典型的徽派特色。太白碑林的书法作品由安徽省文物事业管理局和当涂县人民政府发函征集。现已收到并珍藏现代、当代106名著名书法家书写的李白在各个时期经典诗文，书体集真、草、隶、篆、行、魏碑。碑材选用江西玉山上等砚材青石料，质细色纯。

“太白碑林”匾额由郭沫若先生题写，字体苍劲。大厅内墙壁依次镶嵌着毛泽东、郭沫若、鲁迅、于右任、沈尹默、林散之、沙孟海七位现代著名书法家的作品。出大厅依廊镶着中央美术学院和各省、市99位书法家的作品。作品中古拙含蓄、清新秀发、奔腾豪放、横折跌宕，风格不一。开放的太白碑林，在书法作品、建筑风格、碑材镌刻上均臻一流，已成为全国新建碑林中的精品。

为什么说在马鞍山九月九不仅仅意味着重阳节？

农历九月九，为传统的重阳节。但对于马鞍山来说，这天并不仅仅意味着登高远眺。经国务院批准，自1989年起，马鞍山市每年在农历九月九重阳节期间，举办国际吟诗节；2005年起改名为中国诗歌节。此节由安徽省人民政府主办，马鞍山市人民政府承办，目的在于弘扬中华民族文化，促进国际间的文化、经济交流与合作。每年的这天，来自日本、东南亚、欧美各国和国内各地的吟诵宾朋、诗人雅士、各界宾客，汇聚一堂，遵从登高饮酒赏菊的习俗，创新联谊旅游经贸的内容。

1000多年前，唐代大诗人李白一生曾7次居宿马鞍山，并终老于此。采石矶、太白楼等诸多名胜古迹，引无数文人墨客、英雄豪杰瞻仰凭吊，吟咏题唱，留下了很多名篇佳作。由李白诗歌引申而出的中国国际吟诗节，推动着中国古诗词的吟诵与创作、中外文化友好交流。在此先后建立和成立了李白纪念馆、李白墓园、李白研究会、《李白研究》编辑部、中国古诗词吟诵学会、太白诗社等。中国诗歌节上的主要活动有国外游人集中吟诗，寻觅李白踪迹，游览采石矶，参观李白墓，观看文艺表演，举办地方产品展销等。

马鞍山中国诗歌节是安徽省五大节庆活动之一，得到国家文化部、中国作家协会、中国人民对外友好协会的大力支持，先后吸引了日本、韩国、美国、德国、澳大利亚、新加坡、英国、法国、加拿大、西班牙和印度等国家以及我国港、澳、台和内地的众多人士参加。

雨山湖公园为何有“九峰环一湖”之美称?

雨山湖，位于马鞍山市中心。湖周围有9座山峰远近错落，环湖而立，故有“九峰环一湖”之美称。

因湖而开辟的雨山湖公园，景色秀美、风光旖旎。雨山湖公园分置北园、南园、西园、动物园和湖心岛5个游览景区。北园花繁树茂，曲径通幽。沿湖岸绮楼朱阁，曲桥卧波，垂柳石径，假山嵯峨。鱼港、莲池、竹林、长廊水榭等错落其间，疏密有致。此园内的“芬芳苑”是一片花的世界，苑内花团锦簇，争芳斗艳，清香扑鼻，美不胜收。濒水而建的“三影楼”，是游人品茗休憩之处。登楼远眺，但见碧波荡漾，游船点点，青山、绿树、红楼倒映湖中，犹如置身仙境。南园则以幽、雅、静为特色。双虹桥、勿染亭、不厌亭、淡悠亭等园林小品建筑或点缀绿水碧波之滨，或置落于奇花异草之中，亦显风姿别具。

三国朱然文物陈列馆有何特色?

三国朱然文物陈列馆，为国家级重点文物保护单位，位于市区南部的雨山乡境内，为保护三国东吴大将朱然之墓而建。

朱然墓发掘于1984年6月，总长8.7米，宽3.54米，最高处2.94米，自南向北分别为墓道、封土墙、前室、挡土墙、后室。整座砖室墓结构严谨，布局合理，显示出三国时高超的建筑技术。朱然墓共出土漆器、青铜器、青瓷器、陶器等文物140多件，铜钱6000多枚，其中的出土漆器是一次重大的考古发现，填补了我国汉末至六朝时期漆器工艺史的空白。1996 年 6 月在朱然墓西南 33 米处又发现了几座东吴大型墓葬，经六朝考古专家鉴定为朱然家族墓。

朱然文物陈列馆始建于 1987 年，经历年扩建，占地面积已达 11000 平方米，主体建筑为一组仿汉风格的古典建筑群。目前有朱然墓室陈列厅、出土文物陈列厅、朱然生平浮雕长廊、仿古兵器馆、朱然家族墓陈列厅、望楼钟鼓等场馆对外开放。馆外群山遥峙，馆内绿草茵茵，春天樱花烂漫，八月丹桂飘香。它既是一座展示三国东吴历史文化特色的专题性博物馆，也是一处探古寻幽、休闲娱乐的绝佳旅游胜地。

朱然（182～249 年），字义封，丹杨故鄣（今浙江安吉）人，出身东吴豪族，本姓施，13 岁过继给舅父朱治为子。少年时朱然与孙权同学，结为好友。三国争雄，朱然北抗曹魏，西拒蜀汉。东汉建安二十四年（219 年），朱然与潘璋在临沮生擒关羽。黄武元年（222 年），朱然率 5 千人马与陆逊一起抗击刘备，取得了“火烧连营七百里”的辉煌战绩。此后，朱然镇守荆州重镇江陵，打败了曹魏连续半年的围困和进攻，威名远扬。65 岁时，朱然官拜吴左大司马右军师，成为统领东吴军队的重要将领。吴赤乌十二年（249 年）春三月卒，终年 68 岁。

小九华风景区有何特色？

小九华位于马鞍山采石镇西北 1 公里处，是从马鞍山驱车至采石（古镇）风景区的必经之地。山高百丈，周围十五里。相传，地藏王曾到这里住过，留下许多神奇传说。早在古代这里就建有地藏王殿，恢宏壮观，游人不绝，千百年来，每逢农历正月十五，七月三十，进香者络绎不绝。此山由于山峦秀美，香火极盛，酷似百里外的青阳九华山，所以人称“小九华”。

小九华原名望夫山，市志有云：“清代方志中以小九华山为望夫山的记载颇详。其云：石高一人许，颇似人形。上刻有‘望夫石’三字，大一尺六寸，似篆似隶。”

小九华原是临江而立的断崖山丘，历史上由于长江河道变迁、泥沙沉积而形成，它突兀江边，更显得一峰玉立，擎天镇地，独具奇观。小九华山紧毗著名的采石矶风景区，她俯瞰长江，北眺西山。小九华山树木茂密，针叶常绿，阔叶与落叶混交，野兔、刺猬、布谷鸟、啄木鸟等野生动物栖息林中，鸟鸣声或清脆、或婉转，构成一道风景线。

濮塘自然风景区美景知多少？

濮塘自然风景区，位于长江之滨，马鞍山市东郊的濮塘山区。景区面积 24.2 平方千米，层峦叠嶂，沟壑纵横，林木翠秀，飞泉叮咚，环境幽雅，野趣盎然，为休闲度假的胜地。境内有大、小山峰 49 座，峡谷 53 条，水库 8 座，塘坝 290 条；有森林 18000 亩，竹林 5000 亩，茶园 350 亩，各种植物 300 余种。竹海、古树、清泉、钟鼓并称“濮塘四绝”。

山中林地乔灌参差，藤萝悬挂，古树参天，其中有生长 800 多年，至今仍年年挂枝的古老银杏树；有盖地 200 平方米，冠如巨伞的常绿大冬青；有浓郁芬芳、绚丽多彩的古桂花、古茶花、古紫薇、古园柏、古榉树等。这里竹海苍茫，一碧万顷，山风徐来，竹影婆娑，竹叶沙沙，如鸣天籁，徜徉其间，宠辱皆忘，心旷神怡。由

▲ 濮塘风景区

于景区林深树密，又是鸟类栖息的理想场所，尤以阔叶杂林藏鸟最盛，有画眉、黄莺、布谷、百灵、山雀、斑鸠、白头翁、灰喜鹊等20余种。

山中还有终年流水不枯的玉乳泉、龙泉、虎泉、清泉、螃蟹泉等泉水，其中尤以龙泉、玉乳泉最大。龙泉位于龙谷之端，泉水酷似龙口垂涎而出，汇成涓涓细流，潺潺而下，流水之音在幽谷深处格外清脆悦耳。玉乳泉位于天马山麓的幽谷庵，因水色乳白而得名，泉水清洌可口，从发掘至今已有500多年的历史。

历史上这里又是佛、道两家争相建庙设庵的好地方，昔年曾建有幽谷庵、考山庵、青云观等庵、堂、寺、庙27处，香火旺盛一时。

濮塘自然风景区，现分为黄庄、剑湖和陵园三个景区。黄庄景区位于濮塘东北部，此区山高谷深，竹翠树密，空间封闭，环境幽雅，主要特色是幽谷和清泉，有篁林古道、九龙戏珠、幽谷古庵、龙泉寿树、星湖山村等景点。

剑湖景区位于濮塘西南面，此区空间开阔，山水相连，景观奇特。主要特色是湖光、山色和鸟语，有剑湖画舫、绣帘鸟语、钟鼓奇观、龙尖览胜等景点。

陵园景区是进入黄庄景区的门户，该区主要有供人瞻仰、凭吊的烈士塔、烈士墓和展览馆。

江东第一桥是哪座桥？

叶家桥，横跨当涂县丹阳河，连接薛津、新市，是历史上当涂至溧水官道上的重要桥梁。为青条石结构，5孔拱桥，长44米，高8.5米，宽8米。建于明弘治年间，清代和民国年间曾3次重修。工艺精细，气势磅礴，素有“江东第一桥”之称。

据记载，叶家桥为当地叶员外所建。大桥竣工之际，貌美如花、心地善良的叶员外独生女，为免除老父之忧，为保大桥千年永固，投丹阳河献身祭桥。当地村民为永世感戴叶员外父女的功德，将叶家村也改名为叶家桥，在桥顶部雕刻了轿顶图样并立女儿碑以纪事。叶家桥现为省级重点文物保护单位。

甑山禅林始建于何年？

甑山距当涂县城东 7.5 千米，壁立百仞，群山环拱侍立，“尊重如袍笏贵人”。甑山禅林最初兴建于唐代，是一座禅宗丛林式的寺院，有屋 99 间半，是当涂远近闻名的古寺之一。历史上时有兴废。清光绪年间，住持僧启圣重修。抗战爆发后，遭日寇破坏，屋毁大半。“文化大革命”期间，遭到彻底毁坏。1987 年起修复并扩建，目前建筑面积达 1 万多平方米。寺内建有佛殿、斋堂、客房等 70 余间，其中佛殿 9 座。近年由苏南香客出资建的妈祖阁，别具特色，为全省唯一。

丹阳湖景区沧桑历史知多少？

丹阳湖，古称“巨浸”，旧名“南湖”，又称“西莲湖”。《太平府志》载：丹阳旧多红杨，一望皆丹，故曰丹杨，杨与阳同音，遂称丹阳湖。丹阳湖位于当涂县城东南部，与石臼湖相通，东南角为江苏高淳县境。古丹阳湖原为江南著名的大泽，大致成湖于二三百万年前，面积约 4000 平方千米。约在春秋前期，古丹阳湖逐步解体，分化出固城湖和石臼湖。唐时，丹阳湖还是烟波浩渺、水天相连的泽国。后来，由于泥沙淤积和围垦，湖面日趋缩小，据史书记载：“丹阳之湖三源，徽州、应天、宁国、广德诸溪所汇也。”千百年来，经过不断围垦，至新中国成立时只有 357 平方千米（包括石臼湖在内）。湖身为带状，南北狭长。湖水一般深 2 ~ 3 米，最深处为 7 米。湖水汇于姑孰溪，注入长江。

金柱塔建塔与命名有何趣闻？

金柱塔，位于当涂县姑溪河入长江口岸，为六角七层宝塔，建于明朝前期。那时当涂常患洪灾，风水学家认为，姑溪河水逆向西流，于水性地脉不宜，需建宝塔以镇水口。县令章嘉桢在发动民众筑圩治水的同时，决定建塔。限于财力三年无果。明万历十七年（1589年），县城四条巷发现宋理宗时的窖金，章嘉桢请求郡守陈壁，割金之半建塔。所建宝塔，初名铁淋，后又改为金柱塔，又因金助之功和弥补星垣所未备，故有“非金而有金助，非柱而有柱形，非山而有山名”之说。金柱塔内有石阶，游人可拾级而上，登临塔顶，俯窗远眺。

澄心寺有何历史典故？

澄心寺，位于当涂县横山南麓十保山西侧，前身隐居院，因南朝齐梁间“山中宰相”陶宏景在此隐居而闻名。澄心寺建于当年陶宏景读书堂故址。这里有关陶宏景的遗迹甚多，其中陶宏景炼丹遗址“丹灶寒烟”是姑孰八景之一。到了宋代，横山的修炼道学者已不见继者，佛教却在这里悄然兴盛起来。门庭替换，名山易主，宋嘉祐八年（1063年），“读书荒址”已为浮屠之居。陶宏景的“丹灶”、“五井”、“白月池”均被佛僧赋予了神奇的澄定心神的功能，因此易名澄心院。明初洪武年间定名“澄心寺”。直至清代，仍为县境十七大寺之一。澄心寺毁于“文革”时期，近年由民间募资重建。

凌歊台始建于何年？

凌歊台，始建于南朝宋，位于距当涂县城北2.5千米处的黄山山巅。传说此处是宋孝武帝刘骏的避暑行宫。古凌歊台，宏伟壮丽，有“笙镛黛绿之胜”。“凌歊夕照”，为姑孰八景之一。北宋词人李之仪《临江仙·登凌歊台感怀》词云：“偶向凌歊台上望，春光已过三分。江山重叠倍销魂。风花飞有态，烟絮坠无痕。已是年来伤感甚，那堪旧恨仍存！清愁满眼共谁论？却应台下草，不解忆王孙？”凌歊台古遗址尚存巨石，右侧有三块石刻，字迹仍依稀可辨，从石刻上的字迹可以发现，乃是明代倪伯鳌等人的纪行诗词。

芜 湖 市

你知道"皖之中坚，长江巨埠"芜湖吗？

芜湖地处安徽省东南部，横跨长江两岸，南依皖南山系，北望江淮平原，浩浩长江自城西南向东北缓缓流过，青弋江自东南向西北，穿城而过，汇入长江。现辖镜湖、弋江、鸠江、三山 4 个区，以及芜湖、繁昌、南陵 3 个县。市区坐落在长江与青弋江交汇处的长江南岸，距长江入海口 468 千米，设有经济技术开发区、长江大桥经济园、农业科技示范区。全市面积 3317 平方千米，其中市区面积 720 平方千米，是中国优秀旅游城市。

芜湖是座有着 2000 多年历史的古城，物产丰富、交通便利，早在春秋时期就成为地处"吴头楚尾"的长江沿岸古邑，南宋以后逐渐成为重要商埠，因而享有"皖之中坚，长江巨埠"的美誉。19 世纪末，芜湖米市形成，曾一度成为盛极一时的中国四大米市之首。芜湖是安徽省近代工业的发源地，安徽的纺织、轻工、电力、机械、粮食、船舶、化工等工业，都起源于古老的商埠芜湖。芜湖自古为兵家必争之地，从春秋战国到清代，有记载的较大战争达 50 多起。它还有着光荣的革命传统，清光绪年间的"芜湖教案"震惊全国；陈独秀、王稼祥等都曾在这里进行过革命活动；百万雄师过大江，"渡江第一船"英勇地在繁昌县荻港板子矶附近登陆，解放芜湖，直取南京。

芜湖四季分明，雨量充沛，气候宜人，旅游资源丰富，古有“芜湖八景”，即赭塔晴岚、玩鞭春色、白马洞天、雄观江声、镜湖细柳、吴波秋月、荆山寒壁、蛟矶烟波。历代许多文人墨客都曾涉足并留下不朽诗篇，宋代苏东坡曾咏叹芜湖八景之一的“玩鞭春色”，写下七言古诗《湖阴曲》；黄庭坚因欣赏芜湖山水，曾在赭山广济寺中的滴翠轩内居住读书；明代汤显祖的《牡丹亭》就著于当时的芜湖“雅积楼”。

芜湖的鲥鱼、刀鱼、金盾毛蟹驰名中外，丹皮、杜仲、玄胡等中药材享誉全国。

“芜湖”一名由何而来？

芜湖，古名鸠兹，因为古时这一带是地势低洼的湖沼地，每年都会有一批类似野鸽的鸠鸟来此栖息繁殖，于是人们便称此地为“鸠兹”，意思是鸠鸟栖息、滋生繁多。关于这一名字，《左传》中有记载：“鲁襄公三年（前570年）春，楚子重伐吴，为简之师，克鸠兹，至于衡山。”

西汉元封二年（前109年），汉武帝改鄣郡为丹阳郡，并在鸠兹设县，将其改名为芜湖。“芜湖”一名的由来与湖泊变迁有关，鸠兹旁边原本有一个很大的胡，名叫“芜湖”，后来由于长期的湖泊淤积作用，湖面逐渐缩小，湖水也渐渐变浅。现依傍此湖设县，因而取名“芜湖”。

历史上，芜湖还有很多别名。据《汉书·地理志》记载，芜湖有“中江”之称，中江位于芜湖附近长江段的西江和黄浦江前身的东江之间，因为古时芜湖是中江上的重要渡口，便有了“中江”的别称。因芜湖古名鸠兹，而位于芜湖附近的中江段则称为鸠江，于是芜湖又有“鸠江”别称。另外，芜湖还曾有过“襄垣”和“于湖”的别称，因为在东晋和南朝时期，芜湖撤县建制，一部分归属襄垣县，一部分则划入于湖县，并且历经南朝宋、齐、梁、陈各代。

王稼祥纪念园为何建在了芜湖？

王稼祥纪念园坐落在芜湖市狮子山上的第十一中学校园内。芜湖市第十一中学前身是一所教会中学——圣雅阁中学，王稼祥曾在此学习。

1986 年，王稼祥诞生 80 周年，为了纪念这位革命伟人，中共中央决定建立王稼祥纪念园。在选址上起初确定了三个地方，即合肥、芜湖和泾县。后来经过反复思考，并听取王稼祥妻子朱仲丽女士的意见，最终确定在芜湖建立纪念园。

王稼祥是安徽泾县厚岸村人。芜湖这座城市对他的一生起了重要作用，1924 年，18 岁的他以优异的成绩免试升入芜湖圣雅阁教会中学高中部。在这里他接受了新文化思想，为了寻求救国救民的道理，他阅读了校图书馆内的所有有关社会科学的书籍，并常到科学图书社购买《向导》、《新青年》、《中国青年》等。王稼祥天资聪慧，思想积极活跃，富有雄辩才能，在同学中颇有威信。孙中山先生逝世后，在校园内的追悼大会上，他发表了慷慨激昂的演讲，呼吁全民继续革命，继续奋斗。也正是在这次演讲的推动下，芜湖教会学校爆发了反对帝国主义奴化教育的爱国运动。这次运动中，王稼祥属于带头“闹事者”，被开除学籍。1925 年 9 月，他进入上海大学附属中学，并加入中国共产主义共青团。同年冬，他登上了一艘开往前苏联的货船，进入莫斯科中山大学学习。1928 年，在前苏联加入了中国共产党。

王稼祥纪念园占地 6000 平方米，建筑面积 1200 平方米，由铜像、纪念碑、事迹陈列室、藏书室和接待厅五个部分组成。园内山腰右侧的平台上矗立着一座高大的赭红色花岗岩纪念碑，正面刻着胡耀邦同志亲笔题写的“学习王稼祥”五个大字，碑的背面则是王稼祥的生平的丰功伟绩。王稼祥的半身铜像位于主峰之上，坐西朝东，南侧是其生平事迹陈列室，分为五个展厅，详细介绍了王稼祥光辉的一生。

纪念园收集并陈列了王稼祥的信件和文章96件，照片189帧，珍贵遗物43件，书籍1000余册和“吉姆”轿车1辆。2001年被中宣部确定为爱国主义教育基地。

芜湖市中山路步行街为何号称安徽第一街？

清光绪二十八年（1902年），芜湖县城的商人共同出资将一条狭窄的小巷改造扩建为10米余宽的马路，此后商贾云集，市民称其为“大马路”。1912年，孙中山先生巡视芜湖，在大马路上搭台演讲。他关心芜湖的建设发展，在《建国方略》中对芜湖的建设规划作了详细论述。1925年，孙中山先生逝世，为了纪念他，芜湖人民遂将大马路改名为中山路。

1999年，市委、市政府将中山路改建为现代化的多功能的商业步行街。2005年年初，安徽省芜湖市中山路步行街被评为中国十家著名商业街之一，与北京王府井步行街、上海南京路步行街齐名，并称“全国三大步行街”。

为什么说芜湖神山群山是我国最早的炼钢遗址之一？

神山铸剑遗址位于芜湖市东北郊，与神山、火炉山、马鞍山连绵一体，古人有“山掩县城当北起”和“北望群峰乱”的感慨。

相传春秋时期，干将、莫邪曾在此设炉造剑，历经三年终于铸成雌、雄二剑。据《图经》和《芜湖县志》记载：“干将淬剑于此”。至今山上仍有干将当年设炉的“铁门槛”、磨剑的“淬剑池”及试剑的“砥剑石”等古遗址。

干将是春秋末期越国人，相传他由莫干山一带出发，辗转来到芜湖。于神山精心铸剑，在当时名扬天下。一天，吴王不惜重金聘请，让干将造削铁如泥、砍石如木的宝剑。但经过数次的铸造，仍然达不到理想效果。于是干将、莫邪夫妻俩冥思苦想其原因。突然莫邪想到以前有一次铸剑时曾以落发引火，且有三只野鸡恰巧从天而降，鸡爪粘到通红的铁上，转眼化为灰烬。于是莫邪剪下心爱的头发，干将找来野鸡脚爪，按照以前的方式重新铸造。经过千百次的锤炼，终于铸成双剑。干将带着两剑来到神山磨剑池，即仙池，把剑插入池内，顿时水泡沸腾。抽出双剑，只见两剑青光闪耀，犹如两条青龙。于是他又来到破山，对准一块石头砍下去，但见火星四射，巨石分成两半，这就是现在的试剑石。自此，举世罕见的雌雄双剑在芜湖的神山群山中诞生了。

历史记载干将死后葬于此山，唐代名将李靖曾在附近平叛，后人在神山建了李卫公祠以示纪念。宋时，芜湖一带久旱无雨，人们登神山祈雨，两天后果真喜得天降大雨，便建亭纪念，取苏东坡《喜雨亭记》文意，命名“志喜亭”。

干将莫邪的传说流传久远，证明芜湖神山群山是我国乃至世界上最早的炼钢遗址之一。干将莫邪创造出的炼钢中的渗碳工艺，不仅是芜湖古代工业技术的辉煌成就，也是中国古代的伟大发明。

毛泽东、周恩来如何哀挽戴安澜将军？

戴安澜将军（1904～1942 年），又名戴炳阳，原名衍功，自号海鸥。安徽无为练溪乡人，著名抗日英雄。1923 年考入陶行知先生创办的安徽公学高中部，1925 年被保送至黄浦军校第三期兵科学习。翌年毕业并参加了北伐战争，历任国民党军队排长、连长、营长、团长、旅长和师长。1942 年，他率部赴缅作战，在东瓜保卫战中，击毙日军 5000 余人；后又收复棠吉，战功卓著。后在与日军作战中不幸身负重伤，忠勇殉国，时年 38 岁。戴安澜将军灵柩运回国后，在广西全州安葬。1943 年，在广西全州香山寺举行公祭，由民国政府特派代表李济深主持，国共两党领导人纷纷赠挽诗、挽词和挽联。毛泽东的挽诗云："外侮须人御，将军赋采薇。师称机械化，勇夺虎罴威。浴血东瓜守，驱倭棠吉归。沙场竟殒命，壮志也无违。"周恩来挽词云："黄埔之英，民族之雄。"

后因日寇进占广西，1944 年移葬于贵阳花溪河畔的葫芦坡。1947 年，戴安澜将军灵柩运抵芜湖，墓地选定为赭山公园的小赭山南坡半山腰。他被美国政府颁授懋绩勋章一枚，成为第二次世界大战反法西斯斗争中第一位获得美国勋章的中国军人。中央人民政府内务部于 1956 年 9 月追认戴安澜将军为革命烈士。

戴安澜烈士墓在"文化大革命"期间曾遭毁坏，1978 年以后多次修葺。芜湖市人民政府于 1979 年重新修建了墓地，并立了石碑。左碑铭刻毛泽东、周恩来、朱德、彭德怀、邓颖超等先辈当年题赠的挽诗、挽词、挽联；右碑是将军生平简历；中碑是王昆仑所题"戴安澜烈士墓"。墓地正面对着大赭山，墓地背后依山而建，呈半圆形，墓穴为圆形混凝土结构，直径 5 米，高 2 米，墓前有宽敞的神台，四周苍松翠竹环绕。1996 年 8 月，中共芜湖市委、芜湖市人民政府将戴安澜烈士墓列为芜湖市爱国主义教育基地。2001 年 10 月，市政府又公布其为全市"重点文物保护单位"，并于 2004 年 5 月在墓前立碑公示，敬仰的人们，终年络绎不绝。

芜湖广济寺为何被称为"九华行宫"？

广济寺位于芜湖赭山西南山腰，依山而建，殿宇连云，是"全国重点保护寺庙"。广济寺初名永清寺，始建于唐朝乾宁年间（894 ~ 898 年），历代多次重修。相传唐永徽四年（653 年），新罗王子金乔觉云游中华抵达芜湖，先到四合山，后到赭山，曾在此开坛讲经，后又去九华山开辟道场，人称金地藏、地藏王或地藏菩萨。人们为了纪念他，便在赭山建造了广济寺。全寺有殿堂四重，自下而上依次是天王殿、药师殿、大雄宝殿、地藏殿，共有88级台阶，两旁护以锁链。进入广济寺，迎面便是天王殿，正中弥勒佛袒胸露乳、大腹便便、笑容可掬。两旁柱子上刻有芜湖书画家黄叶村书写的楹联：大肚能容，容天下难容之事；开口常笑，笑世上可笑之人。出殿沿石阶而上便到达延寿殿，殿的正中是丈六金身药师佛像，左右是日光、月光二配像，座后是华严三圣像，两壁厢二十四尊诸天菩萨像神态各异。穿过庭院就是大雄宝殿，其匾额为著名书法家赵朴初所书，殿中三尊佛像，从左至右依次为东方净琉璃世界药师琉璃光佛、释迦牟尼和西方极乐世界阿弥陀佛。出殿踏过88级台阶，攀上殿前平台，即可看到写有“九华行宫”的红底金字竖匾，这便是主殿地藏殿，仿九华山的肉身宝殿而建，殿前设有香炉，殿中石台上有一佛龛，殿内供有四尊金漆一式的3米高的地藏菩萨像。昔日凡朝九华山者，必先于此进香，因而广济寺又有“小九华”、“九华行宫”之称。自唐至今，每年农历七月三十这里就会举行“地藏庙会”，香客满堂，游人不绝。

▲ 广济寺

广济寺的镇寺之宝是什么？

芜湖广济寺内藏有“世传金印，宝若连城”。相传唐朝时，新罗王子金乔觉渡海来到中国，行至芜湖，在广济寺修炼。寺内当时的住持被他的真诚所感动，于是带他来到九华山，金乔觉一看这九座山峰如九龙腾飞，觉得是他潜心修佛的好地方，便在此奠基筑庙。临别之时，金乔觉对住持说：“一旦我在此山修炼成功，我将随身的一枚金印赠予你，为芜湖广济寺镇山之宝。”几年以后，这位住持有一天突然梦见金乔觉修炼成功，叫他去江边接印。第二天早上，他来到江边，果然有一巨龟驮着一枚金印交给他。当然这只是传说，事实上，金乔觉圆寂之后，佛界民间传为地藏转世，要求追封，唐肃宗追授此印，金乔觉此后便被称为“金地藏”。此印是由8斤沙金所铸成，印面中间刻有“地藏利成印章”，四周刻有9条形态逼真的飞龙，印柄上九龙戏珠，栩栩如生。

后代俗人若想入佛门修行，必须盖有此印才能获得做和尚的资格。而香客凡是从东路去九华山朝拜的，也必须在广济寺进香，并将身上披挂的香袋盖上金印，才能上九华山宿坛进香。

安徽第一名人藏馆主要有哪些藏品？

安徽第一名人藏馆，位于芜湖市镜湖路烟雨墩上，传说烟雨墩是南宋著名词人张孝祥的读书地。它的前身是芜湖图书馆，建于1949年，初期面积为40平方米，藏书2000余册，现已发展为3500平方米的馆舍，拥有藏书37.5万册。馆内分别设有阿英、王莹、洪镕藏书资料陈列室。文化名人藏书室的建立不但提高了馆藏品位，而且形成了地方文化名人馆藏特色。

1987年芜湖市政府在此设立“阿英藏书陈列室”和“阿英纪念基石”。阿英是现代著名的文学家、戏曲家和藏书家，其资料室陈列了12930册阿英先生的生前藏书，其中古籍线装本8000册，阿英的手稿、戏剧照片及早年主编的《苍茫》杂志等实物共数百余件。

“洪镕藏书陈列室”和“洪镕捐书纪念碑石”创建于1998年。洪镕是我国近代著名教育家、藏书家，是我国高等教育的启蒙人。其陈列室收藏了洪镕先生生前捐赠的1358种，14157册古籍图书，其中大多为前清石印本、精刻本，特别珍贵的有几种明代万历刻本，另外还有部分珍贵字画、故宫月刊、汉唐碑帖等。

中江塔为何被古人誉为“江上芙蓉”？

在长江与青弋江交汇处的江堤上巍然矗立着一座美丽的古塔，它就是中江塔。由于它半入闹市半入江，因而被古人誉为“江上芙蓉”。

古时，九江至镇江这段江面曾被称为长江的中江，而芜湖位于中江中间，故有中江之名。另有一说，认为中江东通太湖，西流长江，芜湖是中江和长江交汇处的重要渡口，因而称为中江。芜湖江边的古塔也因此而得名为中江塔。

中江塔的前身是一座具有灯塔意义的小塔，传说是东晋时期的一位叫作黄善人的渔民所建。当时他的四个儿子在江上捕鱼，天黑才能返程。黄善人为了让儿子能够识别方向，安全归来，便在江边竖一木杆，挂一风灯。后来他发起船民们集资建了一座小灯塔，为江上船只导航。这座灯塔不知毁于何时，在其遗址上，中江塔崛起。

中江塔始建于明万历四十六年（1618 年），续建于清康熙八年（1669 年）。楼阁式砖木结构，五层八面八角风水宝塔，每边长 4.1 米。每层四窗，错置相间，每窗左右各设一灯龛，供夜间放置灯盏，导航来往船只。塔高 43.7 米，其中塔刹高 10.16 米。塔内一至二层为壁内折上式，石梯盘绕。三至五层为空筒式，木梯依壁。门窗塔壁，精雕细刻，图案精美。当阳光或月光照射中江塔时，塔影倒映在数里之外的盆塘之中，如此“盆塘塔影”，成为芜湖一景。

1988 年，市政府对中江塔进行重修，使之与两道形如卧龙的多功能防护墙以及岸边的现代化大厦、商城等交相辉映，构成一幅独特的“中江卧龙”景观。

玩鞭亭有什么历史典故？

玩鞭亭，始建于北宋元丰七年（1084 年），后来遭受毁坏，到明代时又重新修建，清代时再次修建，可再一次遭受摧毁。现在的玩鞭亭位于芜湖市北郊的汀棠公园内，是 1984 年新建的。亭高 10 米，两层，八角八柱，金碧辉煌。其亭内有四幅壁画，描绘了一段历史故事。

据《晋书》记载：东晋太宁二年（324 年），大将王敦图谋不轨，企图造反。晋明帝得知此事后，急忙穿着便衣，带着两三个随从，骑马从南京直奔芜湖鸡毛山下，想窥探王敦。那时王敦正在睡午觉，忽然从梦中惊醒，有手下报告说有人窥探营垒。于是他立刻派五骑追捕。晋明帝逃到棠桥下，急中生智，将他的七宝马鞭赠给路边的一位老太太，并嘱咐她把这个金鞭给后面的追兵玩赏。一会儿，追兵赶到，老奶奶忙把此鞭给他们看，他们一看此鞭珠光宝气，知道定是非凡之物，便争相欣赏。过了很久才想起追赶窥探者之事，可是那时明帝早已逃之夭夭了。亭内的壁画说的正是明帝弃鞭脱身的情形。

玩鞭亭历来是游览名胜，很多文人都曾留下诗词，黄庭坚言其“至今亭竹根延蔓，尚想当年七宝鞭”，令人感慨万千。而正是由于这一典故赋予汀棠美景以传奇色彩，才形成了芜湖八景之一的“玩鞭春色”。

李白对天门山有着什么样的赞叹？

由长江和青弋江交汇处的中江塔，顺江直下约 20 千米，便到了由东梁山和西梁山并称的天门山。东梁山原名博望山，高 81 米，位于芜湖市郊大桥镇与当涂县交界处，居市北 20 千米处。西梁山本名梁山，高 90 米，在和县北 40 千米处。两山隔江对峙，形如门，故称天门山，又称二虎山。两山虽不高，但夹江耸立，犹如相连山峦被长江洪波冲断，地理位置显要，有“长江锁钥”之称。天门山有两处不可多得的人文景观，一是江东的天门书院，始建于南宋淳祐六年（1246年），是当时全国四大书院之一，后遭毁坏，1995年重修，现成为优雅的文化娱乐场所。二是位于东梁山上的铜佛寺，建于明代，依山临水，山门向西，正对西梁山，香烟浓郁，香客如潮。

天门山巍然屹立，如中流砥柱，令一泻千里的长江至此转折北去。山旁浪击峭壁，水雾如烟，形成了历史上芜湖十景之一的“天门烟浪”。诗仙李白曾多次登临天门山，公元725年，26岁的李白乘舟顺江而下来到天门山，感叹天门山的壮美风姿和日出奇观，写下了著名七绝《望天门山》：“天门中断楚江开，碧水东流至此回。两岸青山相对出，孤帆一片日边来。”天门山也因此闻名，自此之后，历代文人墨客多曾在此游历题咏。宋代诗人沈括赞其“双峰秀出两眉弯”，宋代杨万里夸之“二梁双黛点东西”。

天门山地势险要，自古为兵家纷争的古战场。春秋时，吴、楚两国水军曾在此大战。唐朝时，大将李靖曾于此采用“引蛇出洞”之计，布下天罗地网，致使驻守的宋军全军覆没，葬身天门山畔。李白感慨天门山的战事，作《天门山铭》，将天门山的关闭和国家命运相连，强调天险不如德政，可谓真知灼见。可惜，现在这一“天门山铭”已不复存在。

陶辛水韵的荷花有什么动人的故事？

陶辛水韵是芜湖市的一处省级农家乐旅游示范点，具有典型的江南水乡风韵，它位于芜湖县境内的陶辛镇，故有“陶辛水韵”一名。

陶辛水韵景区面积81.8平方千米，区内水系纵横交错，呈“八卦”形分布，累计达100千米。陶辛水韵的主要景点就是位于其中心的香湖岛公园，站在公园内的香荷亭里，只见眼前近百亩的水域满是接天的莲叶，映日的荷花。这些荷花品种繁多，达数十种，五彩缤纷，形态各异，有的含苞待放，有的则已结成果实。这些香艳的荷花和香湖岛之间还有一段美妙的传说：三国时，东吴乔国老有两个女儿，大乔和小乔，姐妹俩相貌出众，倾国倾城。后来大乔嫁给了孙权，小乔嫁给了周瑜。不幸的是周瑜英年早逝，于是小乔伤心欲绝，带着满怀的思念离开伤心地，来到了江南一处幽静的孤岛，隐姓埋名地过了三年。这一天，刚好是清明时分，小乔欲往白马寺烧香，被山里的强盗发现，为了保全贞节，小乔纵身跳进湖里，溺水身亡。后来，人们发现湖中长出红莲，便传说是小乔的化身。而且每到清明节时，当年小乔跳水的地方就会冒出阵阵气泡，香气扑鼻。人们为了纪念小乔，于是将当年她独自居住的孤岛称为香湖岛。

有“皖南张家界，江滨小黄山”之美誉的是哪个森林公园？

马仁山位于繁昌县赤沙镇境内，因其山峦秀丽、植被良好，被列为省级森林公园。整个景区既有名山大川之精华，又不乏乡间野趣的质朴，因而有“皖南张家界，江滨小黄山”的美誉。公园景区以奇峰、奇壁、奇柱、奇洞、奇岩、奇屋六大奇观著称，“马仁石壁”曾是繁昌古十景之一。

马仁山，原名马人山，因其山上有一块马首人身的巨石而得名。相传，唐德宗时，石马半夜妖鸣，叫声凄惨，吓得附近的居民不敢睡觉。他们认为这是不祥之兆，于是向马仁寺的长老求救，长老手持禅杖，凿断马头，从此叫声消失。人们为了表示对这位长老的感谢，遂将山名改为“马仁山”。

马仁山森林公园大致可分为马仁寺景区、太阳山景区、月亮山景区、嘉木林景区四个部分。马仁寺景区面积约 28 公顷，主要有鲁迅峰、马仁寺、月亮湖、千佛塔、洗砚池等以佛教文化为主的人文景观。因景区内有一处“山是一人，人是一山”的奇特景观，此峰貌似伟大的文学家鲁迅先生，因而取名“鲁迅峰”，充分体现了马仁峰的“奇”。深藏山中的马仁寺，始建于唐朝，其寺前的“马仁寺”匾额，是赵朴初先生生前题字之绝笔。寺院常年香火不断，历代游人不绝。太阳山风景区面积约45公顷。山顶有一太阳洞，每当日落，太阳透过此洞，光环四射，变幻莫测，奇妙处处。另外由于山石壁形状多样，形成了仙人摆渡、仙人晒靴、金鸡报晓等景点。月亮山风景区面积约41公顷，主要景点有月亮洞、漏月洞、马仁石壁、十八罗汉朝南海、马仁山主峰、美女峰等。

西山将哪五大景色融为一体？

西山风景区，位于南陵县城西43千米处，面积约有20平方千米。毗邻青阳县、铜陵县，是一个将洞、峰、山、花、树集于一体的综合风景区。境内有大、小山峰60余座，其中有狮子峰、老虎峰、蝙蝠峰、乌龟峰、莲花峰等，山体高度约在300~400米之间，形态各异。

西山是石灰岩岩溶地貌，溶洞星罗棋布，有神仙洞、仙子洞、观音洞、双狮洞等90多处。洞内钟乳、石笋、石柱千姿百态，丰富多彩。有些面积之大可容千人，有些地势较高，如燕倪洞，有些则小巧玲珑，如仙子洞，十分秀丽。

西山熔岩中还有不少裸露的地面，形成了众多奇特的巧石，主要集中于西天门、杨家坡两处，有千峰竞秀的石山，雄峙壁立的石城；亦有生动形象的群蛙登山，活泼有趣的海狮出水，造型生动的百兽园等。另外，各处零散分布的还有观音参禅、犀牛望月、海龟、双鹰等，可谓妙趣浑然天成。

西山的动植物资源也非常丰富。这里广植牡丹，是国内著名的中药丹皮产地。因其品质优良，故有“仙丹之称”，远销日本及东南亚地区。其中白色牡丹以其花蕾之大、花瓣之多、面积之广而被誉为三色牡丹之首，从而成为了全国少有的一大景观。“赏花何必去洛阳，国色天香西山多”，就是古人对西山牡丹的由衷赞赏。

除牡丹外，还有梅、兰、菊、桂等名花，尤其是各种野花山果，四季常盛。映山红、金银花、野蔷薇、牵牛花等，漫山遍野随处可见。还有野生的桃、杏、李、柿、樱桃、石榴以及山楂、山葡萄等，杂然丛生，花繁果鲜。那些苍松、翠柏、红枫、银杏和棕林等，充满了大自然的清新和活力。

此外，西山还是野生动物的乐园。兽类有金钱豹、穿山甲、果子狸、野猪、斑狗、獐麂、松鼠等，禽类就有白鹅、白颈长尾雉、苍鹰、猴面鹰、画眉、黄莺、百灵鸟等。

芜湖铁画为何能成为工艺美术一绝？

铁画，也称铁花，中国工艺美术百花园中的一朵奇葩，至今已有300多年历史。铁画始创于明末清初的康熙年间，由芜湖锻工汤鹏发明。

汤鹏，字天池，清初人，祖籍徽州，后迁居江苏溧水。少年时，逃荒来到芜湖，在一家铁作铺当徒工。满师后便独自开起了铁业作坊。在锤炼过程中突发奇想，将单枝铁花和铁花灯融为一体，创制了铁画。他早期的铁画只不过是直径不及一尺的小景，而且技术也不够成熟。后来他去拜访大画家肖云从，请教画艺，求其画稿，并领会画家挥毫泼墨的技法。肖云从见汤鹏心诚志坚，便与他切磋画艺。两大艺术巨匠，一使丹青，一挥铁锤，齐心协力，终于制成了举世罕见的艺术珍品——铁画。

芜湖铁画，以锤为笔，以铁为墨，以炉为砚，以砧为案，将百炼钢化为绕指柔的薄片，集绘画艺术和铁画工艺为一体，既具有国画的神韵又具雕塑的立体美，还表现了钢铁的柔韧性和延展性，是一种独具风格的艺术。清代金石家朱文藻认为元明时代丹青高手之画与铁画相比也黯然失色，他在《题铁画》一诗中作了生动的描述：“乍看似墨泼素绢，山水人物皆空嵌。风飘秀色动兰竹，雪催老杆撑松杉。华轩逼人有寒气，盛暑亦欲添衣裳。最宜桦烛晓风夜，千枝万蕊发翠岩。元明旧迹共谛视，转觉暗淡精神减。”

芜湖铁画曾参加法国巴黎世界博览会、匈牙利布达佩斯造型艺术展，并赴日本、意大利、尼日利亚、沙特阿拉伯等20多个国家和我国香港地区展出。经过了300多年的继承和发展，芜湖铁画在传统形式的尺幅小景、画灯、屏风基础上，又创有立体铁画、盆景铁画、瓷板铁画和镀金铁画，形成了座屏、壁画、书法、装饰陈设和文化礼品等五大系列200多个品种，以其独有的风格和魅力，在艺坛独树一帜，堪称工艺美术一绝。2006年5月20日，芜湖铁画锻制技艺经国务院批准列入第一批国家级非物质文化遗产名录。

你知道傻子瓜子吗?

20世纪80年代初，傻子瓜子的创始人年广九，以“瓜子大王”的身份成为中国“第一个体经营户”，带动了整个芜湖市瓜子行业的发展。

年广九以炒瓜子谋生，1981年开始，他在中央搞活经济的政策鼓励之下，决定炒出与众不同的瓜子，打造出自己的品牌。他博采众家之长，取其精华，去其糟粕，研究选料，科学配方，逐渐创制出风味独特的奶油香型瓜子，并且打出“傻子瓜子”的牌子，公开摆摊卖瓜子，生意越做越火。人们称赞其瓜子：一嗑三瓣，皮仁不碎，甜中含香，咸里透鲜，香甜可口，余味绵长。

“傻子瓜子”的崛起带动了芜湖的瓜子市场，仅仅三年，瓜子产值猛升，仅次于卷烟、饮料，跃居食品工业第三位，当时人们诙谐地称芜湖为“瓜子城”。

后来年广九为了谋取更多的利益，套购“迎春瓜子”冒充“傻子瓜子”运销上海，在瓜子销售中偷税漏税，还将瓜子提价一角在全国

20 多个城市进行有奖销售，闹得满城风雨，结果所成立的芜湖市傻子瓜子公司，由于管理不善等原因，最终以破产告终，而他也被关进监狱。

1992 年春，邓小平在南巡谈话中谈到“傻子瓜子”，并随着大型记录片《傻子沉浮录》在全国的播放，一度沉寂的傻子瓜子又东山再起，重返市场。

芜湖为什么会有“拼命吃河豚”的俗语？

河豚鱼又名气泡鱼，也称鲀鱼、辣头鱼，属硬骨鱼纲，鲀形目，鲀亚目，鲀科，是暖水性海洋底栖鱼类，分布于北太平洋西部，在我国各大海区都有捕获，假睛东方豚还经常进入长江、黄河中下游一带水域，而暗纹东方豚亦可进入江河或定居于淡水湖中。一般于每年清明节前后从大海游至长江中下游。河豚鱼味道极其鲜美，与鲥鱼、刀鱼并称为“长江三鲜”。

红烧河豚乃美味佳肴，为何在芜湖有“拼命”一说？原来河豚有毒，味道虽美，烹制不如法，食之杀人。根据《山海经 · 北山经》记载，早在距今 4000 多年前的大禹治水时代，长江下游沿岸的人们就品尝过河豚，知道它有毒了。每年的四五月份是河豚的产卵期，此时的河豚卵巢和肝脏都有剧毒，如果不清洗干净极易中毒。因此要想吃河豚，必须把它的皮全部扒掉，并摘除肝脏和生

▲ 河豚

殖腺，再用清水将其血液洗干净。可以的话，再放入5%的碱水中浸泡3个小时左右，以保证其彻底消毒。然而，如果万一不小心中毒了，也还是有补救办法的，咀嚼橄榄、饮芦根汁或金汁都可以解毒。即便如此，吃河豚还是有一定的危险性的，需要勇气和智慧，因而在芜湖有着“拼命吃河豚”的说法。

“芜湖三鲜”指的是哪三鲜？

芜湖的鱼种类繁多，自古就很有名气。据地方志书记载，芜湖的鱼类有29种之多，其中鲩鱼、河豚、鳗鱼、鲢鱼、鳙鱼较为有名，而一直被人们视为佳肴珍馐的“芜湖三鲜”则是指鲥鱼、刀鱼和江蟹。

鲥鱼属于典型的江海洄游性鱼类，每年4～6月从大海回流到江中产卵，这个时期也是鲥鱼的上市季节。鲥鱼体型呈椭圆形，侧扁，箭头燕尾，是我国名贵的鱼类之首，也是长江三鲜之首。鲥鱼最为娇嫩，据说它一旦被捕鱼的人触及鳞片，便立即不动了。苏东坡称其为“惜鳞鱼”。鲥鱼味鲜肉细，被列为鳞品第一，营养价值极高，其蛋白质、脂肪、钙、磷、铁等含量十分丰富。鲥鱼脂肪含量几乎居于鱼类之首，它富含不饱和脂肪酸，具有降低胆固醇的作用，对人体健康大有裨益。

刀鱼雌大雄小，体型侧扁如带，鳞片呈银灰色，口大尾长。刀鱼分布广泛，以西太平洋和印度洋最多，我国沿海各省均能见到，其中又以东海产量最高。刀鱼属于洄游性鱼类，南方的刀鱼每年沿着东海西部边缘随季节变换作南北移动，春季向北作生殖洄游，分别到河流上游或河口产卵，形成渔汛，这时也是刀鱼上市之时，因而在芜湖有着“刀鱼挂清明”之说。刀鱼有凤鲚、刀鲚、七丝鲚和短颌鲚等。芜湖江段盛产凤鲚和刀鲚。刀鱼虽肉薄多刺，但却富含脂肪，由少量菜油就能熬出油润润的鱼脂来，味道鲜美，具有很高的营养价值，对病后体虚、产后乳汁不足等都有一定的补益作用，并且有开胃、暖胃补虚及美容的功效。

江蟹，金秋季节闪亮登场。因其蒸熟后甲壳呈金黄色，人们又称其为金盾大毛蟹。蟹味鲜美，蟹髓如玉，脂黄似金，色、香、味俱全，历来是席上之珍。通常人们采取蒸蟹，而芜湖却独具一格，吃法各异，有油炸小嫩蟹，有盐泡生蟹，另外还有蟹糊、蟹羹、蟹黄小笼汤包及蟹味菊花锅等食法。

可惜由于长江水利工程的建设及船舶的增加等原因，破坏了长江的整体流向及生态环境，水体污染严重，早在 20 世纪 80 年代，三鲜之首的鲥鱼就已不见踪迹，而刀鱼数量也是越来越少。

你知道奇瑞汽车产自芜湖吗?

1997 年 3 月，由 5 家安徽地方国有投资公司投资 17.52 亿元注册成立了奇瑞汽车有限公司，公司坐落在芜湖经济开发区。1999 年 12 月 18 日，第一辆奇瑞轿车下线。奇瑞一名寓意深远，“奇”有特别、独特的意思，“瑞”有吉祥、如意的意思，合起来就是指特别的吉祥如意。

奇瑞成立 11 年以来，一直本着自立、自强、创新、创业的企业精神，坚持“顾客满意”是企业永恒宗旨的质量方针，进行不懈的努力和创新，并将“聚集优秀人力资本、追求世界领先技术、拥有自主知识产权、打造国际知名品牌、开拓全球汽车市场、跻身汽车列强之林”作为其奋斗目标。奇瑞公司现有轿车公司、发动机公司、变速箱公司、汽车工程研究总院、规划设计院、试验技术中心等生产、研发单位，具备年产整车 65 万辆、发动机 40 万台和变速箱 30 万套的生产能力。目前，奇瑞公司已成为我国最大的自主品牌乘用车研发、生产、销售、出口企业。2006 年 10 月，“奇瑞”被认定为中国驰名商标。2007 年 6 月，奇瑞公司入选 2007 年度“最具全球竞争力中国公司”20 强。

铜 陵 市

铜陵为什么被海内外誉为“中国古铜都”？

铜陵市位于安徽省南部，地处长江南岸。全市面积 1113 平方千米，人口 70 多万。铜陵铜矿石的蕴藏量十分丰富，早在 3000 多年前的殷商时代，这里就已经形成了铜矿开采、冶炼的中心，成为中华民族青铜文化的重要发祥地，被海内外誉为“中国古铜都”。

铜陵依山傍水，风景秀丽，气候宜人，有 20 多个人文和自然景观，其中天井湖光、凤凰胜景、五松秀色、铜官辉姿等景色，令人流连忘返。与洛阳、菏泽牡丹齐名的铜陵牡丹，珍稀动物白鳖豚江豚的半自然养护基地等，都是铜陵旅游的亮点。定期举办的青铜文化节新颖独特，精彩无限，是安徽省六个主要旅游节庆活动之一。

铜陵青铜文化节有什么特点？

铜陵青铜文化节，自 1992 年起，每年 10 月份举办。铜陵采铜已有 2000 多年的历史，现为全国十大有色冶金基地、六大炼铜基地之一。节日期间，主要活动有古代青铜制品展览，参观古代采矿、冶炼和铸造遗址，青铜工艺品展销，青铜文化研讨会，游览天井湖公园，参观白鳖豚养护场，招商引资等活动和项目。

铜陵有哪些高品位的青铜雕像?

以铜都著称的铜陵市，城市雕塑以大型青铜雕像为特色。

从城东进入铜陵市区，位于车站路口有个非常引人注目的雕塑——“起舞”。这尊雕塑为锻铜圆雕，高11米，位于铜陵市义安路、天桥路交叉口三角广场上，雕塑以古代酒爵为基形，表面为仿古的青铜花纹，色彩古朴凝重，并采用变形、夸张等手法，塑造了双人翩翩起舞的形象，既有古代象征，又有现代意识，象征铜陵的生活如诗、如酒、如歌，铜陵人民欢庆胜利，立志腾飞，憧憬未来。该雕塑于1992年建成，由曾成纲创作，在全国第二届城市雕塑优秀作品展览会上被评为获奖作品。

位于铜陵市义安路、石城路口有雕塑“青铜壁”，这组雕塑以反映古铜都采冶历史立意，由在铜陵出土的商爵、春秋鉴、西周鼎组成兆壁涌泉，青铜壁纹饰图案为铜官山采炼图，原国务院副总理邹家华题词“中国古铜都铜陵”镶嵌在中央。雕塑巧妙地将古文物、采冶历史、喷泉、彩灯、草坪融为一体，象征着铜文化在铜都大地上源远流长，发扬光大。

▲ 铜陵青铜雕像

铜陵体育馆旁边的“铜陵之音”，为锻铜圆雕，高4米，位于铜陵市铜都绿化带第一节点。以“铜”字的甲骨文、金文和篆书的结构为基形创作，由三个铜铃和铜管、铜壁组成，以“铃”字与“陵”谐音，故名“铜陵之音”，以表现铜陵的历史、现在和未来，预示着铜陵的进步和发展。

淮河路口的“丰收门”，由三个巨大的铜铸圆柱状“丰”字形成，由古代刀形钱币演变而来，三柱鼎立，中间另悬一个巨大铜球，寓意为“丰收之果”。

位于市中心皖江游园的“四喜铜人”，原件长宽不足两寸，为铜铸，是古人系于腰间的饰物，出土于铜陵，原为明清期间遗物。该物件小巧，但构思甚为奇妙，制作也很精致，两个孩童的头却有四段身躯，每个脑袋都可与两段身躯任意组成两个不同姿势的完整的孩童，孩童头上留髻，身上穿肚兜，面部表情天真憨笑，手中握元宝，持蕉扇，象征富裕和平安。

“四喜铜人”铜雕塑依原件放大，气势增大，却仍不失稚趣，置于地下商场草坪间，是孩子们喜欢的去处。

你知道国家重点文物保护单位金牛洞古采矿遗址吗？

金牛洞古采矿遗址，国家重点文物保护单位，位于铜陵县新桥乡凤凰村境内，距离铜陵市区 34 千米。

安徽省文物考古研究所和铜陵市文物管理所多次进行考古发掘，清理出多处古代采矿井巷和一批采掘与制造的生产工具。当时的采矿活动最初应是露天开采，再沿着矿脉凿井继续深掘。清理出的竖井、平巷、斜井都是木支撑结构，有半框式和方框式两种，竖井井筒采用“企口接方框密集支架”结构，支护立柱的顶端均为丫形接口，巷道两侧及顶棚用木棍、木板护帮，有的用竹席封顶。采矿方式是由下而上，水平分层开采。矿井中除发现铜凿、铁斧、铁锄、竹框、木桶等一批采掘工具外，还发现了大量的木炭屑，估计当时的工匠们已经掌握了“火爆法”采矿技术。

铜陵的古代矿冶遗址，经碳 14 检测标本，认定年代距今 3000 年左右，这说明铜陵和铜文化历史最迟在西周早期即已兴起。尤其是遗址上发现的冰铜锭，是硫化铜冶炼的遗址物。大家知道，古代铜矿的开采是地表浅层开始的，都是氧化铜矿，向深层发掘才是硫化铜。这就是说，铜陵的矿冶历史应该更早，因为它中间还有一个氧化铜矿开采时间。铜陵古矿冶遗址的发现意义十分重大，它对探索中国冶金史和青铜文化的起源、发展，都有着十分重要的价值。

金牛洞古采矿遗址于1992年正式对外开放。修复后的金牛洞遗址气势宏伟，场面壮观。融自然景观与人文景观为一体的金牛洞古采矿遗址，成为我国继湖北铜绿山古铜矿遗址后第2个正式对外开放、供游人参观的古铜矿遗址，已先后接待了数十万名中外游客，成为古铜都一个重要的文物旅游景点。

罗家村古冶炼遗址曾经有过哪些名人的足迹？

罗家村古冶炼遗址位于铜陵市铜山西侧。汉朝时，朝廷曾在此设铜官，遗址南面的山峦因此得名铜官山。李白、梅尧臣、苏轼等古代诗人都曾在此观览冶铜盛况，并赋诗赞咏。遗址规模较大，遗存的炼渣烧结呈巨石状，最厚者达0.8米，宽约5米，为国内同类遗址中所罕见。今在此建成古代冶炼遗址陈列馆，展览有古代矿冶生产工具、铜锭、陶器以及古矿井的支撑技术、提升工具、古代采冶模型等。附近碑刻多达数十方，刻有李白等的诗篇和铜官山采冶史简介等。遗址周围绿树成荫，环境优美。

为何说天井湖公园的那口井“上通天，下通海”？

天井湖公园位于铜陵市区主干道——长江西路的北侧，园区面积1646亩，其中湖面面积就高达1222亩。环绕天井湖的周边有7座各具特色的山丘，低山和堤岸将湖面自然分割成三大块，即东湖、南湖和北湖，三湖水面通连。

美丽的天井湖已有了千百年的历史了。古时的天井湖还与长江相通，常有渔船从大江进入湖内停歇。天井湖曾有“绕堤杨柳万千株，山外有山湖外湖”之景，也有古代文人这样描绘过它的美景：“湖水澄将夕，舟如泛武陵。波停峰影直，云净月光增。树色绿孀古，诗怀逐酒升。疏星天处朗，点点浑渔灯。”

天井湖景区最奇特的就要数那口传说“上通天，下通海”的天井了。这口井因地下涌泉，终年高出湖面水面 2 米左右，可谓是一道奇观，据《铜陵县志》记载，天井湖“湖因井得名，而园又以湖而得名。这里还有个美丽的传说：相传很久以前，东海龙王小女儿一日偷偷出游，却避开江海，直接取道天井，到湖面畅游，见一憨厚的打鱼郎，顿起爱心，就变成了美丽的海螺，被打鱼郎网住。打鱼郎不舍得将其卖钱，就放养在自家水缸中。自此家中奇事不断，缸里不缺米，灶间有柴烧，他早出晚归，发现总是锅内有热饭，碗里有热菜。一日，打鱼郎临近中午时分突然归来，却见到一位年轻貌美的女子正在操持家务，就终于明白是怎么一回事了。正当一对有情人恩恩爱爱时，龙王派来恶龙寻找女儿，胁迫其返回龙宫。龙女不从，竭力争斗，恶龙仗势行凶，欲吸干湖水，擒住龙女。而龙女就顺势变成一巨大海螺，从天井倒吸海水，决心牺牲自己拯救人间活命泉。终于力竭身亡，化作了今天的螺蛳山。现在，环绕着涌泉建成了天井，并在四周垒石筑土，又建中洲岛，在其上建通天阁，引井水经龙嘴流落小池，再滴落湖中，仍可以看到水位的落差。

如今的天井湖风景区山水相依，景色十分秀丽，分为五松胜游、夜吟闻杵、木鱼红鳞、三千画卷等八大景区，而尤以五松胜游最具观赏性。五松胜游景区陆地面积最大，自公园大门一直到南湖九曲桥，武松山雄峙其间，为公园主景区。

诗仙李白与五松山结下了怎样的不解之缘？

五松山，位于铜陵县东南 2 千米处，背临天井湖，南仰铜官山，

西隔玉带河与长江遥望。据《舆地纪胜》载：山上“旧有松，一本五枝，苍鳞老干，青翠参天”。

唐代大诗人李白，纵情山川，曾于唐代天宝、至德、上元年间三次漫游铜陵，留诗12首。五松幽境为铜陵胜景之一，李白与五松山结下了不解之缘，《铜官山醉后绝句》咏道：“我爱铜官乐，千年未拟还。要须回舞袖，拂尽五松山。”又《于五松山赠南陵常赞府》诗，借松兰言志：“为草当作兰，为木当作松。兰幽香风送，松寒不改容。”为纪念李白，山中建了太白祠。历代许多名士都曾慕名来游。黄庭坚曾留题双墨竹诗，故王十朋有“五松人忆白，双竹句思黄”之咏；苏东坡为了缅怀李白，而又有“要使谪仙回袖舞，千年翠拂五松山”之叹。

杏山葛仙洞与葛洪有什么样的关系？

葛洪（283～363年），东晋道教理论家，医药学家、炼丹术家，字稚川，自号抱朴子，丹阳句容（今属江苏）人。《晋书》载其以“儒学知名”，“究览典籍，尤好神仙导养之法”。据明朝嘉靖《铜陵县志》记载，葛洪曾在杏山修道养生，种杏炼丹，杏山和葛仙洞也由此得名。相传，葛洪在杏山炼丹为山民治病，治愈天花、狂犬病患者数百人，受到山民们的爱戴和尊重，并称他为“葛仙翁”。当人们得知葛洪谢世后，便在此建了一座“杏山庵”，堂中悬挂葛仙绘像及神位，四时祭祀，香火不绝，众多游人来此凭吊、游览，文人墨客也常来此吟诗作赋寻访仙迹，后来，因战争频繁，导致庵毁洞塞，杏山荒芜。

杏山葛仙洞是一座道教庙宇，位于铜陵市城东25千米处的杏山间，洞内的壁白石如玉，有石床、石几等古迹。

葛仙洞为石灰石岩层经长年流水侵蚀形成的自然溶洞，距今约1.8万余年。洞口海拔35米。进入洞口下行两米处，游人便有峰险石奇、幽深莫测之感。“八卦台”、“大象峰”、“天柱峰”、“万年灵芝”等景观浑然天成，形象逼真，顺着石阶下行，一个近 3000 平方米的“大厅”呈现在你的面前，那四壁千奇百怪的钟乳石会激起你张开想象的翅膀。“大厅”左侧，有恰似重云叠雾的“云山”；尤其是“万象台”，它显示自然界万千动物的形态，从不同的角度进行观察，就能得到不同的发现，上面还有十二属相。再到陡峭险坡处，穿过一小洞口，可见当年葛洪种杏炼丹时隐居下榻处“天台”，现有石床、石几之类的遗存。大厅右侧，曲折蜿蜒处是“天井护驾”。传说明朝皇帝朱元璋一次被元兵追赶，慌乱之中，躲入此井，待元兵赶到搜查时，从洞里飞出一群群黑鸟，显然是没有人迹的样子；当元兵第二次赶到此处时，发现井口被蜘蛛结了一层蛛网，又以为无人入内，便掉头奔向他处。再往前，从一石隙缝中可以看到“海眼”，海眼流水，碧绿甘甜，终年不竭，在它的下边有条地下河，据说直通长江。在其后的右面，即是“丹炉生辉”，这里就是葛仙筑炉炼丹的场所。

你知道世界上首座利用半自然条件保护水生动物的自然保护区吗？

白鳖豚养护场，位于铜陵市西南大通镇和悦洲上，距离市区 13 千米，是世界上首座利用半自然条件对白鳖豚、江豚进行场地养护的场所。其主要任务是保护长江中下游（三江口至荻港江段）现存的国家一、二级水生珍稀动物。1987 年建造，占地面积 0.31 平方千米，它利用和悦洲、铁板洲这两个岛屿之间自然形成的夹江，对动物开展保护性养殖。整条夹江长 1600 米，宽 220 米，这里生态环境宜人，是养殖淡水豚的理想水域。

白鳖豚是我国长江中下游特有的珍稀水生哺乳动物，也称“淡水海豚”，鲸目，淡水豚科。其成年体长约 2.5 米，有齿约 130 颗，体背面淡蓝色，腹部白色，十分可爱。它的生存年代已有 2000 多万年的历史，远比大熊猫还要古老，因此有“长江熊猫”之称。在仿生学等领域还有重大的科研价值。目前仅存200多头，已被列入国际濒危物种，也是我国一级保护的野生哺乳动物。

目前白鳖豚养护场已在逐步建成为科研、教学和旅游三位一体的场所。场馆内建造了种类较多的水族馆和标本馆。水族馆内养育的水生动物有江豚、日本锦鲤、娃娃鱼、扬子鳄、中华鲟、河鲤、胭脂鱼等。

铜陵牡丹为何有“三分天下春色”之誉?

铜陵栽培牡丹的历史非常悠久。相传，早在西晋时，著名道家葛洪（283～363年）在铜陵顺安长山种杏炼丹时，就曾经栽植过牡丹。据清乾隆《铜陵县志》记载：“长山石窦中有牡丹一株高丈余，花开二三枝，素艳绝丽，相传乃晋人葛洪所植”，被称为“仙牡丹”。又有记载说：宋代铜陵人盛度，曾以尚书员外郎身份“奉使西夏，使牡丹数本入贡，上嘉其德，御赠还所贡牡丹一本以奉亲。今其花蔚然成树，一开百余朵，世世培植不替。”1987年，牡丹花被市民评选为铜陵市市花。

铜陵的牡丹自古以来就与洛阳、菏泽的牡丹齐名，为国内三大名贵牡丹之一，素有“三分天下春色”之誉。

位于铜陵凤凰山景区的万亩牡丹园，即是中外驰名的“凤丹之乡”。凤凰山的牡丹秉性特异，首先，它的花朵硕大，但多为单瓣；其次，花色大多呈玉白，也偶见间有粉红，更显其既高雅又朴实，既艳丽又简约，让人顿生亲切贴近之意。凤凰山的牡丹可供欣赏，其根皮称为“丹皮”，又可入药。神医华佗的著名弟子吴普说：“人食之，轻身益寿。”而产于凤凰山的丹皮又称为“凤丹”。“凤丹”圆直粗壮，质嫩孔细，表皮细薄，肉厚粉足，气味香浓，品质绝佳，在国内外市场上享有盛誉。《中药大辞典》评述说：“牡丹皮以安徽省铜陵县凤凰山所产的质量最佳。”现在，凤丹畅销内地以及港澳台和日本、东南亚、欧美等国家或地区。

相思树有什么美丽的传说?

相思树位于凤凰山牡丹园的不远处。在一条小河的两岸，各有一棵树，相向而生，上端却又跨河枝干相连，连成同体，仿佛一对恋人相拥，情意缠绵，给人以无限的遐想。这就是令人称奇的相思树、连理枝了。这两棵树是都是同一种枫树，枝干苍虬，树径达 3 米左右，树高约 25 米。相传这树植于明末清初，至少也有 300 多年的历史了。两棵树枝叶繁茂，凌空罩在小河上，蔚然奇观，小河也因此得名“相思河”。

关于这棵相思树，还有一段美丽动人的传说：相传古时，住在河东的凤公子与河西的姚小姐自幼同窗共读，青梅竹马，两小无猜。后来凤家败落，凤公子虽学识渊博，精通诗词歌赋，进京应试，却无银两奉献考官而落第，抱恨还乡，途中忧郁成疾，惨死在路旁。姚小姐听此噩耗，前来奔丧，见凤公子惨死之状，因过度悲伤，也死于凤公子身旁。随行的丫鬟也当即撞路石而死。但按照封建族规，未能完婚的凤公子和姚小姐只能被分棺葬于相思河两岸，丫鬟则葬于小姐墓侧。日子久了，这条小河两岸各长出一株枫香树，并渐渐向河心上空倾斜，连成一体，便长成了如今的相思树。而丫鬟的墓地上也长出一树，独立成株，于是被称为丫鬟树。后来还有人根据此传说为素材创作了电视剧本《相思树传奇》，并搬上了银幕。

“凤凰不落无宝之地”的落脚石是怎么回事?

凤凰落脚石在凤凰山铁石宕，石高人许，状如石笋，顶部大约有尺许的方圆，上面有四道凹痕，长短深浅不一，形如凤凰爪印。奇石的南北皆有青山对峙，而在其西南部则是陡峭的石壁，这样，三面石崖就如同天然围起的巨大屏风，拱护着凤凰落脚石。石壁之上还有一道飞泉细瀑与凤凰落脚石遥遥相对，从几十米的高处飞流直下，落入深潭，景致动静结合，摇人心旌。

世人常说“凤凰不落无宝之地”，这里可以说是一块名副其实的宝地了，凤凰山蕴藏着各种矿藏，铜、铁、金、银矿是应有尽有，而且储量丰富。

滴水崖是如何形成的？

滴水崖，又称“泼珠崖”，位于凤凰山的南侧。滴水崖是熔岩断层所形成的，长约300米，高约50米，崖顶处是一片平地，大概有20余亩方圆，覆盖苍松翠柏，郁郁葱葱。另有一泓清泉自西缓慢流淌至崖顶右侧，绕过一株古松，然后径自从高处一泻而下，落入崖底。水花四溅，如烟似雾。若遇上晴空万里的天气，道道彩虹会若隐若现，如真似幻，非常美丽。

在这悬崖峭壁之上，怪石嶙峋，壁上还有许多大小不一的石窟，其中最大的一座石窟入口狭窄，仅能容一人进出。洞体曲折而上，到了约3米高时，便渐渐宽阔起来，最宽处约有七八米。洞深20余米，悠游期间，会有探幽览胜的一番情趣。滴水崖的泉水四时之景不同：春暖花开时，似大珠小珠落玉盘；盛夏时节，瀑布飞流直下，气势磅礴；金秋时分，只剩下涓涓的细流；寒冬来临，可见晶莹剔透的冰凌。

千年古镇大通为什么荣获“联合国迪拜最佳人居环境奖”？

大通古镇位于铜陵市的郊区，距离铜陵市区约16千米。它位于长江之畔，连接着发源于九华山的青通河，紧傍天目湖，背依长龙山，是铜陵西南的重要门户。

大通名字的由来，主要有两种说法：其一是说大通交通便捷，四通八达，所以称为大通；另一说法是，古镇的商铺大多前后直通，进出方便，成为古镇的一个特点，故名。

这里历史悠久，早在春秋时期，就有先民聚居；唐朝初年，在大通设立了水上驿站；南宋时，形成了“日出而市，日午而散”的集镇；清朝以鱼盐城市跻身于安庆、芜湖、蚌埠之列，人称“安芜蚌大”。大通曾有过辉煌的历史，杨万里、朱元璋、洪秀全、孙中山和众多文人墨客都曾在此驻足停留。杨万里还曾写下《舟过大通》：“淮上云垂岸，江中浪拍天。顺风哪敢望，下水更劳牵。芦荻偏留缆，鱼罾最碍船。何曾怨川后，鱼蟹不论钱。”

现在遗存下来的老街民居商铺鳞次栉比，古建筑中封火山墙、翘角飞檐、雕梁画栋，显示出工艺的精湛。沿江地方还保留下了一两处明清结构建筑的水上吊楼。大通的地方特产也远近闻名，油糖蒸糕、炕炉酥饼、炸毛豆腐、大通茶干等传统风味小吃，各具特色，祖辈真传的风味也一直保留至今。

大通以及其周边文化遗存也十分丰富，有大士阁、天官府、圣公会、天主教堂及钟楼等人文景观20多处，因此，大通也被列为了省级文化保护区。2004年，大通古镇因其良好的生态环境，获得了联合国迪拜最佳人居环境奖的荣誉。

大士阁为什么有“小九华”之称?

大士阁，位于大通镇向南约1千米处的神椅山山脚下。这座山因山体坐东朝西，远看形如一把太师椅而得名。大士阁始建于清顺治七年（1650年），距今已有330余年。

据说，唐开元七年（719年），新罗国国王近亲金乔觉，削发为僧，渡海入大唐求法。历尽千难万险，终来到九华山卓锡修炼。金乔觉在辗转途中，曾到大通神椅山小憩。因此，后九华山化成寺派僧人

▲ 大士阁

来此处修庙，既是为了纪念金乔觉曾在此中途施法，也借此广纳善男信女。大士阁作为九华山的隶属寺庙，素有“小九华”之盛名，清朝顺治皇帝赐予它“九华山头天门”之称。

如今的大士阁是于1998年重修的，比起原先规模更加宏大。寺内有法堂、大佛殿、天王殿、观音堂、长禅堂等，寺庙风格典雅，建筑精美。安徽省佛教协会考虑到它的历史由来，将其作为九华山佛教胜景纳入《大九华山东南第一天台胜景全图》。中国佛教协会会长赵朴初先生亲笔题写了“九华山头天门”6个大字。安徽省佛教协会会长、九华山仁德法师为大士阁题写寺名。现在的大士阁香火旺盛，佛事鼎盛，每年也吸引大批的观光游客。

和悦洲为什么被称为“小上海”？

和悦洲，铜陵市的一个著名景点，它是靠近长江南岸的一个江心岛屿，因其岛面宽阔，如同一片舒展的荷叶漂浮在水面上，当地的老百姓又称其为“荷叶洲”，面积约有2平方千米。

关于和悦洲名字的由来，还有一段神奇美丽的民间故事：和悦洲原名荷叶洲，相传新罗王子金乔觉当年从桐城藕山前往九华山时，途中不慎踩断了藕山的一根荷叶梗，不料这根荷叶梗随激流而去，飘到江边竟扎下根来，渐渐长出一块绿色沙洲，看上去就像一片荷叶了，便取名荷叶洲。这里原先只是一处荒凉的沙洲，直到1652年，才有人在荷叶洲上定居。最早的拓荒者是以插草标的方式进行的，后来大家为了争夺土地，冲突不断，于是官府为了平息这些纠纷，便改荷叶洲为和悦洲，意在和颜悦色，和谐共处。

和悦洲濒临长江，水陆交通极为方便，早在清朝后期，这里就以商业繁荣而闻名于天下。众多商家在此开设商铺，与武汉、九江、安庆、芜湖、南京、上海等沿江城市开展贸易。当年这里曾呈现出一派非常繁荣的景象，和悦洲上曾有过中山、三民和五权 3 条老街，有多达 10 条名曰“江、汉、澄、清、浩、泳、泗、江、萦、洙”的长巷。这里的沙滩，20 世纪 30 年代曾有日轮公司、英轮公司与中国官商合作开办的大轮码头。更令人难以置信的是，在这块弹丸之地，曾有过 4 家银楼，10 多家旅社、7 家澡堂、2 家戏院、15 家药行、3 家报馆、7 所学校，还设有洋袜厂、火力发电厂、亚细亚石油公司等，流动人口曾一度高达 10 万之多，因此被当时人誉之为“小上海”。1938 年夏，和悦洲上的建筑惨遭日寇侵华战火的破坏，很多古色古香的建筑都被大面积地破坏了。

以前的和悦洲，每逢端午节，在长江的分支鹊江都有龙舟竞渡活动。江面上赛事激昂，江岸上人山人海。早在明代时，铜陵知县李士元就曾对此胜况有过描述：

“龙舟神捷饰雄文，扬子江边午日温。叱鼓弥天降怪物，兰桡击水出忠魂。追风鳞甲黄头合，照眼锋芒白浪分。世俗不知孤奋意，绿阴深处列壶飧。”

如今，这一传统习俗已被保留了下来，称为大通一道奇特的旅游景观。

现在保留的和悦老街，长度有六七百米，青石板的街道，诉说着那早已消逝的繁荣，古旧低矮的房屋，令游人油然产生历史的沧桑感。老街作为历史遗迹，现已与大通古镇连在一起，被列为省级文化保护区。

千年银杏王、千年紫藤和千年杉木王位于哪里？

铜陵金榔乡境内，古树名木繁多，千年银杏王、千年紫藤和杉木王即位于这里。

在胡村，有一株古银杏树龄长达数千年，人称千年银杏王。树高 26 米，胸围 5 米，冠幅直径达 20 多米。在其接近地面 2 米处的根部，又衍生出 4 株小银杏。虽跨越千年时光，但其形态壮观，大有王者之风。

在相距不远的缪村，有两棵古老的紫藤，胸围均在 1 米、长度有 30 余米、藤龄也有 1000 多年。藤冠的覆盖面积约 80 平方米，分支缠绕在黄连木和石楠树上，干茎交错，枝叶浓密，形如巨龙腾空而起，可以说是古树的奇观了。传说何仙姑下凡时曾在此小憩，解带宽衣，遗落了她的两根绿丝带，结果化成了这两株紫藤。

千年的杉木王则位于叶山林场东侧的山脚下，树高 26 米，胸围 4 米，冠幅 12 米。在主干离地面的 3 米处，生长着 30 ~ 60 厘米粗的枝干，如同双臂张开广迎八方来客。

为何有“好船难过羊山矶”之说？

羊山矶又称“阳山矶”或“大通矶”，它濒临长江南岸，距离市区 15 千米。羊山矶由大小 13 座山峦连成，沿江处多为峭壁，高处海拔达 180 余米。远眺整个山峦似羊，大、小两矶头又似羊角耸立，其景色奇丽诱人。但千百年来，羊山矶地势险峻，水流湍急，历代文人游览沿江风光常在羊山矶阻风，民间也有“好船难过羊山矶”之说，志书也有“羊山矶地最险，挽纤极限”之载。

登九华山，从水路入，羊山为第一站因此羊山矶被圈入九华胜境之中，其山上的凉（羊）山塔被列为九华一景而刻入《东南第一大九华天台胜境全图》。羊山矶下有大士阁，过去，凡朝觐九华山者，先朝拜大士阁。后来，人们也就称它为“九华山头天门”了。

古时的羊山矶，大矶头上还有一座砖塔，高约 10 米，呈方形，共五层，塔顶六角形大跳脚覆盖着青灰色筒瓦，朱红色的亭柱与龙凤图案相映生辉，这就是有名的羊山矶不波亭了。关于不波亭的由来还有一段发人深思的民间故事。相传朱元璋发轫之初，遭到官兵追赶时曾随军师刘伯温逃经此地，进入石塔稍事休息。他走到石塔窗前俯瞰长江，只见湍急的河流在羊山矶下回旋激荡，便认定这里是风水宝地，竟要在绝望中跳入江中。刘伯温一把拉住他，并劝说他：“君主莫丧失宏图大志。”朱元璋见江面顿时风平浪息，凝思片刻，顿时精神大振，奋笔疾书“不波亭”三个大字，祈祷风平浪静，成就大业。当刘伯温把匾额挂于门额上时，却偶然发现隔江水面漂浮的一块沙洲非同寻常，写下了“五百年前一滩沙，五百年后发万家”的对联，也题于不波亭上。

如今，这里建起了皖江第一桥——铜陵长江大桥，可谓是“一桥飞架南北，天堑变通途”，风急浪高的羊山矶现已成为了南来北往的交通要道。

双龙洞因何得名？

双龙洞坐落在铜陵县董店镇。双龙洞洞口高大宽敞，呈扁形，从外形上看，酷似龙口。一条小溪从洞口流出，水质柔滑，清凉可口。沿着溪水进洞，第一个景点就是“白熊观流水”。洞口道路曲折不平，忽高忽低。洞内有一个大厅，方圆 900 平方米，顶平如镜，水浊的彩色花纹如人工装饰，富丽堂皇。千姿百态的钟乳石，有的似雕栏玉柱，有的似盘龙交错，有的似彩云翻卷，有的似巨钟挂壁，形成多种奇观。现已查明东段洞长为 745 米，还有未探明的七八里长洞，有人探测过一条水洞，那里水深齐腰，走了长达 90 米，都未见尽头。深洞莫测，更平添了一种扑朔迷离的神秘美。

1993 年还在双龙洞附近的石缝中发掘出了春秋晚期的 5 只编钟，由青铜铸就，形态古朴凝重，铸造精细，工艺高超，纹饰图案形象逼真，敲击后声音雄浑悦耳。

"皖江第一桥"是哪座长江大桥？

铜陵长江大桥位于羊山矶下游 600 米处，大桥全长 2592 米，其中主桥长约 1152 米，主跨 432 米，引桥长 1440 米，桥面宽 23 米，为安徽省境内建造的第一座长江大桥，故被称为“皖江第一桥”。铜陵长江大桥为公路桥，跨度大，结构合理，其结构、桥型等综合性能属国内一流、国际先进水平。其桥身也非常轻盈美观，体现了当代桥梁建设的美学思想。铜陵大桥的建成通车对于缓解大江南北的交通紧张状况起到了非常重要的作用。

▲ 皖江第一桥

为了增加大桥的观赏价值，大桥管理部门根据该地的地貌和铜陵“因铜立市，以铜兴市”的特点，建造了颇具观赏性的桥南公园，园内还陈列了建桥时所用的巨型钻头、巨型铁锚等，另外在通往市区的转盘处，还增添了极具青铜特色的雕塑，大大丰富了大桥周围的景观。

铜陵的生姜有什么特点？

铜陵生姜，铜陵八宝之一，堪称中华白姜的代表。北宋初期，这里已是全国著名生姜产地，铜陵的红爪白皮姜是朝廷贡品。明中叶至清初，铜陵生姜发展成为大宗土特物产；清朝以后，生姜集散地大通市场每年销出嫩姜 3 万 ~4 万担，老姜 4 千 ~5 千担。铜陵生姜特点是块大肉厚、汁渣少、清香脆嫩、品质俱佳，宜于鲜食或作多种方法腌渍食用。以铜陵县天门镇佘家大院产的佛手姜为姜中珍品。

铜陵生姜成品品种多，香、甜、辣俱全，食之能生津开胃，祛寒解毒，清痰正气。其主要制品有：

糖冰姜：将生姜切片，用白糖腌制再经晒干而成，因其色白肉嫩，嚼之无渣，透明似冰因而得名。

桂花姜：将生姜的嫩头用白糖腌制，并加入一定量的桂花。其特点是带有桂花的香味。

糖醋姜：采用糖、醋等作料腌制的生姜，是人们饮茶不可或缺的美食。

盐水姜：用盐水浸的生姜，是著名的“小菜一碟”。

滁州市

你知道滁州吗？

滁州市位于安徽省东部，辖琅玡、南谯两区，天长、明光两市，来安、全椒、定远、凤阳四县，人口430余万，总面积1.33万多平方千米。滁州历史悠久，西汉初年置全椒县，南北朝梁大同二年（536年）置南谯郡，隋开皇九年（589年）改南谯郡为滁州。滁州属北亚热带温湿气候，年平均气温15.2°C。

滁州市临江近海，承东接西，区位优越，交通便捷。京沪铁路、宁西铁路、合宁高速公路、蚌宁高速公路穿越市境，待建中的京沪高速铁路将在市境内通过，滁河航运直达长江。市区距南京市直线距离约50千米，1小时车程可达南京禄口机场，属于南京都市圈内伙伴城市。

滁州山清水秀，人文荟萃，旅游资源丰富。境内拥有国家森林公园4座，国家、省、市级文物保护单位59个，各类景区景点40余个，其中，国家4A级旅游景区2个，3A级旅游景区4个。滁州市区西南有琅玡山国家森林公园，蔚然深秀，林壑尤美。其间有琅玡寺、醉翁亭等。唐宋时期先后任滁州刺史、知州、太守的李幼卿、李德裕、韦应物、李坤、欧阳修、辛弃疾及诸多文人雅士均在这里留下了许多美诗佳文，其中，欧阳修的《醉翁亭记》和《丰乐亭记》最为著名，成为千古绝唱。

凤阳是明朝开国皇帝朱元璋的故里。滁州境内著名的景点还有明皇陵、明中都城遗址、皇家寺庙——龙兴寺、吴敬梓纪念馆、狼巷迷谷、江北第一洞——韭山洞、神山寺、高邮湖、碧云湖、女山湖等。还有集“古驿道、古关隘、古战场”于一体的“金陵锁钥”清流关。被列入全国经典红色旅游线路的有定远藕塘烈士陵园、定远王小庙新四军无名烈士陵园、来安半塔保卫战旧址、天长抗大八分校旧址等。具有现代特色的景点有：中国农村改革第一村——凤阳县小岗村、亚洲第一汽车试验场——定远县范岗基地、中国四大抽水发电工程之一——琅琊山蓄能电站。

你知道欧阳修《醉翁亭记》中“望之蔚然而深秀者”指的是哪座名山吗？

“环滁皆山也，其西南诸峰，林壑尤美，望之蔚然而深秀者，琅琊也。”文中指的即是琅琊山。琅琊山位于滁州市西南 5 千米处，是大别山向东延伸的一支余脉。景区面积 115 平方千米，山色蔚然，风景秀丽，乃皖东历史文化胜境。1985 年被批准为国家森林公园，是全国十大重点森林公园之一。1988 年被国务院批准为国家重点风景名胜区。

琅琊山古木参天，山、洞、泉、谷各具特色，自然景观得天独厚。主要山峰有摩陀岭、大丰山、小丰山、凤凰山、赵家山等。其中小丰山最高，海拔 321 米。山体由砂页岩、火山岩、石灰岩等组成，山峰与沟谷相对，险峻之势森然。多洞穴，著名的有琅琊洞、双云洞、怀仙洞、重熙洞等。景区内 50 多处泉水，清凉甘美，晶莹剔透，著名的有醴泉等，统称 9 洞 11 泉。此外还有许多大大小小的湖泊，如深秀湖、城西湖等。

琅琊山地处暖温带向北亚热带的过渡区域，四季分明，气候温和，雨量集中，动植物资源丰富。琅琊山的乔木树种共有58种，著名的有琅琊榆、醉翁榆等。琅琊山共有鸟类130多种，其中著名的有白肩雕、黑枕黄杜鹃、灰喜鹊等。

琅琊山不仅以其幽美的自然景观为游人所喜爱，更以琅琊寺、醉翁亭等丰富的人文景观传誉中外。历代许多文人墨客如王安石、曾巩、李幼卿、韦应物、辛弃疾、宋濂都曾慕名来游，他们或在滁主政，或开发山川，或建寺造亭，除留下众多名胜古迹外，也留下了不朽的名篇佳句。其中，北宋欧阳修在任滁州太守时（1045～1048年）写下的《醉翁亭记》和《丰乐亭记》，乃写景抒情不朽之篇，为后人交相传诵。近年来，还发现唐宋以来的摩崖碑刻约有数百处。文以山丽，山以文传，山色文章，交相辉映。

经过历代开发，琅琊山形成了“琅琊古刹”、“花山簇锦”等景。目前，琅琊山可供游览的景区面积为35平方千米，辟有醉翁亭、琅琊墨苑、琅琊寺、欧阳修纪念馆等。

醉翁亭为何名列中国四大名亭之首？

醉翁亭始建于北宋庆历六年（1046年），乃山僧智仙为欧阳修所修。欧阳修因遭谗言，谪知滁州，自号醉翁，因以名亭，并作《醉翁亭记》。此文名扬天下，“醉翁之意不在酒，在乎山水之间也”传颂千古；后又得苏东坡手书，刻碑立于亭侧，醉翁亭成为历代名士墨客登临题咏胜地，遂以其历史之久、名气之大名标中国四大名亭（滁州醉翁亭、长沙爱晚亭、北京陶然亭、杭州湖心亭）之首。

▲ 醉翁亭

醉翁亭历经千年，虽屡次倒毁，但必再重建，今亭为清光绪七年（1881 年）薛时雨所建。亭顶为歇山式，有吻兽伏脊，飞檐翘角，16 根立柱分立四方，周围设置木栏靠椅，南北框门装饰格花和浮刻花纹。亭旁山崖石壁上三个巨大篆字“醉翁亭”引人注目，传为南宋人所刻。亭前有十几株高耸苍翠的醉翁榆，其中一株高 32 米，胸径 91 厘米，树龄 200 年左右。

与醉翁亭隔路相对的是醒心亭，为欧阳修自建，亭名寓翁醉而心醒之意，由欧门弟子、名列唐宋八大家的曾巩作《醒心亭记》。醉翁亭周边有历代增建的二贤堂、宝宋斋、新宝宋斋、览余台、冯公祠、影香亭、古梅亭、六一亭、听泉亭、怡亭等纪念性建筑，景区占地面积约 5000 平方米。

古建筑群大门名欧门，门上嵌刻着绿色大字对联：“山行六七里亭影不孤，翁去八百载醉乡犹在。”

宝宋斋的“两绝碑”绝在哪里？

北宋欧阳修任滁州太守时，写下了千古名篇《醉翁亭记》和《丰乐亭记》，其门生大文学家苏轼又应滁州知州王诏邀请，于元祐六年（1091 年）手书“两记”，铭刻成碑。其中醉翁亭碑两块四面，由于欧阳修的散文和苏轼的书法都是北宋时期最高水平的代表，所以人称此碑为“两绝碑”。为保护与弘扬此碑，明代天启二年（1622 年），南太仆寺少卿冯若愚在醉翁亭西侧建宝宋斋，仿北宋著名书法家米芾因酷爱晋代王羲之书法而自名书斋为宝晋斋之法，取名宝宋斋，立醉翁亭碑于斋中。遗憾的是此碑在“文化大革命”中被造反派抡锤砸成几截，还凿去多字。现碑拼整后重新竖立于宝宋斋，加玻璃罩保护，又将苏轼所书重刻成四块单面新碑，立于专为新碑兴建的新宝宋斋中。

醉翁亭的欧梅真是欧阳修手栽的吗?

根据有关资料记载，我国现存古梅仅有12株，除了湖北晋梅、浙江隋梅和云南唐梅外，年代久远的就数安徽的欧梅了。欧梅在滁州醉翁亭是北宋文坛领袖欧阳修在滁期间亲手栽植，在全国只此一株，是江淮地区的一株名木。欧梅，现在树冠两丈有余，树干直径约40厘米，出地面60厘米左右，分成4枝，弯曲向上。这株古树，品种稀有，花朵淡白微红，累累成簇。它的特别之处在于它与杏花花期相近，故又被称为杏梅。

欧阳修在此植梅后，引来众多文人雅士在此围梅造景。如明洪熙元年（1425年），南太仆寺卿赵次进引清泉于梅前，建“方池”映照梅姿；1916年，定远人张爱棠重建“怡亭”于梅树西侧；1928年，书法家黄艺吾又篆刻“古梅亭”于梅后崖壁。

历代还流传下来许多咏颂古欧梅的诗词歌赋，如明代“东林八君子”之一的叶茂才，作《题梅亭》诗曰:“先生手植清风远，坐须寒香醉亦醒。”人们敬仰欧阳修的风骨品格，来此“访梅访翁”的人络绎不绝，如“扬州八怪”之一的李方膺，清乾隆十二年（1747年），来滁代理滁州知府时，第一件事便是亲临醉翁亭，在梅前焚香三炷，伏地叩拜，尊梅为师。

据《琅琊山志》记载，原梅已经枯了，现在的欧梅是明代嘉靖年间后人栽植的。但是，围梅造景者依然如旧，游人也依然赏梅而乐。

二贤堂是为纪念哪两位贤士而修建的?

二贤堂，位于琅琊山醉翁亭北侧。北宋绍圣二年（1095年）滁人为纪念知州王禹偁和欧阳修而建，滁州知州曾肇作祭文。明代重建，杨士奇《重建醉翁亭记》曾记此事:“亭后作堂，祀公及王元之。元之文章，及立朝大节，与公相望，合而祀之，因滁之旧也”。原建筑已倾圮，现堂为近年重建。3 间通连，16 立柱，格子门窗，上覆青瓦。堂内有王禹偁和欧阳修塑像，并陈列有《欧阳文忠公文集》、部分欧阳修手迹照片和相关史料，墙壁上挂有《朋党论》和《醉翁亭记》条屏。堂外绿荫覆盖，山崖有南宋镌刻“二贤堂”三个隶字。

《醉翁亭记》中描写的让泉在哪里？

在醉翁亭的院墙外，玻璃沼南岸有一泉眼，这便是欧阳修在《醉翁亭记》中所说的：“山行六七里，渐闻水声潺潺，而泻出于两峰之间者，让泉也。”如今的让泉周围用石块砌成方池，清康熙二十三年（1684 年）滁州知州王赐魁题书的“让泉”碑竖立池旁。方池面积 4 平方米，池深 1 米左右。让泉水先涌入方池，而后再由方池流向北去，汇入玻璃沼。让泉水质优良，水温常年变化不大，一直保持在 17 ~ 18℃。泉水中含有多种对人体有益的微量元素，甘甜清洌，注入杯中，虽满而不外溢。

你知道欧阳修《丰乐亭记》所记的丰乐亭在哪里吗？

丰乐亭位于西郊丰山，始建于北宋庆历六年（1046 年）。欧阳修任滁州太守时，发现其地“清泉嗡然而仰出”，于是“疏泉凿石，辟地以为亭，而与滁人往游其间”，并取“五谷丰登，万民欢乐”之意，取名“丰乐亭”，又作《丰乐亭记》，用以描写了丰乐亭的佳美风光。丰乐亭为 16 立柱挑檐翘角四方形，壁上镶有苏轼手书《丰乐亭记》碑刻和唐朝吴道子所绘观音菩萨石刻像。近千年来，丰乐亭屡废屡兴，而亭周的风光依存，名胜古迹众多，有欧阳修开凿的丰乐泉，明滁州判官尹梦璧《滁州十二景》石刻诗画，以及历代名士游览题刻。

欧阳修在滁州留下了哪些趣闻佳话与人文古迹?

北宋庆历五年（1045 年），庆历新政夭折，欧阳修被贬出任滁州知州。欧阳修十月二十二日抵滁，便打算实施宽政，让人民安居乐业。庆历六年（1046 年），也就是欧阳修知滁刚满一年，滁州政宽民安的局面渐渐出现，他倍感欣慰，便写信给梅尧臣说道："我在此愈久愈感到快乐，不仅仅是治学之外，还有山水琴酒安逸而已。"当时他才至不惑之年，便给自己起了个"醉翁"的别号。山僧智仙在琅琊山道旁建了一座亭，请他命名，他便以"醉翁"命之，并且挥毫写下了脍炙人口的千古名篇《醉翁亭记》。

欧阳修有一次徒步走到滁州城东 2.5 千米左右的菱溪塘中，查看到一块体积颇大的珍奇怪石，即令用三牛把此石拉到了丰乐亭前，供游人观赏，并借作《菱溪大石》诗和散文《菱溪石记》，发表了一通感慨。后人将此石移至醉翁亭内。

在此期间，他在醉翁亭旁遍种梅树，又在州衙内外遍植菊花。北宋庆历七年（1047 年）春，他要判官谢通微在丰山幽谷百姓游览之地，组织吏卒和社会上各色人等栽植花木，并以诗为令，要求说："深浅红白宜相间，先后仍需次第栽，我欲四时携酒去，莫教一日不花开。"

滁州有一名碑，名为"庶子泉碑"。当时，李幼卿出任滁州刺史时，在琅琊山疏泉凿石，由著名书法家李阳冰撰文并书写了《庶子泉铭》，名泉名书名碑，影响颇大。欧阳修知滁后，被李阳冰的篆书所感染，吟出了《篆石诗》一首，赠给在当时文坛颇有影响的诗人梅圣俞和苏子美。梅、苏二人均有奉答，欧阳修即命人将梅、苏诗作刻于琅琊山崖壁，使荒芜的山野增添了许多文化氛围。接着欧阳修又亲自踏察琅琊山水，写了《琅琊山六题》，将归云洞、琅琊溪、石屏路、斑春亭、庶子泉等风光一一融入诗句，令人刻于山中，引导游人品诗赏景，大大提高了琅玡山的文化品位。

欧阳修与琅玡山的美景从此结下了不解之缘，为琅玡山以后的发展做出了不可磨灭的贡献。滁州人也十分怀念这位风流太守，欧阳修离滁不久，就为他建了生祠，岁时祭祀。

琅玡寺为何原来叫宝应寺？

琅玡寺原名宝应寺，始建于唐代大历六年，由滁州刺史李幼卿与山僧法琛所建。据说，李幼卿与法琛大师在建寺之前，曾事先绘图呈送唐代宗，恰巧唐代宗前一日夜里梦见一片山林深处有一座寺院，其外形和规模与图上所画甚为相似，非常高兴，特赐名“宝应”。宝应寺历尽沧桑，几经兴废，先后易名“开化禅寺”、“开化律寺”等。如今寺庙所有建筑，大多数是清代光绪三十年（1904 年）以后重新修建的。1984 年滁州市地名办公室考虑到该寺就建于琅玡山中，而且多年来人们都习惯简称其为琅玡寺，即正式以“琅玡寺”命名。寺门镌有四个大字：“琅玡圣境”。

景区内有 85 处景点和遗址，其中可供游览的有大雄宝殿、藏经楼、无梁殿、明月观、念经楼、祇园、悟经堂、世纪钟楼、翠微亭、三友亭、庶子泉等约 40 余处。大雄宝殿高 14 米，进深 15. 3 米，正殿五间；匾额“大雄宝殿”为中国佛教协会会长赵朴初手书。吴道子画观自在菩萨石刻像为稀世至宝，原在观音殿，因观音殿毁于清末兵燹，石刻像于 1916 年移至大雄宝殿，镶嵌在墙壁上。

雪鸿洞流传着哪些神奇故事？

藏经楼后面的半山腰处是雪鸿洞，洞口危石为门，石上刻有“雪鸿洞”三个大字，是明万历四十五年（1617 年）南太仆寺丞仇维桢所题。据史所载，明代南太仆寺丞宋大斗曾在洞中研究《易经》。洞内正面刻一“佛”字，字如大斗。还有两块石刻，其一为“面壁处”三字；另一在洞的深处，为三米多高的楷书“南无释迦牟尼佛”，为当时在寺内任住持的达修法师在1930年所题。洞内四壁及顶部均为巨石拱立而成，嶙峋险奇。传说楚汉相争时，刘邦被项羽追赶到滁州，人困马乏，濒于绝境时，忽然看见西南黛色一片山峰接天，刘邦飞马来到山脚下，弃马登山，遇见一樵夫，将刘邦拉入雪鸿洞内，领着他直接往里走，最后走到江苏浦口的猪头山，才摆脱了项羽的追赶。又传，朱元璋驻兵滁州时曾把兵马屯在雪鸿洞内，从洞内运兵，从而神不知鬼不觉地打到了南京城。

玉皇殿为何又称无梁殿？

玉皇殿位于琅琊寺院外东北面的山坡上，亦称“无梁殿”。此殿因“梁石皆以砖石为之”，故称无梁殿。1928年版《琅玡山志》载“俗云东晋琅玡王驻跸于此所建筑，究竟不知何时所建造”。该殿为灰砖拱形垒成，门额有砖刻浮雕的龙、凤、狮图案，殿内有玉皇大帝坐像及相关塑像。无梁殿是琅玡山保存最完整、最古老的建筑。

滁州有哪些古桥？

滁州有许多古桥，仅清代光绪年间《滁州志》记载的就有56座。

西涧浪上的赤湖铺桥，是滁州十二景之一“石濑飞琼”所在。不仅吸引过无数游人，而且还在吴敬梓的《儒林外史》中有过记述。桥至今基本完好，由于行人稀少，桥面两边长了不少杂草。桥面的石条上有很清晰的车辙印，是它重要的历史见证。

浮于西涧之上的文德桥，因桥西北的文庙（即夫子庙）而名；原名三元桥，万历壬辰知州丁士奇始建，清乾隆十四年（1749年）重建，是一座三孔拱形桥，“文革”期间曾改名为“东风桥”。由于战乱和其他原因导致拱券及其以上部分均不复存在，现在只剩三座桥墩基本属于明代所建，其余均为1921年重修后的产物。1936年4月，徐悲鸿、丁玲、方令儒、盛成夫妇游览滁州时，还曾经夸过它是滁州第一座用“洋灰”造起的“样桥”。

落虹桥、野渡桥、丰乐桥等古桥，现已难觅其踪影了。

清流关古道留下了哪些历史名人的足迹?

古清流关距离滁州城西12.5米，位于清流山中段，双峰凌云，地势险要，当地人形象地称之为“关山洞”。关洞呈拱形，深10余丈，巨石垒砌，关楼雄伟。今关洞已塌，但旗杆基座、中军帐基等遗址犹存。因隋、唐和五代十国时，此地属清流县，南唐时在此设置关隘“以御北师”，故名“清流关”。

清流关古道古时是迢迢京道的一段，在铁路公路未出现之前，为南北交通必经之路，有“十三省通衢”之称。这条千年古道约有2000米长，条石铺陈的路面上两道宽5厘米、深3厘米的车辙痕迹，至今仍清晰可见。自古以来，古道上发生的战争不可计数，如后周大将赵匡胤曾在此大破南唐十五万大军；朱元璋控制古隘，进据滁阳，南图帝业；李自成在此与明军激战，血染沟壑等。古道两旁还留有多处寺庙，更添几分古韵。关隘距今虽然已有1000多年的历史，但巨石垒砌高达十余丈的拱形关洞依然完好，虽处处可见苔藓斑驳，但仍不失气势雄伟。关洞的东面门额上雕刻着苍朴遒劲的楷书大字“古清流关”；西边关门的正上方是“金陵锁匙”，显示清流关古时是镇守金陵的重要屏障。“贱避贵、幼避长、轻避重、缓避急。”今日古道边的路碑仍叙说着当年的交通规则和等级秩序。

清流关，峰险谷深，林木茂密，“古道春晓”、“清泉古井”、“中秋望月”、“清流瑞雪”被誉为清流四景，也是滁州十二景之一。

历代文人墨客颂咏清流关的诗文歌赋甚多。北宋欧阳修被贬知滁后，雪中临古关而作《丰年诗》，有句“清流关前一尺雪，鸟飞不渡人行绝”。在明代文学家程敏政的《夜渡西关记》及清代文学家戴名世的《乙亥北行日记》，也记叙了关中风景。清代著名诗人王士桢的《题清流关》更是道出了古清流关的万千风姿：“潇潇寒雨渡清流，苦竹雨荫特地愁。回首南唐风景尽，青山无数绕滁州。”

抗战时期，清流关上的寺殿、庵、祠惨遭破坏；十年浩劫，关洞被毁，仅存半壁，峙立山口。清流四景（古迹春晓、清泉古井、中秋望月、清流瑞雪）、清流四石（上马石、点兵石、磨刀石、试剑石）及三古遗址（古关隘、古驿道、古战场）残迹犹在。1989 年，安徽省政府将清流关列为省级重点文物保护单位。

“野渡无人舟自横”的滁州西涧是如何发展成“螃蟹岛”的？

西涧，位于滁州西郊丰山脚下。“西涧春潮”为滁州胜景之一。唐建中二年（781 年），诗人韦应物任滁州刺史时，常来西涧游玩，并于涧畔植竹栽柳，更添其秀色，并写下了许多咏赞西涧风光的诗篇，其中《滁州西涧》尤为脍炙人口，被誉为千古绝唱：“独怜幽草涧边生，上有黄鹂深树鸣，春潮带雨晚来急，野渡无人舟自横。”于是后人便在此修建了野渡庵和野渡桥。清人王士桢有《野渡桥庵》诗：“西涧潇潇数骑过，韦公诗句耐愁和。黄鹂唤客且须住，野渡庵前风雨多。”

1977 年时，滁州西涧又被选作人工繁殖河蟹的实验基地，无名小岛从此被称作了“螃蟹岛”。经过科研工作者的努力，“河蟹人工半咸水育苗”成功研制出来，并获得了国家科学大会奖。

另外，现在利用西涧的水源，在城西琅琊山麓还兴建了大规模的水利工程城西湖。城西湖已将西涧大部分淹去，但风光依旧秀丽，《西涧》所咏的诗情画意还依稀可见。

明中都皇故城为什么有“东方巴比伦，明代第一流”之称？

明中都皇故城是全国重点文物保护单位“明中都皇故城及皇陵石刻”的组成部分。位于凤阳县西北。明洪武元年（1368 年），朱元璋在应天府（今南京）即位。次年，取“中天下而立，定四海之民”之意，以其故乡濠州（今凤阳）为中都。据史书记载，先后调集工匠、民夫、军士、罪犯 100 多万人（其中 9 万为技工），集中天下名材、名木、名士，建造中都城池宫阙。中都按京师之制，由外、中、内三城组成：外为中都城，周长 30.36 千米，开九门；中为皇城，周长 7.67 米，高 7 米，开四门，东、南、西三门上有城楼；内为紫禁城，城周 3.68 千米，高 15.5 米，建午门、玄武门、东华门、西华门四门。有奉天、华盖、谨身、文华、武英、交泰、奉先等殿，乾清、坤宁等宫，以及庙、坛、府、阁等。城内建筑，极为奢靡，雕梁画栋，金碧辉煌，气势雄伟，无不体现了天子的尊贵和威严，为我国历史上最奢华侈丽的都城建筑之一。

中都城内有日精、月华、万岁三山相连，总名凤凰山，而中、内城均在凤凰山之阳，枕山筑城，以凤凰山为殿，因得“凤阳”之名。前后营建达 6 年之久，后因多种原因，在即将告成之际，于明洪武八年（1375 年）四月罢建。

中都城的建筑规模之大，规制之盛，工艺水平之高，都是前所未有的，可称得上我国古代建筑史的杰作。《中都志》言其“规制之盛，实冠天下。”清人张宣《登中都鼓楼》云“飞甍画栋连空起，濠梁城外月如水。踏春人据最高颠，灯光散落千门里。”中都城的设计建筑也成为后来营建南京故宫和北京故宫的蓝图，故原故宫博物院院长单士元曾风趣地说：“凤阳中都是爷爷辈的，南京故宫是儿子辈的，北京故宫是孙子辈的。”他还曾在 20 世纪 80 年代末说：“凤阳中都城了不起，中国几千年的皇城建筑，凤阳考第一，中国从奴隶社会以来，所建的都城中都是集大成的。它总结了唐、宋、元以前各代皇城建筑的经验，规模大，工艺精湛。”

中都城历经明末战火等劫难，大都毁损，不复存在。现存西华门、午门（俗称“五凤楼”）及千米断垣残壁，另有大量望柱、须弥座雕、石栏板、五彩琉璃瓦、字砖等构件。其中金銮殿四根巨柱石础，厚达170 厘米，270 厘米见方，础面环有蟠龙浮雕，外饰翔凤，形态优美，为国内罕见。

明中都鼓楼的建筑有何特点？

鼓楼又称中都谯楼，位于县城中央，建于明洪武八年（1375 年），是中都城的重要附属建筑，和西边的钟楼相距 6 里，遥遥对峙于中都城中轴线的两侧。

鼓楼由台基和楼宇两部分组成。鼓楼基座开了三券门，台基南北长 72 米，东西宽 34. 25 米，高 15. 8 米，是中国最大的鼓楼台基。门洞的外侧镶着 10 厘米的白玉石门边，正中门上方的白玉石门额上刻有阴文楷书“万世根本”四个大字，苍劲挺拔。台基上有楼阁 9 间。台基上楼宇初建之时，“层檐三覆，栋宇百尺，巍乎翼然，琼绝尘埃，制度宏大，规模壮丽”。明朝柳瑛在《凤阳飞楼》诗中写道：“百尺飞楼禁闼边，峭然屹立几经年。半空烟雾檐前涧，咫尺星河槛外悬。”

鼓楼是向全城报时的地方。旧时楼上设有“铜壶滴漏，铜点更鼓，以警朝夕”。鼓楼在建筑布局上有别于其他鼓楼，一般的鼓楼都是南北向布局，而明中都鼓楼却是东西向的。这样布局目的是对“席山建殿，枕山筑城”的中都城的点缀和平衡，可以把中都城宫阙衬托得更加雄伟壮丽。

鼓楼建成 600 多年来，几经沧桑，屡废屡建。台基一直保存完好，基上柱础排列整齐。1998 年，基上楼宇已按旧制重新恢复，再现了当年“谯楼归市”的盛况。楼内布置了《朱元璋·凤阳》展览馆，突出地展示了朱元璋与凤阳的特殊关系以及凤阳在明朝历史上所占有的重要地位。

你知道明皇陵葬的是谁吗?

明皇陵位于凤阳西南 7.5 公里，始称英陵，后改称皇陵。为朱元璋之父朱世珍、母陈氏之陵园，其兄嫂、侄儿亦葬于此。元至正二十六年（1366 年）始建，洪武二年（1369 年）复建，洪武十二年（1379 年）竣工。皇陵虽非帝王之陵，即“宫阙殿宇、壮丽森严”，与南京明孝陵和北京明十三陵等同一规制。

▲ 凤阳明皇陵

皇陵有内皇城、砖城、土城三道城墙。陵内有享殿、殿左右庑、宫厅、直房、神厨、宰牲厨、酒房等数百间，金门、红门、棂星门数十座，御桥、红桥、水关数十座，碑亭、两祠、祭祀署、铺舍数十间，松柏数百株，石人石马数十对。其中以皇陵正殿最为宏伟，面阔九间，丹陛三级，是举行祭祀活动的场所。

明皇陵，1982 年被列为全国重点文物保护单位。

你知道朱元璋亲自撰写的明皇陵碑文吗?

明皇陵神道南端两侧各竖一碑，东为无字碑，西为皇陵碑。

皇陵碑坐西朝东，通高 7.37 米，碑身高 4.2 米，宽 1.89 米，厚 0.63 米。碑首四周浮雕六条大螭，刻工精湛。碑由碑座、驼峰、碑身、云板和碑额五部分组成。碑座为神龟，意龟鹤延年，既取长寿之意，又祈求墓主及后代平安富贵。

碑额篆书《大明皇陵之碑》，下以云朵环托。碑文为楷书，26 行，行 56 字，共 1105 字，字径 6 厘米。

碑文系朱元璋亲自撰写。最初朱元璋命翰林院侍讲学士危素撰文，后嫌其“儒臣粉饰之文，恐不足为后世子孙戒”，乃亲自撰文，叙述其贫寒出身、起义灭元、开创帝业的过程，阐明昌运兴盛的道理。文辞质朴感人，是人们研究元末明初历史极其珍贵的文物资料。

我国著名文学评论家郑振铎在《插图本中国文学史》中评论明皇陵的碑文“是篇皇皇大著，其气魄直足翻倒一切切记的、夸诞的碑文，他以不文不白的文字、似通非通的韵语，记载着自己的故事，颇具有浩浩荡荡的威势”。

你知道石像生数量最多的是哪座皇陵？

明皇陵石像生数量之多，为历代所有帝王皇陵之冠。位于内城内的神道总长 253 米，两侧立石像生 32 对，据说 32 是与朱元璋的父亲去逝时的岁数 64 有关，有一定的纪念意义。这些石雕刻工精细，姿态纷呈，威武庄严，栩栩如生，虽历经 600 余年的风雨雪霜，仍然精美绝伦。

32 对石像生（现存 31 对，缺石虎一对），自北向南依次是：

獬豸 2 对，獬豸是传说中的神兽，形似传说中的麒麟，是正义的化身，也象征了太平盛世；

狮子 8 对；

望柱 2 对，望柱又称“诽谤木”。这里的柱础为四方座上加圆盘，柱身花纹为大花团，柱头为莲花托起的宝珠。四根望柱顶上的装饰物是火珠宝珠，而不同于一般华表上的装饰，象征着光明与祥瑞；

马官和控马人 6 对。人马连体，是一巨石雕刻；

虎4对；

羊4对，全身均无纹饰，两角弯向耳下，半跪半卧，取“羊有跪乳之意”，表明了朱元璋兄弟姐妹不忘父母恩德；

文臣2对；武将2对；内侍2对。

明皇陵石雕皆以整块石料精雕而成，为石雕中的艺术珍品。这些石雕，从整体形象看，继承了唐、宋的技法，而技法更加娴熟流畅，如羊、虎、马以及控马官的整体形象，其人物造型的身手比例较宋代石雕更趋协调，表情、动作、神态更加接近生活，内涵也更加丰富；从细部运刀看，也是技艺精湛，各种石兽的皮毛纹理都一丝不苟，佩带、鞍鞯、响铃惟妙惟肖，人物的衣折、铠片、笏板也十分清晰。

朱元璋幼年出家是在哪座寺庙？

朱元璋（1328～1398年），本名重八，又名兴宗，字国瑞，濠州钟离（今凤阳）人，明朝开国皇帝。元朝末年，民不聊生。朱元璋出身贫苦农家，17岁时家乡大旱，时疫流行，父母兄长皆病死，故入皇觉寺为僧。

朱元璋当上了皇帝，难忘在皇觉寺出家的人生经历，于是在明洪武十六年（1383年）决定用停建中都皇城所剩的贵重材料，在距皇觉寺7.5千米处重建寺宇，历时半年完成，并赐名“大龙兴寺”，以后简称“龙兴寺”。与此同时，朱元璋还下令对全国寺庙进行整顿，统一了全国的佛教经典，制定了规范的戒律戒条，甚至自封为“大庆法王”，亲自讲解法度，为《金刚经》作注，为《心经》作序，留下了大量关于佛教的文章。他对龙兴寺则尤为偏爱，亲自为寺院写下了《龙兴寺碑》碑文，御封“第一山名”，御书“第一山碑”（现已毁），制《大龙兴寺律僧法》，并封龙兴寺住持为六品印信僧官。

龙兴寺初建之时规模宏大，占地面积1282亩，共有各种佛殿、法堂、僧舍381间，当时有僧童骑马关山门的说法。并且有民谚这样描述："龙兴寺，不算穷，十万两金子八万两铜。"明朝历代皇帝对龙兴寺宠赐不断，兴盛时有僧众五百，僧兵千余，成为江淮一带佛教中心。

龙兴寺历经了600多年的沧桑，屡建屡废。1993年，九华山佛教界又筹措资金100多万，为龙兴寺重新修建了大悲厅、大雄宝殿、天王殿、地藏殿和朱元璋殿，新建法堂、僧舍等，现存殿宇20余间以及"龙兴古刹"牌坊、"皆大欢喜"碑额、万历诗碑铜镬、铜鼓和铜钟等文物。

你知道"世界第一岩溶迷宫"狼巷迷谷吗?

凤阳的狼巷迷谷发现于2001年11月。过去此处是野狼出没的地方，当地山民称为狼巷。开发后见里面沟壑纵横、错综复杂，是一个天然的迷宫，故景区取名狼巷迷谷。景区可开发面积4000多亩，现在已开发100多亩。

迷谷内石灰岩形成于5.4亿年前的古生代寒武纪，为典型的石灰岩溶地貌，其石质极易被水溶蚀。迷谷沟壑大多是水蚀作用形成的，另外，树根和土壤对迷谷的作用也比较明显。到迷谷里可以看见许多锯齿状或旋涡状岩石，也可以看见许多植物就扎根生长在岩石中。

北京师范大学地理旅游专家卢云亭教授在考察狼巷迷谷景区后，对狼巷迷谷有这样的一个评价：狼巷迷谷"面积之大、造型之奇、溶蚀之深、结构之复杂都是世界少有的，有很高的研究价值和观赏价值，是世界第一岩溶迷宫"。

狼巷迷谷风景区于2000年5月被中国文物保护宣传委员会授予"中国历史文化遗产"称号。

你知道禅窟寺的名称是谁改定的？

禅窟寺是一座佛家寺庙，该寺始建于西汉武帝年间，原名桃花寺。据传当年西王母赐给汉武帝蟠桃，途经此处留下种子，寺庙建成以后，满山桃花盛开，大有世外桃源之感，故取名为桃花寺。历经魏晋南北朝，寺名更换多次。隋朝时，钟离刺史游览到此，看见“僧方唐持律甚严，每行路有虎随之”，即改寺名为虎窟寺。至唐初，因高祖李渊祖父名虎，为了避讳改名蝉窟寺。宋代苏东坡慕名来游，取在洞旁参禅的意思，便题名为禅窟寺，并挥毫题写了寺名，遂沿用至今。

禅窟寺景区植被覆盖率达到98%，寺院依山而建，林木掩映，环境幽雅，景色秀美。寺后有禅窟洞，周边还有众多摩崖石刻。据初步考证，现存石刻17处，其中唐刻4处，宋刻7处，清刻4处，不明时代的1处，字迹剥蚀的1处。这些石刻多为纪游纪事之作。其书法风格各异，流派多样，真、草、隶、篆、魏碑等体应有尽有。石刻中最早的一处为唐元和三年（808年）的纪游题名。禅窟寺摩崖石刻于1998年5月被安徽省人民政府公布为省级重点文物保护单位。

为何称凤阳小岗村是中国农村改革的发源地？

小岗村位于凤阳县东部，距县城40千米，隶属小溪河镇。1993年，小岗自然村与另外一个自然庄——大严村民组合并在一起成立为小岗，有耕地面积1800亩，人均耕地4.85亩。

1978年以前的小岗是全县有名的“吃粮靠返销、用钱靠救济、生产靠贷款”的“三靠村”，当时20户人家个个当过队干部，“算盘响，换队长”已成为这里特有的规律。到1977年年底，小岗队社员已是一无所有，不论户大户小，户户外流；不论男人女人，只要能蹦跳的都讨过饭。

1978年12月，小岗18户农民以“敢为天下先”的胆识，集中在村西头严立华家，冒着坐牢杀头的危险，按下了18颗红手印，把土地秘密分到户，搞起了“大包干”，揭开了中国农村改革的序幕，由此小岗村成为中国农村改革的发源地。实行大包干后，一年就发生了翻天覆地的变化。包干到户第一年，小岗村粮食总产相当于前15年的总和；人均收入是前一年的20倍；20多年来，小岗村农民破天荒地第一次向国家交售了粮油，并且还归还了国家的800元贷款。

大包干纪念馆由安徽省委、省政府，滁州市委、市政府，凤阳县委、县政府共同投资建设，2004年11月9日开工，2005年6月19日竣工开馆。原全国人大常委会委员长万里同志题写馆名。该馆占地面积30亩、建筑面积2600平方米。馆内分为主展厅、多功能厅、附展厅、餐厅等。主展厅由《抉择》、《追梦》、《关爱》三个展区和大型群雕《十八颗红手印》以及实物展台、展柜组成，真实再现了当年大包干从酝酿到发生、发展的惊心动魄的历史过程，其中部分珍贵图片和史料属首次公开。大包干纪念馆已被列为安徽省爱国主义教育基地。

你知道号称“江北第一洞”的韭山洞吗？

▲ 韭山洞

韭山洞位于凤阳县城南35千米的韭山。韭山以山多野韭而得名，《大明一统志》卷七载：“韭山以山暖地灵多滋生野韭”而得名。韭山洞为形成于寒武纪的石灰岩岩洞，洞深897米，高20米，宽约30米。洞内景观奇特，洞外山清水秀，野韭丛生。

韭山洞是长江以北少有的发育

良好的溶洞，既有别于小巧玲珑的江南诸洞，又不似千姿百态的桂林溶岩，它集“深、大、险、奇、古、巧”等特点于一身，被誉为“江北第一洞”。

韭山洞分为虎踞龙盘、摘星揽月、峡谷幽深、清流碧影、玉溪泛舟五大景区。洞内钟乳石晶莹透明，石凤凰、石坝和石笋被称为韭山洞三绝。岩溶奇观也层出不穷，如“仙人卧榻”、“壮士自刎”、“玉龙飞天”、“白玉观音”、“白鹅求偶”等形，栩栩如生。

根据方志记载，早在唐代以前，就有多人手执火把入洞游览，洞内掘出古币“开元通宝”可以为证。唐代有人题刻描写道：“鬼斧神工千般巧，欲写奇岩下笔难。”

神山以何著称?

神山国家森林公园，距全椒县城西约 15 千米。这里群山环抱，森林茂密，九座山环绕神山主峰，相传唐代有道士隐居于此，以白石为餐。唐代韦应物《寄全椒山中道士》诗：“今朝郡斋冷，忽念山中客。涧底束荆薪，归来煮白石。欲持一瓢酒，远慰风雨夕。落叶满空山，何处寻行迹?”传说隐居道士后成仙，洞遂成为仙洞，山称神山。故清代全椒诗人金作鼎《仙人洞》云：“仙人何可得，洞里即神山。”

神山寺始建于唐大历年间（766～779 年），清乾隆十九年（1754 年）重修。宋太祖赵匡胤即位前，领兵攻打南唐，从神山后发兵破滁，后来称帝，故寺内石阶多为龙纹石刻，这在全国寺庙中十分少见。寺旁有文父石刻、柴王碑、柴王井、白石泉等古迹。寺周古木林荫，曲径清泉，景色清幽。近处有白石洞、神山洞。神山洞深数十丈，可容百余人，又有小洞两个，各可容十余人，与白石洞连成岩洞群景观。

你知道皖东丘陵的“屋脊”——皇甫山国家森林公园吗？

皇甫山位于皖东南滁州市西35千米处，位于南京、蚌埠和合肥三市之间，1982年批建省级自然保护区，1992年批建国家森林公园。总面积5.33亩，有茂密优美的天然次生林，有8个保护树种，珍贵树种10余种；二级保护动物15种，鸟类127种，可以说是鸟的乐园，鸟的村庄。山岭洞池景观各具特色，是皖东驰名的避暑胜地。

千古美谈“濠梁观鱼”发生在哪里？

“濠梁观鱼”，典出《庄子·秋水》。主人公是战国时期的哲学家庄子和惠子，两人同游濠上，忽见清溪碧水之中有鲦鱼来回游动，十分悠然自得，两人观之便议论起来。庄子曰：“鲦鱼出游从容，是鱼之乐也。”惠子曰：“子非鱼，安知鱼之乐？”庄子曰：“子非吾，安知吾不知鱼之乐？”两人观鱼，一问一答，谐趣中闪烁哲理光芒，令后人津津乐道。

濠梁，今凤阳县临淮镇，古为钟离，是濠河入淮处，在原濠州城（即今临淮关）西南的濠水之上，有石如梁，横亘河中，形成绝流，故称“濠梁”。濠梁后为濠州城的别号。元代时，在此又架桥九梁，又有九虹桥之称。《中都志》曰：“古之濠梁即此地，庄子惠子尝观鱼于此。”

因这段故事流传久远，历代文人学子常来濠水之滨找寻当年庄惠观鱼的遗迹，后人傍水兴建了观鱼台，供人领略庄惠观鱼的情怀。唐代开元年间，濠州防御史梁延嗣听说庄周的遗冢在临濠之郊，便又在观鱼台不远处重新造墓，名庄周台，又名逍遥台，即庄子墓。唐玄宗开元二十六年（738年），又在庄子墓前建寺，取名庄子寺，后又在寺内造了一座南华楼，楼内置神龛供奉庄周。

近年在此重建了庄惠观鱼的纪念景，供游客怀古幽思。

历代兵家必争之地的钟离城现状如何？

钟离城址，为春秋时钟离子国故城址，位于凤阳县临淮镇东1.5千米，淮河中游南岸的高地上。俗称“东古城”、“东鲁城”、“霸王城”。东古城，因旧时在濠州城东得名。东鲁城，乃是误以为是三国吴鲁肃所筑，故民间讹传。霸王城，因楚霸王项羽自垓下败走乌江经此，为防御追兵率将士垒筑。

钟离城历史悠久，周景王七年（前538年），楚“箴尹宜咎城钟离”，距今已有2500多年的历史。古钟离城是江北重镇，城堑水深，地势险要，为历代兵家必争之地，如《左传》鲁成公十五年（前576年）冬十一月，（鲁）叔孙侨如及诸侯大夫会吴于钟离以谋楚国；南北朝时期，梁天监五年（506年），命修此城为战守之备，北魏与梁在钟离大战，结果积尸与城平，沿淮百余里尸横遍野；南宋时金人南侵必先夺钟离，据此向南行进。隋唐时，州、县治移至濠州，此后该城逐渐废弃，但县名沿用至明初。

现城址保存尚好，正方形，有4门，东西宽360米，南北长380米。城垣为夯土所筑，基部宽18米，残高3～4米，城四角高达5米。城内已辟为农田，建有村落。地表出土有蚁鼻钱、战国瓦当、铜箭镞、汉封泥“钟离丞印”及大量陶器和陶片。城外附近出土春秋至汉代铜器多件。钟离城址现为省级重点文物保护单位。

凤画和凤阳有着怎样的联系？

凤画，俗称“凤凰画”，是凤阳独有的民间绘画艺术，已有600余年的历史。由于凤画造型独特，色调明丽，手法细腻严谨，因而在民

间有一定的影响，为广大群众所喜爱。

凤画属于“重彩工笔画”，以画凤凰为主，画翎毛、花卉为辅。凤画的造型、配色、衬景都有一套固定的程式，其造型必须是“蛇头、龟背、九尾十八翅，鹰嘴、鸡爪、如意冠”；色彩为“水墨、素彩、五彩”三法；技法有画骨、披毛、勾线、头道墨、二道墨、三道墨、上彩、描粉、勾黄、点金十道工序。

凤画以色彩分类为三种：全彩凤画、素彩凤画、全水墨凤画。

传统的凤画作品较多，流传至今的主要有《丹凤朝阳》、《百鸟朝凤》、《龙凤阁》、《武凤图》、《飞凤赶麒麟》、《带子还朝》、《百鸟献寿》七种。

凤画形成约在元末明初，朱元璋于凤凰山之阳营建中都皇城，定家乡名为“凤阳”，使凤阳成为“龙凤之乡”，象征着吉祥如意的凤凰画得以广泛流传。凤画至清朝嘉庆、道光年间达到极盛时期，过新年时，皇宫内都悬挂凤画以示吉祥。由于凤画成为贡品，凤画生意更加兴隆。外国传教士回国时也常带往本国收藏转卖。当时还出现了专门从事贩卖凤画的小商，这也促进了凤画的发展。光绪《凤阳府志》卷十二记载：“四方宾客所至，踵而购者，岁犹部下千百纸！”那时候，府东街有画店数十家，称为“凤凰街”。清末以后，凤画逐渐衰落。

新中国成立以后，凤画重获新生。1983 年，凤阳县成立了美术协会；1996 年，成立了中国凤阳凤画院。1997 年，为迎接香港回归，创作的《九龙七麟凤还巢》被誉为凤画经典佳作。凤画现传入日本、美国、法国、韩国、印度、泰国、加拿大、澳大利亚、比利时、意大利、新加坡、巴西等国，均获好评。

“凤阳花鼓”为何又名“凤阳三花”？

凤阳花鼓，因其利用两根鼓条轮流击鼓，以配合演唱，而鼓条梢头扎有各色花线而得名。凤阳花鼓分为“花鼓灯”、“花鼓戏”和“花鼓小锣”，故又名“凤阳三花”。

过去凤阳花鼓的表现形式主要有两种，一为“唱门头”，即挨门挨户即兴表演一些吉祥如意之类的唱词；二为“坐唱”，即坐在板凳或在广场上，演唱有故事情节的长篇唱词。凤阳花鼓演唱的曲目有近百种，在风格各异的乐曲中，有《凤阳牌》、《嫌贫爱富调》和《满江红》等。如今，凤阳花鼓得到了新的发展，由原来的两人对唱发展成对唱对舞、领唱领舞、群唱群舞等各种形式，并逐渐向歌、舞、剧三者结合的方向发展。凤阳花鼓被列入我国首批非物质文化遗产名录。

《儒林外史》的作者吴敬梓被谁称为“安徽第一大文豪”？

吴敬梓，安徽全椒县人，字敏轩，号粒民，晚号文木老人。生于清康熙四十年（1701 年），逝世于乾隆十九年（1754 年），享年 54 岁。他生活在康乾雍盛世，成长于“一门三鼎甲，四代六尚书”这样一个官宦门弟、科举世家。虽出生于官宦世家，但他的身世却异常坎坷，他 13 岁丧母，23 岁丧父，29 岁丧妻，屡次科考都以落榜告终，虽继承了大笔遗产，但宗族之间围绕遗产问题不断发生争斗，兄弟间也反目成仇。吴敬梓十分气愤，不顾礼法束缚，不断典卖田宅家产，施救贫困，以至于不到 10 年，万贯家产挥霍殆尽。他 39 岁时开始创作《儒林外史》，历经十年沧桑，完成了这一传世之作。

《儒林外史》是我国古典文学中一部最杰出的讽刺小说。小说通过鲜明生动的形象，从揭露毁灭文化、败坏人才的科举制度入手，揭示了中国封建社会末期黑暗、腐败的面貌。鲁迅说“迨吴敬梓《儒林外史》出，乃秉持公心，指摘时弊，机锋所向，尤在士林；其文又戚而能谐，婉而多讽；于是说部中乃始有足称讽刺之书。”胡适在 1920

年作了一篇《吴敬梓传》，开篇即说："安徽的第一个大文豪，不是方苞，不是刘大櫆，也不是姚鼐，而是全椒吴敬梓。"英国的《中国文学与外国文学之比较研究》指出："《儒林外史》是一部极为出色的著作，足堪跻身世界文学杰作之林，它可与意大利薄伽丘、西班牙塞万提斯、法国巴尔扎克或英国狄更斯等人作品相抗衡……可称为世界上一部最不引经据典、最富有诗意的散文叙述之规范。"

吴敬梓故居位于全椒县襄河镇城北河，因其曾祖父于清顺治年间中一甲第三名探花，故此宅又称探花第，毁于清咸丰年间兵火，现存有门前四座鼓形旗杆基石与吴氏花园中的一些石刻。新中国成立以后，在此建立了"吴敬梓纪念馆"，里面陈列了吴敬梓画像，各种版本和译本的《儒林外史》以及有关吴敬梓的研究资料。

你了解全椒县明代古建筑国光楼吗？

国光楼，原名奎光楼，位于全椒县城襄河岸边。明朝隆庆六年（1572年）由明代著名诗人佘翔倡议，县令严汝麟筹资兴建。为下台上阁式，下台叫奎光楼，上阁称尊经阁，清嘉庆年间统称其为奎光楼，1912年改今名国光楼。为明、清两朝士人读书讲学之所。

国光楼处于"面山临河，最为形胜"之地，楼体高大，砖石垒成，座中有东西走向券门一道，楼身两层，重檐翘角，十分壮观。清代吴敬梓青少年时代常登楼凭栏远眺。在他的著作《儒林外史》中，对此楼亦有描述。

据史料记载，国光楼历经明万历十六年（1588年）、清顺治十年（1653年）、康熙四年（1665年）和嘉庆年间四次大修，1981年全椒县政府又拨款重修。1985年安徽省人民政府宣布其为省级文物保护单位。目前该楼既为全椒中学用作校史展、名家字画展，同时又是全椒县旅游文化的开放点。

你知道乐曲《茉莉花》诞生在天长吗？

“好一朵茉莉花，好一朵茉莉花，满园花香香也香不过它，我有心采一朵戴，看花的人儿要将我骂。”世界名曲《茉莉花》就是诞生于安徽天长县的。

乐曲《茉莉花》的创作者是来自天长市何庄的音乐家何仿，他出生于1928年，1941年进入新四军二师淮南大众剧团，从事音乐工作。1943年时，他随剧团来到天长六合之间的金牛山区演出，偶然间听见了一缕甜美悠扬的旋律，一打听才知道是民间艺人在唱本地的民歌《茉莉花》，当时此曲在滁州所属各县、区就已经非常流行了。他立即将词曲全部记录了下来，后来对词曲进行了整理，从此《茉莉花》就渐渐在全国乃至全世界流行开来。

天长孝子墓埋葬着哪位孝子？

天长市秦栏镇有一座远近闻名的孝子墓，墓前有石桌石凳、石表石坊，墓东侧有始建于北宋的孝子祠，西侧有同人书院。现祠堂和书院已不复存在，而孝子墓被天长市定为市级重点文物保护单位。

孝子墓的墓主是朱寿昌。朱寿昌，字康叔，天长秦栏镇人。其父朱巽，是宋仁宗年间的工部侍郎，其母刘氏是朱巽的妾。朱寿昌7岁时，刘氏不幸被朱巽遗弃，从此母子分离。朱寿昌成人后出仕，口碑甚好，但他50年念念不忘生母，“饮食罕御酒肉，言则流涕”，烧香拜佛，以示虔诚，受苦忍痛，刺血写下《金刚经》，呼天叫地，发誓“不见吾母，吾不返矣”，遂上表辞官，远别家室，孤身一人，跋山涉水前往陕甘一带寻母，历经艰辛，终于在同州与母亲相逢。此时老母已过古稀，朱寿昌也年近花甲。刘氏离开朱家后，改嫁党姓，膝下有子女数人，朱寿昌皆视之如亲弟妹，全部接回家中供养。皇上得知此事后，为嘉其孝义，诏令官复原职，并把这一孝义之举彰显天下。朱寿昌的挚友苏轼也挥笔作诗相赞："嗟君七岁知念母，怜君壮大心愈苦，羡君临老得相逢，喜极无言泪如雨。……感君离合我酸辛，此事今无古或闻。"朱寿昌的孝义之心，被世人争相传诵，《宋史·孝义传》和明人郭守孝所编《二十四孝》、儿童启蒙读物《文公篇》中皆有记载，民间戏曲舞台上也一幕一幕地上演着他感人至深的孝义之举。

你知道位于苏皖交界处的著名淡水湖高邮湖吗？

▲ 高邮湖

高邮湖，古名樊良湖，又名新开湖。位于天长市东北边境，跨天长和江苏省高邮、宝应、金湖四地。由古潟湖经长期淤积和人类活动影响而成，现具灌溉、蓄洪、航运、水产等综合效益。主要入湖河流有白塔河、铜龙河、新白塔河、秦楠河、杨村河以及江苏省的三河（淮河入江水道）等。湖区长 48 千米，最大宽度 28 千米，面积 650 平方千米，其中安徽天长市境内 70 平方千米，湖底高程 3.5 米，水位 5.7 米时，容积 8.7 亿立方米。天长市沿高邮湖西侧筑有防洪大堤，全长 36 千米。湖水呈黄绿色至淡黄色，透明度 0.1 ~ 0.35 米，pH 值 8.5，矿化度 231 毫克每升，为重碳酸盐钙组 I 型水。在高邮镇南里运河西堤上有高邮船闸，是河湖沟通的主要枢纽，天长市与高邮县有定期班轮航行。浅水湖滩产芦苇、菱、藕等，水鸭、双黄鸭蛋是高邮湖的特产。

陈毅元帅的“大柳巷春游”是怎么回事？

柳巷镇，位于明光市北部、淮河南岸，与江苏隔河相望，与浮山毗邻。因生长着许多柳树而取名。1940 年 8 月，抗日健儿出师柳巷，一举歼灭了占据这里的伪军，连续攻克了多个日伪据点，为盱凤嘉根据地的建立奠定了基础。1943 年春，国民党 24 集团总司令、江苏省主席韩德勤部窜犯淮北山子头、盛圩一线，企图与路西王廉仲部合击彭雪枫四师，淮南淮北局势严重。陈毅决定以四师为主，二师、三师参战，由彭雪枫、邓子恢统一指挥，并亲临前线，活捉了韩德勤，又将其释放，并以礼相送。山子头战役全线大捷，取得了军事和政治上的双重胜利，对稳定华中战局产生了重大影响。战后陈毅与彭雪枫、邓子恢、张震等将领，走马淮河，乘兴春游，并赋诗《大柳巷春游》：“淮水中分柳巷州，平沙绿野柳丝抽，春郊试马优游甚，难得浮生似白鸥。为惜春残共举杯，番番风雨苦相催，人间好景随时在，满眼梨花锦作堆。十里长淮步月迟，阑珊灯火启情思，旧歌不厌人含笑，抗战新声更展眉。”后来，这首大气磅礴的《大柳巷春游》在根据地不胫而走，广泛流传开来，成为柳巷的骄傲。

你知道定远县的藕塘烈士陵园吗？

藕塘是抗日战争时期津浦路西革命根据地的中心，也为中共中央中原局机关和江北指挥部所在地。日伪军多次进犯藕塘，我新四军江北指挥部（后为二师）及地方武装在根据地周围的周家岗（全椒境内）、大桥集、占鸡岗、五尖山、黄疃庙等地击退日伪进攻，大小战斗数百次。为旌表先烈，1942 年津浦路西参议会召开第二届全会，决定在藕塘建立“新四军二师抗日烈士纪念塔”，于第二年建成，1944 年清明节举行了盛大的落成典礼。1946 年，党政机关北撤，国民党新编

77 师和 138 师占领藕塘，将此毁坏。新中国成立后，多次重修与扩建藕塘烈士陵园。

现藕塘烈士陵园内有藕塘烈士纪念碑、纪念塔、藕塘革命纪念馆。纪念碑重竖于 1995 年，碑体为黑色大理石。藕塘革命纪念馆建于 1981 年，内设六室，主要陈列刘少奇抗日战争时期在藕塘地区革命活动的史料，皖东军民与日军浴血奋战的历史照片、实物，《烈士英名录》记载了 1 万多名先烈的英名和事迹。

你知道半塔烈士陵园吗？

1940 年，新四军取得半塔保卫战的胜利，粉碎了韩德勤 8 个团对津浦路路东省委和新四军五支队后方机关驻地半塔的围攻。半塔烈士陵园建于 1960 年，烈士纪念塔耸立在陵园中央，塔高 10 米，烈士纪念碑、纪念塔顶屹立一尊新四军战士雕像，塔身正面刻着当年新四军军长陈毅题写的“革命烈士永垂不朽”。纪念塔西侧为革命文物陈列馆和半塔革命纪念馆。

淮上三“女”指的是什么？

淮上三“女”，指的是明光市的女山、女山湖和女山湖镇。在男尊女卑的封建社会，以女儿为山命名、为水命名、为地命名者，千里皖东，为明光独有。

女山在明光市东北部岗境内，海拔 185 米，据《太平寰宇记》中记载，“状如玉环，形势回旋”，又名玉环山。关于女山还有一个美丽的传说，话说当年有一渔人，擅长捉鳖，十拿九稳，被称为鳖爷。鳖爷有一女，如花似玉，取名玉环，与另一年轻渔夫庞龟相恋，不料被恶霸王爷看中，欲强占，玉环不愿，双方因此发生争斗。玉环、鳖爷、庞龟和恶霸王爷同归于尽。其后，玉环投水之处长出一座青山，便成了女山。与女山比肩而立的是鳖山和龟山，不远处还有一座低矮山峦，人们认为是王爷的化身，称其为王八山。女山景色旖旎，有二郎庙、三元宫、神仙宫、盘龙树等景观，山上还有一种奇石，人称“浮石”，漂浮水面不沉，它空隙多、质轻、硬度大、隔热隔音性能好，是难得的轻质建筑材料，用途十分广泛。女山峰顶呈椭圆状平顶，中间下陷，好像一个“凹”字，样式奇特，有女性的特征。据地质工作者考察，女山是一休眠火山，山顶凹陷处周长 15000 米，深 30 米的坑，是数万年前火山喷射时形成的。另据专家鉴定，这是当今保存最完好的古火山口，属国内罕见，具有重要的研究价值和观赏价值。

女山湖位于女山山下，总面积 180 多平方千米，并与 46.5 平方千米的七里湖连成一气，数百里水天一色，浩瀚无限。女山湖与池河、淮河相通，是一条天然航道，北上山东，南接长江黄金水道。女山湖景色秀美，特产也非常丰富，一是银鱼，俗名“面条鱼”，学名“太湖短吻银鱼”，头扁，无舌齿，雄鱼尾部有十数枚排列整齐的鳞片，体长 10 厘米，身圆光滑，洁白如银，煮食味美，晒干冷冻可以久存，是明光重要的出口产品之一；二是河蟹，又名“毛蟹”、“轻水蟹”、“大闸蟹”，学名“中华绒螯蟹”，广受国内外市场的欢迎；三是芡实，俗称“鸡头米”，叶与荷相似，绿中透红，果与莲相仿，长满棘刺，“鸡头米”色白，略小于黄豆，叶可作饲料，米可食用，可药用，有独特的补肾强胃益精功效，大量销往我国港澳地区和新加坡等地。

女山湖镇坐落在女山和女山湖畔。南朝时，曾置睢陵县于此；宋代时又为招信县县城所在地，故又称招信镇；元代时，并入了盱眙，1932 年划入嘉山县，直到嘉山县改为明光市。元末明初时，因遭水灾，大部分沉入女山湖底，仅有部分遗留湖滨，乡民们称其为旧县镇。现今，女山湖镇是皖东地区唯一的渔业镇，人口中渔民占大多数。

洪山戏有何艺术魅力？

“听了大开口，房子着火不想走。”“瞧了洪山戏，忘了老娘丢了妻。”这些都生动形象地描述了洪山戏独特的魅力，在皖东一带深受广大群众欢迎。

洪山戏，又名香火戏，流行在来安、天长以及扬州、六合一带。大开口是它的一种曲调，唱起来荡气回肠，特别受欢迎，因此老百姓又称其为大开口。

《中国戏曲志·安徽卷》这样描述洪山戏：“头出戏不开口，二出戏不动手，三出戏才随便走。”所谓“不开口”指的是先跳加官、跳财神、跳钟馗一类；“不动手”是指接下来演员站立台前，手执云帚，吟诵祭祖敬神、风调雨顺和歌功颂德的词语；“随便走”是说跳神敬神之后，才可以演出“小放牛”、“大补缸”之类的杂耍小戏。由此可见，洪山戏的质朴原始。

洪山戏，大约起源于清代贫苦农民们的自娱自乐，最初演唱时，民间艺人们将花被单当作服装，用纸糊的头盔作帽子，将马尾松针粘在嘴角作胡子，老百姓又称它为“棉单戏”或“被单戏”。经过长时间的流传和民间艺人的不断创造，以及对其他文艺形式长处的大量吸收，洪山戏逐渐丰满起来，从原来只能演《小放牛》一类俩小戏、三小戏，到慢慢能演《秦雪梅吊孝》、《珍珠塔》等一类行当齐全的大戏了。

“滁州董糖”与才女董小宛有什么样的关系？

董糖是滁州传统名点，主要用白糖、芝麻、炒面、糖稀等原料，用特殊工艺精心制成。其味甜而不腻，糯而不黏，酥而不碎，老少皆宜。董糖的别名很多，因其外观是纸包成的长方形，山野村民称其为

“小包糖”；散开包装纸，其糖骨被炒面包着，老人称其为“面糖”；捧糖入口，香甜松酥，喜爱坐茶馆的市民则又称其为“酥糖”；而一些熟悉地方掌故的文化人，则更喜欢称其为“董糖”。

董糖之董指董小宛，其人名白，字小宛，又字青莲，别号青莲女士，是明末清初金陵一位著名才女。她少年时聪慧好学，仰慕李白，通诗史，善书画。幼年时因家境贫寒，生活困难，15岁就沦落风尘。所绘《彩蝶图》为世人称道，该画现藏于无锡市博物馆；她演唱昆曲也是声色俱佳，名震金陵，被明代散文家张岱写入《陶庵梦忆》；她还编撰了一部记述才女事迹的《奁艳》。她与马湘兰、李香君、柳如是、顾眉生、卞玉京、叩白门、陈圆圆齐名，为“秦淮八艳”之一。

明崇祯十二年（1639年），如皋才子冒襄（字辟疆）应试金陵，与小宛相遇，两人互为爱慕，两情相悦，三年以后，由江南文坛盟主钱谦益，以三千金赎得小宛身，董冒二人正式结为秦晋。董小宛擅长烹饪，会做糖果糕点。一次，冒襄患病，不思饮食，小宛非常焦急。想到冒襄平时喜欢吃甜食，便亲手做了“云片糕”、“端午粽”等送给冒襄，结果却未能使冒襄开胃，小宛忧心如焚，便独出心裁地以芝麻、白糖、炒面、糖稀和香油等原料，经过数次调制，制成一种特殊的方块酥糖。冒襄食此糖，酥脆香甜，开胃养身，滋补心骨，不日痊愈。冒襄喜欢吃，董小宛自然就常做此糖，天长日久，就流传开来，为众人所知，即称此糖为“董糖”。《崇川咫闻录》曰：“董糖，系冒巢民（冒襄之号）妾董小宛所造。”

好景不长，后来，清兵入关，明朝灭亡，清顺治七年（1650年），小宛因肺病复发不治，死于烽火途中，时年27岁。冒襄痛不欲生，写下了著名的散文《影梅庵忆语》，以纪念这位爱妾的不幸。董小宛离世后，董氏族人四处逃散，在各自落脚之处，依据董小宛之配方，制作“董糖”应市。不久，南京有了“秦邮董糖”，扬州有了“灌香董糖”，如皋有了“水明楼董糖”，流落皖东的董氏族人，即制作了“滁州董糖”。现在生产董糖的滁州食品厂，其前身便是董氏后裔的生产作坊，最早的师傅便姓董。董氏后人吸收了皖东糕点制作技艺的精华，又保持了董氏配方的特色，代代相传，形成了“滁州董糖”的独特风味。董糖1980年被评为安徽省名细糕点，1988年又走进了全国名特优产品的行列。

你了解滁州传统名点酥笏牌吗？

酥笏牌是全椒名点之一，以马厂镇最为可口。因其形状像古代大臣上朝时用的象牙笏牌，故有此名。酥香味美，为品茗佳品，又是馈赠亲友的上等礼品，尤为适宜老年人食用。

相传酥笏牌为明开国功臣、兵部尚书乐韶凤所创。一日乐韶凤伴朱元璋遨游金水桥上，朱携乐手，突然说：“携手上金桥，有事不相饶。”乐跪下答道：“平生仗忠义，不畏帝王刀。”事后乐感到畏惧。一日朱元璋驾临乐府，乐即奉上自家制作的酥笏牌请君品尝。朱元璋拿起酥笏牌笑道：“卿家心思精巧，造此笏牌，定有所奏。”乐即答愿交出所掌之权，回乡告老，并口吟辞朝诗两首。帝准其所请。故乐韶凤得以善终，卒葬故乡全椒。酥笏牌制作后从乐府流传全椒，并在马厂镇得以保存当年秘传。

酥笏牌的主料为面粉、鹅油或鸭油、熟芝麻。将油酥和面团揉和，反复折叠，擀成24层，形成长约16厘米、宽约6厘米的底坯，撒上芝麻入炉以文火焖透。取出后清除炭火，再层层放入炉内，利用炉内余热，熏烤过夜，启炉香气扑鼻，放入茶盘，以手指在两头一按，即碎为八块。食之有益于胃寒、食欲不振、体虚、盗汗等症。

你知道来安花红的由来吗？

花红，学名“林檎”，是我国最古老的水果品种之一。它色泽鲜艳、浅黄红晕、皮薄肉脆、汁多味甜、香浓渣少。安徽省来安县盛产花红，质地最佳。这里的鲜花红果子不仅好吃，而且效用多多，泡茶能解暑，泡酒能止泻，食用是防治痢疾的良药，是人们健身防病的上好营养果品。

关于来安花红这一名字的由来，还有一个动人的传说，据传明朝嘉靖年间，来安境内出了一个三品官东台御史吴棠。他把老母接到京城去住，谁知却忽然得了痢疾，请遍了京都名医都治不好母亲的病。吴大人忧心如焚，不得不将愿意老死故土的母亲送回了来安。还临时找了个名叫花红的村姑在病榻旁照看老母。花红姑娘心地善良，尽心尽力服侍吴老太太，见老人不吃不喝，便到集上买回新上市的新鲜林檎，让吴老太吃点儿开胃。哪知吴老太只觉酸甜适口，越吃越爱吃。一连几天吃林檎，病也治好了，饭菜也觉得香了。吴家上下皆大欢喜。不久，吴棠之子带了 70 多斤林檎进京，将林檎进献仁宗皇帝。仁宗不知何物，只闻到桂花似的清香、红红鲜亮，脱口说出：“花红、花红。”吴棠感念花红姑娘，急忙附和：“此果就叫花红。”仁宗皇帝大悦，当朝赐名此果为“来安花红”。

雷官集的板鸭有何特色？

地处皖苏边界的来安县雷官集一带，溪流纵横，河道如网。这里是鱼虾鳖蟹的乐园，也是鸭子的天然牧场。雷官集一带的鸭子远近闻名，但更出名的是雷官人世代相传精心制作的板鸭。因其肉质细嫩紧密，切在盘了里看上去像块块木板，但食在嘴里却鲜嫩无比，故而名之。作家曹玉模在《过雷官集》一文中总结雷官板鸭的特色说，雷官板鸭“薄如方片羔，嫩的不用嚼，咸淡随口味，一戳油直冒”。

你知道淮河三峡中的浮山峡吗？

长江有三峡，淮河也有三峡，其一是凤台的峡山口，其二是怀远的荆山峡，其三即是浮山峡了。

浮山峡位于嘉山县（今安徽明光市）的浮山集和江苏泗洪县的潼河口之间，汹涌澎湃的淮河在南岸浮山和北岸馋石山之间奔腾东去，远望浮山峡，它浮水而立，异常险峻。浮山洞即在浮山崖壁，随淮水起落而升降。清乾隆年间的《盱眙县志》曾经记述过这样一件奇事：万历二十一年冬，有一渔人潜入浮山洞，看见洞口宽数尺，深三丈多，许多鱼群聚。半个月内，渔人与其同伴就捕得数十船鱼，都是鲇鱼，其中一条最大的长一丈多。

浮山风景秀丽，文人骚客常流连于此。唐时的白居易经过此地，作了这首《问淮水》诗："人言洞府是鳌宫，升降随波与海通，共坐船中哪得见，乾坤浮水水浮空。"

浮山峡的"淮王鱼"是如何得名的？

浮山峡盛产鱼类多样，其中最珍贵的鱼种，就要属"淮王鱼"了。其鱼有多个别称，它的肉质肥美，居淮河诸鱼之冠。相传西汉时，受到淮南王刘安的青睐，遂称"淮王鱼"。又因它的眼睛生长于头部后侧，前游时可回望后方，为鱼类少有，又称"回望鱼"，当地人又习惯称它为"江团肥沱"。

凤阳的"瓤豆腐"与朱元璋有什么关系？

瓤豆腐，是凤阳一道独特的名菜。

据说，瓤豆腐最初源于凤阳民间，是某集镇一家姓黄的饭店老板创制出的。这个集镇离朱元璋所居之孤庄村不远，朱元璋幼年时家境十分贫寒，曾经到黄家小饭店打短工，朱元璋当时就觉得此菜别有风味，非常好吃。后来朱元璋做了皇帝，思乡时不免也想起家乡的瓤豆腐，很想再尝一下，但宫中御厨做出的各色豆腐都没有瓤豆腐的滋味。

后来，黄师傅被接进了宫中，朱元璋终于尝到了儿时那难忘的瓤豆腐的美味了。

被称为皖东花魁的滁菊有哪些药用价值？

滁州自古就是菊花的故乡。欧阳修知滁时，爱菊如友，种菊为乐，他离滁多年后，回首往事，还感叹道："空令谷中叟，笑我种花勤。"

滁菊并非观赏菊，但它的花朵却很美丽，花白如雪，香气清雅，有"金心玉瓣，翠蒂茗香"之誉，能陶冶性情，愉悦心情。滁菊也并非茶菊，但它泡入杯中，清凉爽口，有驱暑解渴之功效。滁菊是药菊，可疏风、清热、明目、解毒，为防治感冒伤风、高血压和心血管疾病之主药。中国科学院编的《中药志》记载说："滁菊瓣软细浓密，味清芬幽郁，故视之为佳品。"

滁菊在 1910 年国际博览会上获过金奖。滁菊的别名很多，过去因其产地是定远县池河一带，故曰池菊；产地是滁州大柳一带，故曰甘菊；唐代传入日本，日本人称此为"唐花"；自琅玡山古刹四周山野种植菊花，始称滁菊。清代末年进贡朝廷，故又称"贡菊"。

巢湖市

全国第一个以湖名命名的市是哪个市?

全国第一个以湖名命名的城市是安徽省巢湖市。巢湖市位于安徽省中部。濒临长江，环抱五大淡水湖之一的巢湖，现辖庐江、无为、和县、含山四县和居巢区。全市总面积 9423 平方千米，2005 年年末总人口 453.06 万。

巢湖为什么被称为“鱼米之乡”?

巢湖是断陷湖泊，古时候称为焦湖，因为形似鸟巢，故名；古时候亦称焦湖。巢湖东西长 61 千米，南北均宽 12 千米，在最高水位时水面面积 783 平方千米，蓄水量 63 亿立方米，为我国五大淡水湖之一。巢湖流域面积 9130 平方千米。

▲ 巢湖

巢湖气候温和湿润，加上丰富的水源、较好的生态，自古就是“鱼米之乡”。巢湖产鱼79种，虾8种，尤以“巢湖三珍”：银鱼、白虾、螃蟹驰名中外。宋朝宰相司马光曾有“银花脍鱼肥”之赞誉。巢湖地区还盛产大米、油料、棉花、蔬菜、家禽、水产品，五个县（区）均被列入全国粮棉生产大县，并先后进入全国粮、油百强县行列。

你知道“巢湖四绝”吗？

湖光、江涛、温泉、奇花，堪称“巢湖四绝”。湖光指巢湖风光，江涛指长江雪涛，温泉指半汤、汤池、香泉三大温泉，奇花指“银屏奇花”白牡丹。

▲ 巢湖夕阳

你听说过巢湖的“五大精华”景观吗？

巢湖市区濒临长江，怀抱巢湖，枕卧大别山余脉，有山、有水、有岛、有泉、有洞，是皖中旅游胜地。其中的五大精华景观更是闻名遐迩。

一是“一面宝镜”——巢湖。巢湖是我国五大淡水湖之一，方圆400公里，水域辽阔，烟波浩渺，宛如一面宝镜镶嵌在江淮大地上。

二是“两颗宝石”——姥山岛、天门山岛。两岛分别镶嵌于巢湖之中和长江北岸，在百里巢湖和万里长江中闪闪发光，宛如撒落在大江大湖中的“两颗宝石”。

三是“三串珍珠”——半汤、汤池、香泉三大温泉。三泉水温皆在60℃左右，含有多种活性元素，饮浴俱佳，被誉为“九天福地”。这三大温泉已建成了疗养度假胜地，犹如“三串珍珠”。

四是“四块翡翠”——太湖山、天井山、鸡笼山、冶父山四个国家级森林公园。既是登山休闲、密林探幽的佳境，又是飞禽走兽栖息繁衍的世界，更是朝山拜佛、修身养性的好去处。人们称它们为江北的“四块翡翠”。

五是“五座龙宫”——王乔洞、紫微洞、仙人洞、华阳洞、泊山洞。五溶洞各具特色，如王乔洞有“摩崖石刻”、紫微洞有“地下长河”、仙人洞有“怪石如龙”等。

姥山岛因何得名？

姥山岛是巢湖之中最大的岛屿，面积约0.886平方千米，有三山九峰，最高峰105米。岛上生态环境优美，植被覆盖率达99%。岛上有圣妃庙、文峰塔、南塘等名胜古迹。

传说很久以前，巢湖是个盆地，盆地中有一座城池叫巢州。某一天，一位渔人捕捉了一条千斤大鱼，运到城内廉价出售。全城人争相购买鱼肉，唯独一位老妇焦姥和女儿玉姑不吃。后来一位老者对焦姥说：“此鱼系吾儿，汝母女不食，必有厚报。见城东石鱼目赤，城将陷。”果然不久的一天，焦姥见东门石鱼目赤，她心急如焚，奔走大街小巷呼号，请全城百姓避灾，然后才带着女儿离开。忽然晴天一声巨响，大雨如注，洪水横流，巢州下陷。焦姥母女被浊浪冲散淹溺。正在危急之时，只见小白龙施展法术，从湖内顿时长起三座山，将其母女和焦姥失去的鞋托出水面。后人为颂扬焦姥的德行，将巢湖取名焦湖，将湖中的山取名姥山、姑山和鞋山。

你知道"湖天第一胜境"中庙吗?

中庙坐落在巢湖北岸的凤凰矶上，因位于巢县与合肥之间，故名中庙，又称忠庙、太姥庙。中庙初建于三国东吴赤乌二年（239 年），最初供奉的是道教泰山碧霞元君，后屡毁屡建。清光绪十五年（1889 年），李鸿章倡募重建，三进，四合院，有前、中、后三殿，70 多间房。20 世纪 90 年代重新修建了 50 年前被焚的后殿等建筑。中庙三面临水，楼阁高峙，为登高眺湖绝佳之地，故享有“湖天第一胜境”之誉。

庙东侧有李鸿章为祭祀淮军阵亡将士所建的昭忠祠，三殿二厢，古雅庄严。

卧牛山有何胜景?

卧牛山位于巢湖之滨巢湖市中心，形似卧牛，故名。古城区环山而建，松竹遍山，四季常青，古人誉之为“人间画图”，在古巢十景中，就有牛山晚眺一景。

登上此山，俯瞰全城，三面青山环抱巢城，西面是浩渺的大湖，所以有“山拥城中胜，水临城外山”之说；巢湖夕照，可看到“夕照龟饮”的画面；夕阳西下，渔船归港，由湖中进入环城河，可俯瞰船桅移动于两岸屋顶之上，犹如“屋内行舟”；当红日偏西，倒映在环城河中的板桥桥拱之下的水中，此时，天上一个太阳，水中一个太阳，两日交相辉映，构成了“板桥落日”美景。

卧牛山现已建成一座公园，上有望湖亭、晚翠亭等观景点。

"银屏山"之名是怎么得来的?

银屏山位于烟波浩渺的巢湖西岸，面积 3 平方千米。山名来历，一说是因为山上有一块巨石，色如白银，形似花瓶；还有一说是相传山的南侧有一处悬崖峭壁，每当隆冬季节，雪盖冰封，银装素裹，好像天然银白的屏障，十分壮观，故称“银屏”。

“银屏奇花”指什么？

指银屏山上的一株白牡丹。这株白牡丹每年在谷雨前后开放，以四奇闻名：

一奇为生长环境。牡丹居然从悬崖峭壁的贫瘠石罅中突兀而出，枝青叶茂，令人难以想象。

二奇为牡丹花龄。据文字记载，北宋时，游客已开始观赏，历千年沧桑，风采依然，年年盛开。

三奇为千年一貌。千年风雨，她既未长高，也未萎缩，始终亭亭玉立，活力娇姿。

四奇为具有灵性。牡丹花开得早与迟、多与少，据说可以预兆年景的丰歉：花开五朵，风调雨顺，五谷丰登；花开四朵，四时吉庆；花开六朵，六畜兴旺；花开得早，谢得也早，必有旱灾；花开得早，谢得迟，将有水灾。所以当地人称“神花”。每年花期朝拜者络绎不绝。古人在白牡丹花下方，镌刻“银屏奇花”四个大字。

王乔洞内的浮雕佛像为何都无头？

王乔洞位于巢湖市北郊的紫微洞风景区。它是一座天然溶洞，有南北两个洞口，洞中共有 620 多尊菩萨，被列为安徽省重点文物保护单位。

洞中菩萨都是有身无首，仅有一尊观音雕像是完好的。这些雕像是开始雕凿时就没有头，还是后来有人蓄意破坏？历史文献中没有详细的记载，至今仍是个千古之谜。据考古学家推测，可能是在佛道相争的年代，人为破坏所致。而在民间流行的一种说法是：明朝初期，朱元璋登上皇位时，大臣刘伯温路过紫微山王乔洞，发现此处祥云缭绕，瑞气冲天。他走进王乔洞，眼见洞壁500多罗汉各呈姿态，神态逼真，认为若不及时破坏，日后此处必定会再出帝王。为保大明江山万子万孙，永世不衰，便四散谣言，蛊惑民心，对老百姓说："你们缺粮，是因为王乔洞500罗汉的食量太大呀！"刘伯温让人暗中给每尊石像口中塞一团饭，最后正想给观音嘴里塞饭，猛然间百姓一拥而入。刘伯温只得罢手，煞有其事地宣称："你们连年闹饥荒、无饭吃，皆因此洞500罗汉暗中偷食。俗话说捉奸拿双，捉贼拿赃。看！他们的嘴上还留有麦面呢。"百姓们见到此情此景，信以为真，一气之下将500罗汉的头逐个凿掉，唯有观音幸存，其余皆成无头佛。佛像虽然没有了佛首，但是布局有序，造型生动，线条流畅，堪称技艺精湛。

紫微洞在抗日时期如何成为民众的避难所？

▲ 紫微洞

紫微洞，位于巢湖市北郊的紫微山，全长1500米，有地下暗河，为典型的廊道式溶洞。

紫微洞又名双井洞，因为洞中有大小两个天然垂直向下的井口而得名。抗日战争期间，日本侵略军经常到这一带"扫荡"。为避免日军骚扰，村里人以粗绳索，把青年妇女吊下井里躲藏起来，并将必需的衣物、大米、燃料等及时投入，使井里的人能长期坚持下去。日兵有时看到井中冒出炊烟和通向井口的路标，也知道里面藏着人，但也无计可施。就这样，一大批农村妇女在艰苦的生活中保全了自己。

亚父山纪念哪位历史名人？

范增（前277～前204年），居巢（今巢湖）人。秦末劝项梁立楚怀王孙为楚王以反秦，后又助项梁侄项羽成就霸业，为西楚霸王项羽的重要谋臣，被他尊称为“亚父”（地位仅次于父亲），封为历阳侯。他屡劝项羽杀刘邦，项羽不听。后来项羽中了刘邦的反间计，猜忌范增，削其权力，范增愤而离去，途中忧愤成疾而死。故乡的百姓们为了纪念这位七旬高龄的“亚父”，便把故乡旗山改名为“亚父山”。1964年5月26日，郭沫若途经巢县时触景生情，挥毫写成即兴诗四首，其中有两首是关于范增的，不无书生迂腐之见，如谓：“当年亚父出居巢，七十老翁气未消。对友只能图暗杀，看来奇计未为高。”

刘禹锡的陋室在哪里？

陋室，坐落在和县城内，唐诗人刘禹锡于长庆四年（824年）为和州刺史时所建，因刘禹锡名篇《陋室铭》而流芳千古，室旁有书法名家柳公权所书《陋室铭》碑刻。后室碑俱毁。现存建筑乃清乾隆年间知州宋思仁所建。岭南金保福重书《陋室铭》碑。陋室有3幢9间呈品状，斗拱飞檐，依山傍水，古树成荫，风光秀丽，至今仍保持其古色古香、静幽古朴的风貌。如今，和县政府在原有陋室的基础上兴建了一座陋室公园，内有聚贤楼、覆仙桥等景点。

和县猿人距今多少年了？

龙潭洞位于和县城北45千米，为寒武纪石灰岩洞穴堆积组成。

1973年冬，陶店乡农民兴修水利时，发现龙潭洞内埋藏着丰富的脊椎动物化石，中国科学院古脊动物与古人类研究所和省、市考古工作者联合考察，于1980年11月4日挖掘出一具完整的猿人盖骨、一块左下颌骨碎片和三个零星的牙齿。

经过专家鉴定，和县猿人头盖骨属于50万年前旧石器时代，属前更新世中期。它的发现，为研究人类起源与发展，研究南方和北方古人类的共性和差异，以及探索中华文化渊源和长江阶地的发育史，提供了重要的实物依据。经专家鉴定，和县猿人的古人类头盖骨化石，还是目前我国保存得最完好的猿人头盖骨。

“力拔山兮气盖世”的英雄项羽是在哪儿拔剑自刎的？

“江东弟子今犹在，肯为君王卷土来？”王安石在《题乌江项王庙》中写到的君王指的就是英雄项羽。2000多年前，那场风啸马鸣、剑舞戈挥的楚汉最后决战发生在今巢湖和县乌江镇，“力拔山兮气盖世”的英雄项羽，就在乌江边壮烈地拔剑自刎了。

后世为悼念项羽，在凤凰山上建项亭。唐初又建祠，书法家李阳冰篆额曰“西楚霸王灵祠”，有殿房99间半，传说帝君方可建祠百间，项羽未成帝业，故少建半间。后屡毁屡建，现已全面修复。大殿宏伟壮丽，西楚霸干塑像威武雄壮。祠后建霸王墓。

世上有一种叫“太子汤”的汤吗？

距离和县20公里处有一座覆金山，放眼望去，就像是一口倒扣着的铁锅，也不知道是哪一代的祖先这么聪明，依照它的形状把它命名为覆金山。

覆金山体积虽然不大，可是从它的肚子里却流出一股温泉。此泉历史久远，终年不竭。如果一阵轻风吹过，香气就会随着潮湿、清新的水气扑面而来，沁人心脾。所以它又被人们称为“香淋泉”。此泉又名“太子汤”。相传，梁朝昭明太子于大通年间，在如方山萧家藏经阁读书时，患有疥癣，痛苦万分。期间他到此淋浴，洗了一个阶段之后，疾病痊愈。于是，人们就把它称作“太子汤”。经过地质部门鉴定，香淋泉水含有多种微量元素，医用价值颇高。

朱元璋在鸡笼山时作了一首什么诗？

朱元璋称帝之前，屯兵和县，游猎鸡笼山，归来后作了一首七绝诗：“罢猎西山坐拥旗，一山出地万山卑；崔巍巨石如天柱，撑着老天天自知。”诗句质朴，但是读后玩味，山的险兀、巍峨雄伟，栩栩如生好像就在眼前。

“望梅止渴”的典故出自哪儿？

公元197～207年，曹操攻吴，兴兵10万，从许昌南下，兵过梅山（今安徽含山县），因为山路崎岖，连绵百里，天气炎热难耐，没有一滴水可以饮用。士兵们都累得口渴心急，难以再行。曹操眉头一皱，计上心来，指着前方说道：“前山有梅林。”

当年望梅止渴处，是在梅山北麓乌龟坡，石壁上刻有“曹操行军至此，望梅止渴”，但是经过风剥雨蚀，早就已经无迹可寻，但是“望梅止渴”一说，却流传了下来，并作为成语收进辞书，仍令人向往。

伍子胥在哪儿一夜急白了头发？

昭关在安徽含山县城北7.5千米处，西有大岘山，东有小岘山，两山对峙，中间有一关口，于是就形成了一夫当关、万夫莫开之势，几千年来是兵家必争的交通要冲。春秋战国时期，昭关是吴、楚两国间的交通要道，当时楚平王听信谗言，蓄谋杀害伍子胥一家。但是才智过人的伍子胥识破了楚平王的阴谋，于是悄然而逃。当他潜逃至昭关时，关口早已戒备森严，盘查甚紧。急得伍子胥一夜须发全白。昭关之所以闻名后世，恐怕与伍子胥也不无关系吧。

王安石《游褒禅山记》中的褒禅山在哪里?

宋代王安石的《游褒禅山记》中那令人神往的褒禅山，位于安徽省含山县城东北7.5千米处，它是几座山的通称。据说，唐贞观年间，高僧慧褒云游至此，爱其风物，结庐山下，故而得名。到了宋朝，王安石游历了褒禅山的华阳洞之后写下了千古绝唱《游褒禅山记》，其中“尽吾志而不能至者，可以无悔矣”的句子流传千古。远远望去，褒禅山的山色空蒙，仿佛几条吞云吐雾的巨龙静卧在那里，山势幽深，景色秀丽。褒禅山的华阳洞是“洞中有洞，洞里有河。河上泛舟，洞洞相通”。

六 安 市

你了解六安市吗？

六安市位于安徽西部，大别山北麓，俗称“皖西”，下辖五县三区：寿县、霍邱县、舒城县、金寨县、霍山县、金安区、裕安区和叶集改革发展实验区。六安市地处江淮之间、大别山北麓。

六安的资源丰富而独特。境内有木本、草本植物 3800 多种，各类水陆栖生脊椎动物 500 多种。盛产 110 多种名特优稀农副产品和 1400 余种中药材，粮、油、棉、麻、茶、茧、板栗、肉禽、羽绒、水产等产量位居安徽省前列，六安瓜片、皖西白鹅、霍山石斛名闻天下。境内探明矿藏 30 多种。

皖西山川锦绣，人文荟萃，旅游资源十分丰富，并以其山水兼得、名胜众多而跻身于安徽旅游大市行列，成为安徽省六大旅游区之一。这里有国家级森林公园天堂寨，有南岳山、铜锣寨、万佛山、八公山等风景名胜区，奇松怪石，珍禽异兽，尽显造化之神韵。有万佛湖、安丰塘、水门塘等休闲度假区，水天一色，碧波万顷，尽享自然之美妙。有全国历史文化名城寿县，保存着全国唯一完整、宏伟壮观的宋代古城墙，以及历史悠久的古建筑、古墓群、古战场，给人以智慧，催人遐想。

大别山五大水库佛子岭、梅山、龙河口、响洪甸、磨子潭水源充沛，水质优良，淠河总干渠位于响洪甸、佛子岭、磨子潭三大水库下游，水质常年保持在二类水标准。

六安市是革命老区，是资源富市、农业大市、旅游新市。

六安之名何来?

相传，上古时六安是偃姓皋陶部族活动和聚集地。皋陶部族原居于山东，由皋陶率领迁移到六安一带，从事农耕。皋陶死后葬于六（音　）地，禹封皋陶少子于六地，以奉祀其父。故六安又称“皋城”。至西周，有诸侯方国六国。秦设六县。汉文帝元狩二年（前121年），封景帝孙刘庆为立安王，改王都六县为六安县。2007年发现六安王墓葬群。元末，始设六安州。1931年，六安、霍山（含今金寨县一部分）和英山、罗田、商城五县成立工农民主政权，曾称“五星县”。1949年1月，六安解放，4月，成立六安地区专员公署。1978年，以六安县城关及近郊组建县级六安市。1999年9月，国务院批准六安撤地设市。2000年3月，省辖六安市成立。

中国司法鼻祖是何人?

皋陶，与禹共辅舜政，为执掌刑狱的长官，明五刑，弼五教，被誉为中国司法鼻祖。又助禹治水有功，并宣扬禹的美德，要人们处处以禹为学习榜样。禹根据皋陶的功劳与品行并征得其他部落首领的同意，举荐皋陶为自己的继承人，并授政予他进行锻炼，但可惜的是皋陶先于禹逝世。禹极度悲伤，把英（今金寨、霍邱县境内），六（　，今六安市北一带）封给皋陶子孙，故六安城有“皋城”之称。

何谓禹问“九德”？

禹与皋陶经常对坐厅堂谈论治国方略。一天，禹问皋陶如何治理国家。皋陶成竹在胸，慷慨陈词：“相信并按照先王的道德处理政务，这样就能够使谋略实现，大臣之间也能团结一致，同德同心了。”

禹又问：“如何才能做到这样呢?”

皋陶答：“应当严格要求自己，努力提高品德修养。要从大处着眼，从长远考虑，以宽厚的态度对待同族的人，使他们也贤明起来，努力辅佐你治理国家。由近及远，先从自己做起。”

禹点头佩服这种高明的见解。皋陶更敞开胸怀，加重语气说：“重要的在于知人善用，在于把臣民治理好。大凡人的德行，有九种。”

禹越听越兴奋，追问其详：“何谓九德?”

皋陶得明君赏识也焕发神采，正襟危坐，侃侃而谈其施政治国的“九德”：“态度豁达，毫不拘束，又能恭敬谨慎，为一德；性情温和而又有主见，为二德；行为谦虚而又严肃认真，为三德；虽有才干，但办事不马虎疏忽，为四德；能够接受别人的意见，又不为纷杂的意见所迷惑，而能刚毅果断，为五德；行为正直而又态度和蔼，为六德；从大处着眼，又能从小处着手，为七德；正直又不鲁莽，为八德；勇敢而又善良，为九德。”

禹听得入神，皋陶辞情勃发：“每天都能庄重而恭敬地按九德来约束自己的行动，那就可以协助天子布施政教。对依照九德办事的人都给一定的职务，有特殊才能的人都给以公卿的官位，大夫们都能相互学习，各方面具体事务的负责人也能办好自己分内的事，大家都能根据五辰的运行、四时的变化来处理政务，这样，许多功业都可以建成了。”

皋陶之墓在何地？

位于六安城东 7.5 千米、六安至合肥公路北侧 15 米处。东北 35 米处为皋陶祠址。皋陶被孔子列为上古“四圣”之一。皋陶墓为圆形土冢，周长 97 米，高 6.2 米，墓顶平面直径 4 米，上有黄连木一棵，形同华盖。墓周杉树环绕。墓前有清同治年间（1869 年）安徽布政使吴坤修手书“古皋陶墓”碑刻一块，碑高 1.82 米，宽 0.92 米，每字约 50 厘米见方，笔力遒劲。

九公寨因何得名？

裕安区九公寨海拔 349 米，是一座历史名山，“九公耸秀”是著名的六安古八景之一。此山又是佛教名山，九公胜境自古为众多信徒所景仰，香火不断。九公寨得名于民间传说。相传距今 1500 多年的南朝梁（502～556 年）皇帝梁武帝萧衍，看中九公寨这个地方，在此修行建庙。当时人烟稀少，建材全由山下九人（即九公）供给。山野之人，史籍没有记下他们的名字。后人只是从他们的长相特征上，分别称他们为美髯公、皓眉公、垂耳公、披发公、阔吻公、秀目公、正鼻公、长臂公、蹇足公。他们的劳作非常辛苦，其中“蹇足公”之所以是跛腿，是运山石时被砸坏的，年深月久，九人皆

▲ 九公寨

年老力衰了。庙宇建成的那一天，九人快行至山顶时，忽然风雨大作，霹雳震天，九人立即升天，凡体化作石人。后人为纪念九公，将建成的庙宇命名为“九公禅院”（后改称为“高峰寺”）。“九石如人”，九公寨便由此得名。自然景观资源有霹雳石、九公禅佛、凤凰松等 17 处，每处自然景观都蕴涵着大自然的杰作，给人以心旷神怡的感觉。人文景观资源有高峰寺、甘露池、状元石、西施望月等 20 余处，每处人文景观背后都有一个故事，催人奋进。

你知道昭庆寺建于何朝何代？

昭庆寺位于六安市区东南 25 千米的孙岗镇郊，依山傍水，周围茂林修竹，古木参天，气候宜人，景色壮美。该寺始建于唐朝贞观年间，系太宗皇帝亲诏敕建的我国四大昭庆古寺之一。六安昭庆寺由唐朝开国元勋尉迟恭督造，其匾额为初唐著名书法家欧阳询所书（现由中国佛教协会会长赵朴初重书）。该寺集弥勒殿、大雄宝殿、毗庐殿、接引殿四座大殿于一体，殿宇“卍”字亮脊、斗角飞檐，庄严肃穆，壮观雄伟，其规格之高，规模之大，远非一般民间自发所修建之寺院可比，即使在全国范围内，当今像昭庆寺这样历尽沧桑而尚保存得如此完好的古代皇封古刹亦属凤毛麟角。现被定为省级重点文物保护单位。

昭庆寺法脉属临济宗。建寺 1300 年来，饱经沧桑，先后经过 9 次重修。宋朝端平元年（1234 年）经过扩建，规模最为宏大，常住僧众最多曾达到一千余。后因战乱而逐渐衰微。直至明朝末年，崇祯皇帝下旨重建，后又于清光绪七年（1881 年）再次重修，方使旧貌复原。

“文化大革命”期间，昭庆寺蒙受空前劫难，殿宇被拆，佛像被毁，经书被焚，寺内文物被查抄殆尽，千年古刹满目疮痍。十一届三中全会后，党的宗教政策和文物保护条例逐步得到了贯彻和落实，该寺重兴。现为六安市佛教协会所在地。

昭庆寺除了历史悠久、文物众多之外，还有其与众不同的特色。其主要表现在：1. 寺内大雄宝殿的铺地石无一块是完整的。传说建寺时，唐朝开国元勋尉迟敬德奉旨督工，因施工进度缓慢，一怒之下，手执九节钢鞭捣地所致。2. 寺内的所有院落没有一条下水道，但无论下多大雨，院内滴水不存。3. 寺内一棵千年银杏树，至今仍枝叶繁茂，硕果累累，整个寺院均在其浓荫覆盖之下，蔚为壮观。4. 1941年，在寺院东侧，延永和尚（十四世祖）圆寂后的肉身装金供养，建成“老迁佛殿”，迁佛签卜异常灵验，远近闻名，颇具影响。5. 每年农历二月十九、九月十九两次庙会期间，人流如潮。赶会者多达十万余众，成为皖西一大奇观。朝山进香的信众来自全国各地，乃至我国港、澳、台地区及新加坡、泰国、日本等国家，人流有时竟绵延十余千米，时间长达十天开外。

当代书法家、诗人高先元曾作诗一首称赞昭庆古刹：“宝刹面南背北方，溯源追本不寻常。唐宗下旨崇神圣，敬德监工建佛堂。盛世香烟千载祭，沧桑佛像数番伤。三中全会开新宇，复葆禅林万代昌。”

大别山（六安）国家地质公园以何著称？

大别山（六安）国家地质公园由霍山县的铜锣寨、白马尖、佛子岭，金寨县的天堂寨、燕子河大峡谷、红石谷，舒城县的万佛湖、万佛山金安区的东石笋、皖西大裂谷和嵩寮岩 11 个园区组成，面积达 450 平方千米，海拔自北向南从 90 米到 1774 米，是我国为数不多的集花岗岩地貌、构造地貌、火山地貌和丹霞地貌于一体的综合性地质公园。

你知道洞天湖之名的由来吗？

洞天湖，又名岩湾水库，位于六安城外横塘岗西南十里群山中。

水库建于20世纪60年代末，蓄水面积3.6平方千米。湖因山势，山水回还呈“天”字形，山上岩穴连属相望，数以百计，故名“洞天”。

湖畔之山多为沉积岩，经亿万年鬼斧神工，洞穴纷呈，形态各异，妙趣横生。当地山民称洞为“岩”，其中可容千人，蔚为大观者当数飞龙岩、太平岩、雪峰岩、八仙岩、太子岩、响岩。

飞龙岩在黑虎山西侧，越湖坝西穿五里松径，或走舟湖上至岩湾登山北上，均可至岩下。岩洞宽约30米，高约6米，深可50米。一墙横堵洞口，由土石夯筑而成，上有射孔，弹痕枪眼依稀可辨。相传当年舒传贤、许继慎曾率红军转战于此，凭借天险，留下抗敌佳话。

由飞龙岩南行两里便至“一线天”，此乃一道长约千米、深约50米之峡谷。走进谷中，两旁悬崖逼仄，抬头唯见一线天光，壁上藤蔓缘生，交织如网，清幽逼人。两壁各有一洞，大小高下相若，左为太平岩，洞内干爽；右为滴水岩，洞顶终年滴水，而底口凹收，积水成池，寒气浸淫。两洞传为太平天国英王陈玉成屯兵之处。

你知道大别山烈士纪念园与大别山革命历史纪念馆吗？

大别山烈士纪念园位于六安市中心九墩塘畔，原名“皖西烈士陵园”，始建于1953年，是第二批“全国重点烈士纪念建筑物保护单位”和“全国爱国主义教育基地”。占地面积85亩，四面环水，由4座桥梁与闹市连接。步入纪念园，犹如走进生态园，雪松傲立，翠柏常青，鲜花盛开，四季如春。烈士塔、许继慎将军塑像、主体雕塑、纪念石刻等纪念设施掩映其中，浩气凛然，雄伟壮观。悼念广场和护花墙宽敞、连贯，错落有致。整个园区既是瞻仰先烈、启迪后人的传统教育基地，又是思想和艺术相结合的人文景观，是人们学习、旅游、休闲的好地方。

大别山革命历史纪念馆位于纪念园东北区域，是由原皖西烈士陵园的将军馆、陈列馆拆并重建的新馆，庄重典雅。纪念馆于2006年1

月21日落成开放。馆内分“辉煌历史、将军摇篮、浩气长存、红韵流长”4大板块和“名人荟萃、星火燎原、红旗飘扬、抗日烽火、千里跃进、将军风采、浩气长存、红韵流长”8个单元。采用沙盘、文物、雕塑、图片、油画、文字、场景等形式，运用声光电等现代高科技手段，展示大别山区特别是皖西地区优秀儿女在各个历史时期不屈不挠、前仆后继的革命精神。一层陈展以大别山地区党史、军史内容为主，分别展出有董必武、许继慎、徐向前、郭述申、李先念、高敬亭等15位名人事迹和从大别山走出的341位将军名录。二层陈展以皖西地区107位著名烈士事迹和中央领导关怀下的六安市的巨大变化为主，以及30册烈士英名录档案、近千件烈士遗物。同时展出的还有党和国家领导人题词、将军墨宝、著名烈士诗抄、国际友人赠言，以及“淠史杭工程”、“六安新貌”等皖西人民战天斗地的丰功伟绩。

你知道独山革命旧址群吗？

▲ 独山革命旧址群

独山暴动打响了六霍起义的第一枪。如今遗留在独山镇上的中共六安县委和少共六安县委、六安县苏维埃政府、赤卫军指挥部、列宁小学、革命法庭、保卫局、苏维埃俱乐部、经济合作社、独山暴动指挥部9处革命旧址群，被安徽省委、省政府批准为省级爱国主义教育基地。

镇区南头山兴建了邓小平亲笔题字的六霍起义纪念塔，徐向前元帅为纪念塔题词——六霍起义中牺牲的烈士永垂不朽。

寿县为什么被评为国家历史文化名城？

寿县位于安徽省中部、淮河中游南岸，依八公山，傍淮、淠河，与安徽省会合肥接壤，与国家能源城淮南市毗邻。全县总面积 2986 平方千米，耕地 178 万亩，辖 25 个乡镇，总人口 132 万。

寿县历史悠久。古称寿春、寿阳、寿州，屡为州、府、道、郡治所。古属淮夷部落，夏为扬州域，商周为州来国地，春秋属楚，三国时为魏地。蔡昭侯、楚考烈王、淮南王刘长、刘安和袁术先后建都于寿春。自晋以后到唐、宋，寿县继续以繁华著称于世，所谓“扬（州）寿（州）皆为重镇”。

寿县文化灿烂，是楚文化的故乡、中国豆腐的发祥地、“淝水之战”的古战场。全县现存古迹 160 多处，其中唐、宋、明、清建筑 10 多处，古墓葬 80 余座，古遗址 29 处。寿县文物众多，有全国重点文物保护单位 3 处，省级文物保护单位 7 处，寿春楚文化博物馆珍藏国家一级文物 160 多件，二、三级文物 2000 多件，素有“地下博物馆”之称。

寿县人文古迹类型丰富，现存的古建筑有始建于唐贞观年间的报恩寺、宋嘉定时期的古城墙、元代的黉学、明清时期华东最大的清真寺、典雅肃穆的孙公祠等；名人古墓葬主要有蔡侯墓、楚王墓、淮南王墓、廉颇墓、宓子墓等；古遗址有古郢都遗址、安丰城遗址、淝水之战古战场等；其他还有春申坊、时公祠、斗鸡台、吕蒙正寒窑、陈玉成囚室、状元府、淮王丹井，以及载于清代方志的寿州内八景和外八景等。

寿县古城墙奥秘知多少？

寿县，古称寿春，自楚考烈王二十二年（前 241 年）迁都于此，曾10次为郡，并屡为州郡治所。寿县古城墙是全国屈指可数的保存完好的城墙之一。由于寿县地处襟江扼淮的重要位置，千百年来一直是兵家争夺的军事重镇，因此，历代对其城垣修筑颇为讲究，清末状元孙家鼐记道："城堞坚厚，楼橹峥嵘，恃水为险。"据光绪《寿州志》记载，今寿县城墙重建于北宋熙宁年间（1068～1077年），明清时曾多次修葺，迄今完好。古城基坚墙固，气势雄伟，迄今保存完好。城之平面略呈方形，城墙周长7141米，高8.3米，底宽18～22米，顶宽4～10米，墙体以土夯筑，外侧贴砖，外壁下部有2米高条石砌基，通体向内欹斜，层层收分。城外东南两方有护城濠，宽约60余米；城北淝水环绕，城西为尉升湖。城有四门，东为宾阳门，南为通淝门，西为定湖门，北为靖淮门，各按地理位置取其名。有角楼八所，翼然立于城上（现均已倒塌）。宋人张文潜《题寿阳楼二绝》有句："渺渺长淮去不休，行人独上寿阳楼"；"长淮不断水悠悠，楼下行人淮上楼"。

四城门皆有瓮城，其中西瓮门北向出，北瓮门西向出，东城门与瓮门在平面上平行错置同为东向出。这种门向的特殊设置，不仅有利于军事防御，而且还具有重要的防水功能。城内北部东西两侧各有一泄水涵闸，平时城内积水可由此排出城外，当洪水季节，又可自行关闭涵闸，防止外水倒灌，涵闸额墙镌有"金汤巩固"、"崇墉障流"题名。1991年，古城抵御了百年未遇的特大洪水的围困，保护了城内十多万人的生命财产，再次显示了它的特殊功能。这一水利设施，曾被誉为古水利工程的一颗明珠。

古城南门东墙上嵌着一块石刻，上刻一个做行刺状的武士，这就是"寿州内八景"之一的"门里人"。

千年古刹报恩寺有何珍藏？

报恩寺坐落在寿县城内东北隅，旧名崇教禅院、东禅寺，明洪武年间改为今名。据《寿州志》记载，此寺始建于唐贞观年间（627～649 年），迄今已有1300 多年的历史。全寺总面积 14700 多平方米，其规模之大，建筑之雄伟，在江淮大地上可谓首屈一指。

走到西大寺巷尽头，越过高大红色的照壁，迈进山门，即到第一进大院，院内苍松翠柏，郁郁葱葱。院正中是宋塔地宫，原为九级的北宋舍利砖塔，后倒塌六级，残存的三级因危及游人安全，于 1977 年拆除。清基时发现了塔下的地宫，地宫有彩绘壁画及金、银棺等珍贵文物。再穿过二佛殿，便来到第二进深院，两棵千年银杏遮天蔽日，把金碧辉煌的大雄宝殿和东西廊房掩映在绿荫之中。

飞角流丹的大雄宝殿是报恩寺的主建筑物，建在 1 米多高的石基上，更显威严庄重。殿面五间，进深三间，殿门前有长廊，立石质方形廊柱，柱面有花鸟浮雕，门东一柱础上有“石羊抵头”画面，生动逼真，此为“寿州内八景”之一景。大殿内东、西、北三面有省级重点保护文物泥塑十八罗汉和唐、宋、明、清四代的木雕、铜铸造像等几十尊，神态各异，栩栩如生。大殿门两旁墙上嵌着元大书法家赵孟頫所书的“南无释迦牟尼佛”七个大字和清书法家梁嫩为此七字作跋的两方石刻。大殿东侧是僧祖堂及涤尘精舍，两侧是禅堂、维那寮。

穿过大殿，即来到第三进院，毗庐阁居高临下，肃穆典雅。穿过西侧园门，即来到新建的“碑园”，在这里可以尽情欣赏历代名人碑刻。

安徽最大最古老的清真寺有何奇妙?

清真寺，位于寿县城内南大街留犊祠巷西清真寺巷内。1986 年 7 月，由安徽省人民政府公布为安徽省重点文物保护单位。它坐西向东，占地 5632 平方米，自东向西中轴线上布置二进重院。前院正门为大中门，两侧有侧门。第二进院落正中为礼拜殿，即无像宝殿。南厢房为大、中、小学教室及水房等。筛海洞在北厢房西首，紧依无像宝殿。

无像宝殿为寺内主体建筑，面阔五间，进深七间，四周有回廊，廊柱全部用八公山上整体石料打制而成。大殿结顶为勾连搭式，飞檐斗角，浑然一体，气势雄壮。大殿左右各开券门 5 楹，水磨青砖门罩。券眉雕刻，构图巧丽，技法精湛，具有浓厚的徽派砖雕艺术风格。大殿上方悬有“真乃独一”和“无像宝殿”两块大匾。据说旧时这里有清康熙至宣统时赐匾 20 多方。现在寺内还藏有近 10 方古代雕刻，是研究清真寺史的珍贵资料。

清真寺有三个很奇妙的地方。

第一是它的门向方位。汉族建筑的中轴线都是自南而北，中轴线上建筑门向全部朝南；而清真寺的中轴线是自东而西，门向朝东。据说这主要是因为麦加在西方，门向朝东，人们自东而入，面向西方，是表示对真主朝拜的虔诚之心。

第二是大殿顶部结构采用勾连搭形式结顶。这既增强了顶层结构多变的艺术效果，更主要的是增大了建筑使用面积。因为在封建时代，房屋建筑的开间受着等级制度的制约，一般王公大臣最大的建筑开间也只能是五到七间，只有皇宫大殿才可享用九到十一间开间的建筑。清真寺面阔五间，规格不低，但由于当时建筑材料的限制，这种开间数的建筑面积受到一定限制。于是，便采用了正面开间数不变，而使前后两座大殿相合的方法，便成倍增加整体空间使用面积。因前后两建筑结顶的结合都是由天沟勾连搭接而成，故这种建筑式样在古建筑中被称为“勾连搭”建筑。这种建筑式样除伊斯兰清真寺外，一般是极少见到的。

第三是大殿内石柱础的高度比其他同类建筑的柱础高度要多出数十厘米，并且雕刻也极精美。据说清真寺建寺之处，大木做开料完毕准备实施拼装，当地一豪绅因与回民某主事有隙，便借口清真寺大殿高度超过了与它相邻的关帝庙大殿，声称除非把大殿立柱锯矮，否则不许施工。在此情况下，只得把那一根根粗大的柱子都锯掉了两尺多。

当时，有愤于此事者到京城告状，得到同情，寿县清真寺获准“复其原高”，因高大木材一时难以筹办，有人就想出了以增加石柱础的高度来弥补被锯木材长度之不足，于是这便有了清真寺高大柱础的奇观。

寿县楚文化博物馆有何特色？

寿县博物馆坐落于寿县古城西大街中段，是国家重点博物馆，现收藏文物及标本共2万多件（套）。其中国家一级文物162件（套）、二级文物145件（套）、三级文物1443件（套）。

青铜器和楚金币是馆藏文物的一大特色，镇馆之宝有“越王者旨于赐”剑、羊首尊、牺首鼎、楚金币以及金棺和银棺。

新馆于2001年7月兴建，2004年5月竣工，总投资3000万元。占地近2万平方米，主楼建筑面积为6558平方米。共有16个陈列展厅，2个综合展览大厅和1个综合学术报告厅，是一座集收藏保管、学术研究、陈列于一体，外观仿古、内部现代化的综合性大楼。新馆展陈列面积为2650平方米，设有《楚都遗珍》、《汉魏流韵》、《古窑重光》、《佛都艺术》、《彩瓷缤纷》、《汉墨流芳》、《碑刻精粹》、《人物英华》和《馆藏精品》九个专题展。

寿县孔庙为何时所建？

据《寿州志》记载：孔庙始建于唐，元代由城东南隅移建于此，从元泰定元年（1324年）至清光绪六年（1880年）的500多年来，经过大小42次的重修与扩建。占地面积达2万平方米，有坊、阁、殿堂等大小建筑物30处。

第一进院前是牌楼式的“泮宫”、“快睹”、“仰高”三坊，斗拱飞檐，古色古香。第二进院正是半月形的“泮池”。池北中轴线上为“戟门”，东耳房为名宦祠，西耳房为乡贤祠，立历史名人碑牌等以示祭祀，如名宦祠祭祀有楚令孙叔敖、汉寿春令时苗、南唐清淮节度使刘仁赡、清知州李兆洛等，乡贤祠祭祀有唐孝子董召南等。由戟门进入第三进院，即来到孔庙的正殿——大成殿，殿面阔五间，深三间，气势磅礴，雄伟壮观。大成殿两侧有配庑，是放置从祀牌位之所。大殿前是 1 米高的石块月台，台周护以雕花石栏，台左、右是两棵参天银杏树，把大殿点缀得更加肃穆。从大殿左、右两则之“外堂”、“入室”二门即进入第四进大院，明伦堂居最后。

安丰塘为何被誉为“神州第一塘”？

国家重点文物保护单位——安丰塘，位于寿县城南 30 千米处，古称芍陂，是我国著名的古代水利工程。芍陂始建于春秋时期，原周长有 60 千米，相传为楚相孙叔敖主持修建，是我国最早的人工水库。

安丰塘作为这片楚都故地的“心脏”，距今已有 2600 多年的历史。遥想当年，一代名相孙叔敖动议开挖这方陂堰时，科学选址，合理布局，上引大别山区充沛水源，下控一望无际的淠东平原，上循天地大道之运行法则，下应周边环境的相互协调，故“纳川吐流，灌田万顷，无复旱灾”。结阜成冈、聚水成渊的古寿春，从此“人赖其利”而“境内丰给”。公元前 241 年，“楚东徙都寿春”的原因，正是这片沃土仰安丰塘福祉而兴旺发达之故。

▲ 安丰塘

芍陂被誉为“神州第一大塘”。为纪念孙叔敖，北堤外建有孙公祠，现存殿宇、碑库各 3 间，石刻 19 块，碑文记述芍陂地理位置、水源、灌区分布、用水规划及历代整修情况。

如今的安丰塘水域面积达 5 万亩，灌溉着江淮大地 63 万亩良田，堤坝内坡由石块铺砌，塘内烟波浩渺，堤岸绿柳成荫。联合国大坝管理委员会名誉主席托蓝及西德、美国、罗马尼亚等国专家学者均来这里参观考察过。

你听过“将相和”的故事吗？

战国时代，赵惠文王初年，齐与秦各为东西方强国。秦国欲东出扩大势力，赵国当其冲要。为扫除障碍，秦王曾多次派兵进攻赵国。廉颇统领赵军屡败秦军，迫使秦改变策略，实行合纵，于惠文王十四年（前 285 年）在中阳（今山西中阳县西）与赵相会讲和，以联合韩、燕、魏、赵五国之师共同讨伐齐国，大败齐军。其中，廉颇于惠文王十六年（前 283 年）带赵军伐齐，长驱深入齐境，攻取阳晋（今山东郸城县西），而赵国也随之越居东方六国之首。廉颇班师回朝，拜为上卿（上卿为当时最高级的文官，相当于后来的宰相），秦国虎视赵国而不敢贸然进攻，正是慑于廉颇的威力。此后，廉颇率军征战，守必固，攻必取，几乎百战百胜，威震列国。

周赧王三十二年（赵惠文王十六年，前 283 年），秦提出以十五城换赵君和氏璧，赵派蔺相如出使秦国。蔺相如仅仅是宦官缪贤门下的“舍人”，经缪贤向惠文王荐举，担此重任。蔺相如以他的大智大勇完璧归赵，取得了对秦外交的胜利。

其后秦伐赵，占领了石城。赵惠文王十九年复攻赵，杀了 2 万赵军。这时秦王欲与赵王在渑池（今河南渑池县西）会盟言和，赵王非常害怕，不愿前往。廉颇和蔺相如认为赵王应该前往，以显示赵国的坚强和赵王的果敢。赵王与蔺相如同往，廉颇相送，与赵王分别时说：“大王这次行期不过三十天，若三十天不还，请立太子为王，以断绝秦国要挟赵国的希望。”廉颇的大将风度与周密安排，壮了赵王的行色，同时由于相如在渑池会上不卑不亢地与秦王周旋，毫不示弱地回击了秦王施展的种种手段，不仅为赵国挽回了声誉，而且对秦王和群臣产生震慑。最终使得赵王平安归来。

会后，赵王“以相如功大，拜为上卿”，地位竟在廉颇之上。廉颇对蔺相如封为上卿心怀不满，认为自己作为赵国的大将，有攻城掠野、扩大疆土的大功，而地位低下的蔺相如只动动口舌却位高于我，叫人不能容忍。他公然扬言要当众羞辱蔺相如。蔺相如知道后，并不与廉颇去争高低，而是采取了忍让的态度。为了不使廉颇在临朝时排列在自己之下，每次早朝，他总是称病不至。有时，蔺相如乘车出门，远远望见廉颇迎面而来，就索性引车躲避了。这引起了蔺相如舍人的不满，蔺相如解释说：“强秦与廉颇相比，虎狼般的秦王相如都敢当庭呵斥，羞辱他的群臣，我还会怕廉颇吗？强秦之所以不敢出兵赵国，这是因为我和廉颇同在朝中为官，如果我们相斗，就如两虎相伤，没有两全之理了。我之所以避他，无非是把国家危难放在个人的恩怨之上罢了。”廉颇听后，深受感动，他身背荆条，赤膊露体来到蔺相如家中，请蔺相如治罪。从此两人结为刎颈之交，生死与共。“将相和”的故事，后人以各种不同的文艺形式加以表现，它强烈的爱国情感令人奋发，而廉颇勇于改过、真诚率直的性格，更使人觉得可亲可爱。

廉颇将军之墓位于何地?

秦始皇二年（前245年），赵孝成王卒，其子赵悼襄王继位。襄王听信了奸臣郭开的谗言，解除了廉颇的军职，派乐乘代替廉颇。廉颇因受排挤而发怒，攻打乐乘，乐乘逃走。廉颇于是离赵投奔魏国大梁（今河南省开封市）。廉颇去大梁住了很久，魏王虽然收留了他，却并不信任和重用他。赵国因为多次被秦军围困，赵王想再任用廉颇，廉颇也想再被赵国任用。赵王派遣使者宦官唐玖带着一副名贵的盔甲和四匹快马到大梁去慰问廉颇，看廉颇还是否可用。廉颇的仇人郭开却唯恐廉颇再得势，暗中给了唐玖很多金钱，让他说廉颇的坏话。赵国使者见到廉颇以后，廉颇在他面前一顿饭吃了一斗米，十斤肉，还披甲上马，表示自己还可战斗。但使者回来向赵王报告说："廉将军虽然老了，但饭量还很好，可是和我坐在一起，不多时就拉了三次屎。"赵王认为廉颇老了，就没任用他，廉颇也就没再得到为国报效的机会。

楚国听说廉颇在魏国，就暗中派人迎接他入楚。廉颇担任楚将后，没有建立什么功劳。他说："我思用赵人"，流露出对祖国乡亲的眷恋之情。但赵国终究未能重新起用他，致使这位为赵国做出过重大贡献的一代名将，抑郁不乐，最终死在楚国的寿春（今安徽省寿县）。十几年后，赵国就被秦国灭亡了。司马光曾感慨地说："廉颇一身用与不用，实为赵国存亡所系。此真可以为后代用人殷鉴矣。"

廉颇墓在今安徽省寿县纪家郢放牛山之西南坡，俗称"颇古堆"，距县城 7.5 千米。古堆高约 20 米，周约 30 米，基有条石垒砌。西临淮河，南北东三面环山，一代风流领山川之胜，英风浩气激荡千秋。今日为旅游胜地。

楚考烈王墓在何处？

位于寿县城南 45 千米的碾桥村红郢西侧，为古土堆。1952 年兴修水利时，发现券顶墓门及部分陶器。经探测，至数米深仍为坚固板结土层，可能是糯米加石灰灌注而成，难以发掘，遂停止。现古冢尚存。楚考烈王，名熊完，公元前 262 ~ 前 238 年在位，公元前 241 年"徙都寿春（今寿县）"，称郢都。

传说"一人得道，鸡犬升天"的淮南王刘安墓在何地？

位于寿县县城北八公山麓，前临淝水。墓高约 7 米，周长 166 米，

“汉淮南王墓”石碑，系清安徽省布政使吴坤修立。刘安（前 179 ~ 前 122 年），西汉思想家、文学家，汉高祖刘邦之孙。袭封淮南王爵位。曾招致方士宾客数千，编撰《淮南子》。传说他与号称“八公”的八位门客在山修炼，终成仙而去，留“一人得道，鸡犬升天”的神话故事。其实，他因谋篡帝位畏罪自杀，受株连被杀戮者数千人。1990 年淮南王墓全面整修完毕。

淝水之战发生于何地？

在淝水两岸，在八公山麓，在硖山口，在洛涧，在东津口……

晋太元八年（383 年）七月，前秦皇帝苻坚下诏攻晋，出兵 60 余万，骑 27 万，号称百万大军，水路三路并进，直指寿阳（今寿县）。晋孝武帝派将军谢石、谢玄率兵 8 万西进抗击，又派将军胡彬率水兵 5 千增援。两军数量对比悬殊，苻坚军前放言：“以吾师之众旅，投鞭于江，足断其流。”

胡彬水兵行于淮河受到秦军抛栅阻拦，被迫退守硖山口。此时，秦军前锋已攻占寿阳古城，胡彬即派朱序送信给谢石求援，不料信使被苻坚之弟苻融截获。苻坚得悉晋军虚弱，将主力留驻项城（今河南项城县境内），亲率 8 千骑兵赶到寿阳，放回朱序，令其劝降。朱序回晋，详报机密。刘牢之率精锐北府兵，攻洛涧，破秦军前锋，挫敌锐气。苻坚登城，见八公山草木，以为皆晋军。两军夹淝水而陈，谢玄要求秦军稍退，使晋军得渡江决战。苻坚同意。秦军稍动，朱序命人呼噪：“秦兵败啦！”秦军大溃退，惊恐万状，听到“风声鹤唳”，皆疑是晋兵追上。苻融死于晋军战刀之下，苻坚中箭落荒逃回长安。60 万秦军浩浩荡荡而来，结果只剩下 10 万败兵而回。

淝水之战给后人留下了一个以少胜多、以弱胜强的著名战例和一个“风声鹤唳、草木皆兵”的有趣成语故事。

珍珠泉为何被视为高洁象征?

珍珠泉位于安徽寿县城北门外八公山南，因泉水喷涌如珠而得名。泉涌时咄咄有声，故又称咄泉。其水甘醇，为烹茶上品。传说清代状元孙家鼐回寿州探亲后返京，即以珍珠泉水和六安州茶叶进贡。汉淮南王刘安磨制八公山豆腐，也取此泉水。珍珠泉水质清澈明净，被视为高洁象征。明御史杨瞻诗咏:“尘垢难污洁，珍珠不断头”，“濯却我心污，方知是胜游”。清安徽布政使吴坤修书刻“珍珠泉”碑。碑侧有后人联语:“珍泉洗净贪污气，淮水长流正义风。”今泉周置石栏，建亭阁，植花木，为寿县一胜景。

北京大学前身京师大学堂为何人所创立?

孙家鼐（1827～1909 年），字燮臣，号蛰生、澹静老人，清安徽寿州（今六安寿县）人。他于 1851 年中举人，8 年后中状元。1876 年，与尚书翁同龢同任光绪帝师，历任工部尚书、礼部尚书、吏部尚书、文渊阁大学士、武英殿大学士、学务大臣、政务大臣等。1894 年（甲午），孙家鼐强烈反对为朝鲜的宗主权与日本开战，从而与主战派翁同龢对立。1895 年战败，光绪皇帝开始通过教育试行改革。1896 年，光绪皇帝命孙家鼐在北京筹建一所大学堂，但是，由于保守势力的反对，历时两年未能开学。在 1898 年 6～9 月的“百日维新”时期，设立大学堂是新政的一项重要内容，8 月 9 日，“京师大学堂”终于宣告成立，后为北京大学，孙家鼐为第一任管学大臣，被聘为总教习。

金寨为什么被称为将军县?

金寨县位于皖西边陲、大别山北麓，地处三省七县二区接合部，总面积3834平方千米。金寨是著名的革命老区。1929年，先后爆发了著名的立夏节起义和六霍起义，成为鄂豫皖革命根据地的核心区，是红四方面军的主要发源地。革命战争年代，全县先后有10万英雄儿女参军参战，绝大多数血洒疆场、为国捐躯。新中国成立后被追认为革命烈士的达1万多人，占安徽省革命烈士总数的1/5。20世纪五六十年代，被授予少将以上军衔的有59人，其中上将1人、中将8人、少将军50人，是全国著名的第二大将军县。刘伯承、邓小平、徐向前、李先念曾在境内指挥过革命战争，董必武、叶挺、郭述申、方毅、张劲夫曾在此组织过革命活动。

你知道金寨县革命烈士陵园吗？

1960年，在金寨县城梅山建立革命烈士陵园，以后相继建设了由刘伯承题写塔名的革命烈士纪念塔、由邓小平题写馆名的金寨革命博物馆，由洪学智题写堂名的红军纪念堂等，江泽民为陵园题写了金寨县烈士纪念馆。陵园被国家民政部命名为全国首批百家爱国主义教育基地，被国务院批准为全国重点烈士纪念建筑物保护单位，每年接待参加爱国主义教育活动的群众20余万人。

天堂寨国家森林公园为何被誉为华东最后一片原始森林？

天堂寨国家森林公园位于大别山腹地，金寨县西南角，距六安市区136千米。天堂寨景区属2.4万公顷的天（堂寨）—马（鬃岭）国家级自然保护区的一部分，主要保护对象为北亚热带常绿、落叶阔叶混交林及其山地垂直带谱。

天堂寨是一个植物王国。这里是华北、华中、华东三大植物区系交会中心，兼容南北方植物种类，为我国第三纪天然植物的“避难所”。现有山林1.6万亩，大多是原始次生林，被誉为“华东最后一片原始森林”。森林覆盖率高达96.5%，位居我国所有风景名胜区的第一位。有脊椎动物近300种，高等植物1881种。其中金钱豹、香獐、黑鹿、娃娃鱼、小灵猫、白颈长尾雉、白猿等20余种和兰果树、香果树、领春木、连香树、天目木姜子、鹅掌楸等40余种为国家保护珍稀动植物。天堂寨有“植物的王国、天然的氧吧、动物的乐园、云雾的海洋、圣水的世界、杜鹃花的领地、娃娃鱼的故乡”之美誉。

天堂寨景区瀑布群有何特色？

▲ 天堂寨

天堂寨古称“多云山”，山以云为衣，云以山为体，山是本色水是源，山有多高，水有多长。天堂寨共有大小瀑布108道，而终年不断、落差达50米以上的就有18道，百日无雨仍可见飞流直泻。天堂寨水质清纯甘甜，pH值6.9，为地表一级卫生饮用水。由于瀑布湍流与森林电位差的物理作用而产生大量负氧子，每平方米空气中达68375个，因此又被称为“天然氧吧”。

天堂寨瀑布以九影、垂帘、泻玉、银弓、淑女5道接力瀑布群最为壮观。一号瀑布（九影瀑布）：瀑布落差61米，水帘幅宽8米，瀑布下有深潭，潭面面积30平方米，瀑布四季不涸，雨季更甚，水势凌空而下，潭内雾气腾腾，瀑声轰鸣，远观似千军万马滚滚而来。三号瀑布（泻玉瀑布）垂直高度62米，水帘宽 11～13 米，瀑岩呈淡紫色，略倾斜且岩面凹凸参差不齐，水流其上似滚珠泻玉，瀑布下滑跌落在石坪上，可谓是“清泉石上流”。瀑布周围绿树陡峰，景色宜人。

你知道天堂寨的奇峰怪石吗？

天堂寨的山体由花岗石及花岗片麻岩构成，群山环抱，山峰林立，蔚为壮观，其中最具观赏性的是白马峰、龙剑峰、天堂寨、五龙朝天堂。

天堂寨主峰：海拔 1729.13 米，为皖、鄂两省的边界，又是长江、淮河的分水岭。常年云雾缭绕，是观日出、云海的最佳去处，如适逢时节，还能见到彩色佛光。立于天堂绝顶，长风扑面，烟波浩渺，群峰叠嶂，林海茫茫，此景此情，何其壮哉！主要景点有“盆景园”、“观日台”、“鸡心石”、“双石笋”、“龟爬石”、“天然雕像”等山石风景几十处。山上植被葱茏，黄山松、黄山栎等植被地带性分布明显，是天然植被世界。

白马峰：海拔 1480 米，主体由马鞍、马背和马尾构成。四面是千米绝壁。山上石岩裸露，山梁由南向北，雄奇险峻。梁上有著名景点“马尾晴雪”、“马鞍夕照”，是天堂寨森林公园的主要胜景。

龙剑峰：龙剑峰秀丽多姿，龙脊绵延，脊上异石奇松，造型各异，著名景点有“雷劈石”、“龟松同寿”等多处。

五龙朝天堂：一山五峰，曲曲蜿蜿，远观如五龙摆尾，面朝天堂游来。

天堂寨有过哪些关寨？

天堂寨地势险要，横亘皖鄂，为兵家必争之地，多环山扼要之关寨石墙。清人姜廷铭诗称：“岩石古寨插云间，吴楚东南第一关”。据考证，天堂寨的第一座屯兵大寨、第一座烽火台为楚国所建。南宋末，程伦为抗元在多云山（天堂寨峰）初建天堂寨。元至正十一年（1351年），徐寿辉红巾军重建天堂寨，聚众反元。清乾隆十五年（1750年），马朝柱在此聚义反清。

历代民众，为反抗压迫，聚集天堂寨，留下了多处石寨断垣残壁，给人以历史沧桑之感。

燕子河大峡谷有何美景？

燕子河大峡谷位于天堂寨风景区下，全长约5000米，以险崖、奇石、幽谷、秀水而著称。大峡谷内有鬼斧神工、险不可攀的天坑绝景，有深不可知、天造地设的“仙人洞”，有如雪似烟、若雾是水、变幻无穷的神韵瀑布；天然奇石、石穴千姿百态，色彩斑斓，无不让人感叹大自然的神奇造化。

万佛湖为什么引人入胜？

万佛湖位于舒城县境内，是中国首批国家3A级旅游景区，中国首批国家水利风景区。万佛湖即龙河口水库，是举世闻名的淠史杭灌区的重要组成部分，安徽十大水库之一。1958年动工兴建，1969年最后竣工，水库大坝为“黏土心墙沙壳坝”，全长600米，高75.4米，总计完成土方160万立方米。湖面50平方千米，容水8.2亿立方米。湖面呈枫叶状，周边长250千米。环湖皆山，碧波万顷，绿岛浮动，波光粼粼，鸥鸟翔集，舟揖点点。自然景观有万佛石林、环柏山道、左慈钓鱼台和观音洞、人头马、翠竹岭以及雄伟壮观的水利工程设施等几十处景点。集山、水、岛、石崖、壁滩、池、洞、林、花、文化遗址及森林探险于一身，形成了妖娆多姿、绚丽迷人的湖光山色。60多个大小不一的岛屿，如鲸似龟，情态各异，令人遐想万千。

万佛山有何名胜古迹？

万佛山位于舒城西南，距合肥140千米，距万佛湖60千米，总面积50平方千米。森林覆盖率95%，负氧离子含量高，是国家森林公园、国家地质公园。主峰老佛顶海拔1539米，南与天柱山（1485米）遥相对峙。万佛山景区内层峦叠嶂、峻峰林立、奇松怪石、流泉飞瀑，自然风光极其优美。日出、晚霞、霜枫、雪景、雾凇、佛光等时令景观频添美色，如入仙境。

万佛山因主峰老佛顶似弥勒大佛西南盘坐，群峰拱卫其四周，形成诸佛拜祖之景观，而得万佛山名。老佛顶上有诸佛寺，始建于明代，有石匾曰“万佛名山”。

景区内有老佛顶、天门峰、双剑峰、神驼峰、美女峰、丹顶峰、四方尖、三天门等大小36座山峰，以及神驼石、虎豹石、鹦鹉石、狮子石、刀背石、猪头石等，神形兼备，惟妙惟肖，栩栩如生，无不让游客惊叹大自然的鬼斧神工。

万佛山的山体下部呈断岩峭壁，水流至此，常呈巨大瀑布倾泻而下。景区内有瀑布十多处，著名的有莲子瀑、天河瀑、香果树瀑、二叠瀑、龙尾瀑、逍遥瀑、　字瀑、徐大坪瀑等，其落差均在60米左右，飞流而下，气势磅礴，雾气蒸腾。

万佛山森林茂密，松树奇特，植被繁多，有147科、658属、1368种维管束植物，其中分布着香果树、银缕梅等25种国家保护植物，另外还栖息着香獐、金钱豹、娃娃鱼等十余种国家保护动物。

唐代新罗国王子、后被誉为九华佛祖的金乔觉去九华山之前，曾在此修炼过，后因山势过于险峻，才改去九华山，现仍留有“乔觉洞”；被誉为北宋第一大画家的李公麟晚年曾在此写生作画，山上还留有公麟亭、公麟画台、黄山谷小坐处的谷子口等遗迹和美丽传说。

鹿起山之名因何而来?

鹿起山为古舒城四大名山之一。据古书云:“昔有名僧过其下,一鹿自山出,僧即其地以化”而得名“鹿起”。山巅原有龙泉寺,寺前有试心台、洗剑池。山右有狮子岩等名胜。

鹿起山海拔 330 米,山虽不高,但气势雄伟,山坡谷底,土层丰厚,古木参天,被覆山体。每逢天气晴朗,朝阳初照,地下水分蒸发,形成雾气,透过阳光,岚气漫开,带围山腰,随风舞动,飘忽不定。巅峰上古寺云遮雾罩,忽隐忽现,虚无缥缈,形成了一道奇特的气象景观,被称作“鹿起晴岚”,为龙舒八景之一。

为什么铜锣寨有“江北小黄山”之称?

铜锣寨位于霍山县,主峰海拔 1096 米,因公元前 122 年汉武帝巡视衡山国(今霍山县)梦见一轮明月化作铜锣落于此山而得名。

铜锣寨的风景绝佳,它以秀水、奇松、怪石、绝壁、云海、珍木、繁花著称于世,被旅客誉为“小黄山”。铜锣寨孤峰耸起,峭拔秀丽,古时,只有一条羊肠小道通往山顶,其余皆碧峰伟岸,徒手不可攀。松在石上生,石在云中飞,一步一景,移步换景,风光无限,美不胜收。铜锣寨奇松广布,以“古、直、异”著称,如石托松、钉石松、连理松、六君子松等,让人看了后连声叫绝。铜锣寨怪石林立,千姿百态,像石门、像苍龙、像神龟、像大象,惟妙惟肖,神奇异常。铜锣大峡谷全长 7000 米、九曲十八弯,断崖如削、幽潭深邃,飞瀑高悬;谷内古木参天,藤蔓相绕,兽吼鸟鸣。还有那古栈道、古战场、古寺庙、古坟墓和古民居遗址使峡谷更显幽秘奇幻,神秘诱人。铜锣寨山野人家的将军菜、黄芽菜、小河鱼、红灯笼辣椒是地地道道的农家产品,百合粉、香菇木耳、小吊米酒、烟熏红豆腐,是祖传家制的特色食品，风味与众不同，游人品后回味无穷，同时又是赏亲馈友的理想佳品。

南岳山之名从何而来?

南岳山位于霍山县城以南2.5千米处，原名天柱山，亦名霍山，又名衡山，近代又称之为小南岳。南岳山名相传为汉武帝登礼时所封。明末清初的著名历史地理学家顾祖禹的《读史方舆纪要》卷二十六关于霍山有这样的记载：霍山，位于县城南五里，本来名称天柱山，也叫南岳山，又名衡山。汉文帝分淮南王地立衡山国，以国名山。《洞天记》记载，黄帝分封五岳，南岳衡山最远，故以潜岳副称。舜巡视南方，所到南岳，就是霍山。汉武帝考究谶纬之术，都以霍山为南岳，所以在此祭神。1936年时任国民政府监察院院长、大书法家于右任先生题书匾额“小南岳”，从此又称“小南岳”。1987年南岳山经安徽省政府批准，正式定名为“小南岳风景区”。

▲ 天柱山

▲ 天柱山

南岳山海拔405米，山体南北长约2000米，东西长约3000米，其地质岩性主要为花岗岩及片麻岩。森林覆盖率达95%，动植物及花卉药材资源极为丰富，动物有穿山甲、麝獐、黄羊、小灵猫、獾、野兔、松鼠、青蛇、白鹭、野鸡、画眉、山雀等数十种；植物共有68科600余种，有国家一级保护树种水杉，国家二级保护树种连香树、银鹊树、香果树、鹅掌楸、银杏、小勾儿茶等；果树有樱桃、山桃、野葡萄、核桃、猕猴桃、山楂、栗子、杏子、梅子等十几种；花卉有兰花、杜鹃、紫薇、紫荆、梅花、桂花等数十种；药材有断血流、石蚕、夏枯草、蛇床子、金银花、铁观音、海金沙、石韦、天南星、柴胡、丹参、黄精、玉竹、细辛等百余种。景区内有天池、龙湫（井）、风洞、石窗洞、白虎崖、试心崖、九桠古枫等自然景观，有南岳庙、万卷堂、湖心亭、吟松亭、步云亭等人文建筑，还有诸如汉武帝的传说、吕洞宾南岳情结、和合二仙游南岳、十八罗汉拜南岳及八仙檀、九桠古枫、断血流、南岳鸟语、申茶、南岳秀姑、状元红等神话故事，都给南岳山增添了不少神秘的色彩。

李家圩庄园为何人所建？

李家圩庄园位于霍邱县城西40千米处，为清代李梦庚的城堡。李氏拥有良田20万亩，跨越固始、霍邱、颍上、金寨、阜阳五县，佃户4000余户，又在上海、天津、大连、南京、青岛等地开设银行、工厂、货栈、戏院、学校等45处，并拥有武装组织。庄园始建于清朝咸丰年间（1851～1861年），占地百余亩，由上千劳动力经营10年方完成。平面布局近四方形，有房屋700余间，分东西两圩。西圩三道门楼，四进厅，有大小不同的四合院、三合院。内建戏院、堂楼、圣旨楼等，无不金碧辉煌。外有围墙、炮楼、护城河、吊桥，山环水绕，绿树成荫。现存建筑主要是西圩，有房屋90多间。

赵匡胤与六安名吃“大救驾”有何联系？

“大救驾”是安徽寿县历史悠久的美味名点。

相传在公元965年，周世宗征讨淮南，大将赵匡胤攻了9个多月才攻破城池。由于疲劳过度，赵匡胤进城后就病了，他胃口不佳，茶饭不进。这时，有个巧手厨师为了让他进食，便精心制作了一种点心。用上好的白面、白糖、猪油、香油、青红丝、橘饼、核桃仁等材料做了一些带馅的圆形点心。这种点心的外皮有数道花酥层层叠起，金丝条条分明，中间如急流旋涡状，因用油煎炸，色泽金黄。

当厨师端上点心时，香味扑鼻，外形诱人。赵匡胤一见，心中高兴，食欲大增。他拿起一个，咬了一口，觉得酥脆甜香，十分好吃。再一看内中之馅，色白细腻，红丝缕缕，青丝条条，如白云伴彩虹，色美味佳。赵匡胤越吃越有味，一连吃了几顿，病体大愈。他十分高兴，重赏了厨师。

后来，赵匡胤做了宋朝开国皇帝，想到南唐一战和这种糕点，说：“那次鞍马之劳，战后之疾，多亏这种糕点从中救驾。”于是便叫这种糕点为“大救驾”。

自此以后，“大救驾”的名称和制法便一直留传下来。至今，“大救驾”仍驰名淮河南北。外地来客慕名品尝，当地人们也常以此馈赠亲友，颇受欢迎。

一品斋为何誉满南洋？

“只研朱墨作春山。”六安毛笔兴于清道光年间，堪与浙江湖笔齐名，其中“一品斋”笔店制作的毛笔质量最佳，受到国内外书画艺术家的青睐。

“一品斋”毛笔店开创于清道光十五年（1835年），制笔艺人夏均安，招名师，访高手，询用户，训师徒，集南北毛笔优点之大成，毛纯质佳，经久耐用，光白圆直，装潢雅致，使用时全锋得力，经久灵便，吐墨均匀，刚柔得中。数年间名声鹊起，产品畅销南京、上海等地。清宣统元年（1909 年），在南洋工艺品赛会上，一品斋毛笔被誉为一等工艺品，其中“大卷紫毫”（七紫毫）、“仿古京庄”（池上于会）两种分别获金质、银制奖章。建国后，“一品斋”品种多达 200 多个，开发出碗笔“墨海腾波”、“横扫千军”、“特号大碗”，大楷“白尾狼毫”、“细嫩长锋”、“玉版金丹”，中楷“沧海横流”、“红霞白云”、“劲松毫颖”，小楷“白尾狼毫”、“极品狼毫”，画笔“小楷狼毫”、“顺序羊毫”、“洞庭秋月”等新产品。

龙舒贡席为什么名扬四海？

舒席篾纹细腻，柔软光滑，色泽鲜艳，凉爽消汗，是夏令绝佳用品。

舒席，始创于明代。相传当时有一个篾匠借宿于舒城北门外平顶山孝子庙，取北山水竹，编织龙纹花席赠予和尚。明天顺年间（1457 ~ 1464 年），舒城籍户部尚书秦民悦路过北山烧香，见方丈有此竹席，颇为诧异，为取阅皇帝，将此竹席带至京城作为贡品，深得皇帝欢欣，随即御批：“顶山奇竹，龙舒贡席。”自此，舒席便名扬天下。清光绪三十二年（1906 年），在巴拿马国际商品赛会上，舒席获得一等篾业奖。清宣统三年（1911 年），在芝加哥国际赛会上获得一等奖。1926 年、1934 年，舒席先后在上海、杭州全国赛会上蝉联一等奖，被授予金质、银质奖章各一枚。舒席名扬四海，被视为高级馈赠礼品。日本前田洋行曾订购 8 市尺 ×10 市尺大规格舒席 10 条，作为裕仁天皇婚礼赠品。

舒席一向以高超的编织技艺和独特的风格著称于世。它选料极为严格，原料全为水竹，尤以小叶竹为佳。小叶竹具有纤维细、拉力强、节平、节稀、性软、凉爽之优点。

蚌 埠 市

蚌埠为何被称为“珠城”？

蚌埠位于安徽省北部，濒临淮河。这里古时为采珠之地，被誉为“淮上明珠”，因此也被称为“珠城”。现辖怀远、固镇、五河三县和龙子湖、蚌山、禹会、淮上四个区，总面积 5917 平方千米，其中市区面积 601.5 平方千米，总人口约 340 万，市区人口约 90 万。

蚌埠地处淮河中游，属于中纬度地带，气候温和，四季分明。蚌埠很早就有人类活动，现考古发现的大量的古代动物化石和打制石器，可以作为佐证。另据古书记载，大约 4000 多年前，淮夷的涂山氏部落首领女娲即以今天蚌埠的涂山一带建立涂山氏国。又据《左传》记载，大禹治水也在此地。

因古代蚌埠属钟离国属地，秦时即在这里设置钟离县。明洪武三年（1370 年）改属临淮县。又于明天启元年（1621 年）设立蚌埠仓。清乾隆十九年（1754 年），正式设立蚌埠镇。近代随着津浦铁路的建成通车，使蚌埠人口骤增，经济也日益繁荣起来。至 20 世纪 40 年代中期，蚌埠成为安徽省著名的商埠和人口最多的交通城镇。1952 年 4 月成为安徽省省辖市。

蚌埠是安徽省重要的工业基地，全国重要的商品粮油基地。

蚌埠的交通十分发达，京沪铁路在此经过，是我国重要的交通枢纽之一。公路也四通八达。蚌埠港是千里淮河第一大港，船舶可通江苏、上海。

这里风光秀美，主要景区有荆涂山风景区、龙湖风景区、垓下古战场和张公山公园等。

大禹为何会在蚌埠涂山留下“三过家门而不入”的佳话？

根据司马迁《史记·夏本纪》记载，尧帝在位时，洪水泛滥，百姓深受水患之苦，尧用鲧治水，但鲧采用“堵水法”，费时9年，反使水患愈演愈烈，最后被流放到羽山，惨死在那里。后尧起用鲧的儿子大禹来治水，他变“堵”为“导”，采取了开渠排水、疏通河道的方法，将洪水引向大海，取得了治水胜利。

大禹治水时结识了统治“涂山氏国”的女首领——女娲。女娲美丽能干，将“涂山氏国”治理得很好。大禹顺应“男子出嫁，女子娶夫”的氏族制度，嫁到了涂山。涂山，“古淮南道名山也”，为古涂山氏国国都所在地，位于蚌埠怀远县城东南的淮河东岸。大禹曾在涂山劈山导淮、大会诸侯、娶妻生子。

大禹治水，责任心极强。完婚后仅4天，就因治水紧急离开了家，奔走四方，虽然13年内三次来往于江淮之间，都顾不上回家一趟，留下了“大禹治水，三过家门而不入”的佳话。传说涂山氏女思夫心切，天长日久，精诚所至，竟然化成一块巨石，矗立在涂山禹王宫前，人们便称之为望夫石，也叫启母石。

中国历史上第一个朝代——夏王朝第一位帝王启出生于何地？

自古相传台桑是启的所生地。屈原《楚辞·天问》谓：“焉得彼涂山女而通之于台桑?”台桑，位于怀远县涂山南麓朝禹路边，又称台桑石，距今已有4000多年的历史。据我国史学、民俗学专家的考证，这里乃是古代青年男女约会之地的遗址，它与“合于桑林之舞”的说法相印证，可谓是中国性文化的第一台。它的存在为世界民俗学及性文化研究提供了独一无二的物证。台桑周围环境幽美，树木苍翠，另有鸳鸯二石在旁，更添其神秘色彩。

“禹会诸侯”发生在何地?

禹墟，又名禹会村。位于怀远县东南1.5千米的淮河东岸、涂山西南麓，因禹会诸侯于此而得名。相传大禹治水时曾会诸侯于涂山，执玉帛者万国。禹会村旧有禹帝行祠，建于1258年，另有纪念禹父的鲧祠。可惜古建筑如今多已不存。

相传荆、涂二山原为一脉，淮水自桐柏山发源流经此处受阻，泛滥为害，大禹凿为二，以通淮流，从此形成了一道百丈深嶂，称为“荆山峡”，又名“断梅谷”。

禹王宫建于何时?

禹王宫别称禹王庙、涂山祠。在怀远县东南涂山之顶。据元大德年间吴文魁《重修禹王庙记》称，唐以前已有禹庙。传为汉高帝十二年（前195年）刘邦下旨所建，迄今已有2200多年的历史。几经兴废，到清代康熙年间，这座古刹尚有前后五进、院落10个，有钟楼、鼓楼各一幢，殿宇房室40余间。

现在的禹王宫仍存有庙舍三进，前院左右为清道院和纯阳道院。穿道西侧的长春道院，有苍龙阁，院中松竹滴翠，古朴幽静。穿堂的客厅是供游人休憩品茗之处，左右耳壁上还留有元、明、清时代的碑刻。穿过穿堂即是禹王宫，道旁香火寮，建于明神宗万历四十二年

(1614 年)。前进禹王殿神龛中供奉大禹彩塑巨像，皋陶、伯益侍卫两旁。这样将禹、道合祀，供奉于一宫，别开生面，实属罕见。

后进为启母殿。两殿中有古银杏树，古树盘根虬枝，历尽沧桑，虽遭雷击而焚，但仍存活，残干中又长出丈余高的楮桃树，称为“树中树”。相传此树为大禹娶涂山氏女时手植，又说为禹会诸侯于涂山时封的神树。树龄究竟几何，难以确定，唯有古谚相传：“先有树，后有山，禹王问树几千年。”诗人苏轼、黄庭坚登临涂山时，曾经写下“山外有山都如画，树中生树不知年”、“老树参天欲化龙”的诗句。

庙西南有启母石，宛如妇人危坐远眺。相传大禹治水，13 年内三过江淮不回家。启母朝思暮想，登山望夫，竟化而为石。

西院北隅还建有瞭望台，可一览长淮西来，涡水北汇，天河东至，可远眺茨河、茨淮新河、北淝河，怀远、蚌埠、固镇、凤阳、蒙城、淮南境内的远近山色，也皆在视野之中。

历代文人名宦如曹丕、狄仁杰、柳宗元、欧阳修、黄庭坚、梅尧臣、吴文魁、苏轼、苏辙、宋濂、邓石如等，均来此游览凭吊，并留下大量诗文铭刻。由清人题刻的苏轼《濠州七绝·涂山》仍珍藏于庙壁中；邓石如的“旷览平城”摩崖题字，仍清晰可见。

此外，淮河两岸的人们每年都会举行大型的祭祀活动以缅怀大禹，以纪念他治水的丰功伟绩。

白乳泉何以得名？

白乳泉位于怀远县境内，属涂山—白乳泉风景区。白乳泉背依荆山，面临淮水，与卞和洞以谷为邻。周围峰峦叠翠，榴林似海，绿树掩映，芳草如茵，是远近闻名的天然佳境。

白乳泉原名白龟泉，相传唐贞元年间，泉内曾有白龟流出，因此得名。宋元祐七年（1092 年），诗人苏东坡与其二子苏迨、苏过自河南赴杭州过此，见泉水奇特，遂改今名，誉此泉为“天下第七泉”，

▲ 白乳泉

并留下《游涂山荆山记所见》诗："荆山碧相照，楚水清可乱。刖人有余杭，美石肖温瓒。龟泉木杪出，牛乳石池漫……"

清光绪年间，乡绅李少五于泉南建大仙庙。嗣后，崇奉道教的"师吕道人"宫尔铎弃官归故里，拆大仙庙建吕祖殿，隐居于此。1924年，安徽督军马联甲赴亳禁烟经过此地，捐款于泉西北方建望淮楼。望淮楼为两层木结构敞厅式建筑，每当初夏雨晴，游人乘兴登楼，细品名茶，极目远眺，长淮帆影点点，景色秀丽，令人神往。

楼上还留有历代文人墨客的名联，其中岭南廖康健联云："片帆从天外飞来，劈开两岸青山，好趁长风冲巨浪；乱石自白云中错落，酿得一瓯白乳，合邀明月饮高楼。"泉旁曾有黄庭坚、赵子昂、陈宏寿等书法名家的碑刻。1965年，郭沫若为"白乳泉"、"望淮楼"题字。楼的东南向还建有步云亭。

白乳泉泉眼位于"纯阳道院"的中央，径不过斗，四时不竭，泉上有千年古榆如伞遮盖。炎夏盛暑，游客至此，荫翳蔽日，清幽宜人。经水质分析，此泉水内多含矿物质，表面张力大，烹茶煮茗，芬芳清冽，甘美适口。茶水倾注杯中，能突出杯面一米粒厚而不外溢，且能浮起硬币，游人观赏，无不称奇。亭右有"双烈祠"，是为纪念辛亥革命"黄花岗七十二烈士"中怀远籍烈士宋玉琳、程良而建造的。祠上建有半山亭，原名梅风亭，内有著名书法家林散之先生手书"天下第七名泉"碑。

白乳泉内，还有洞天福地、三皇庙、大圣寺、吕祖圣殿、幽静山庄、大禹雕像等景点。

和氏璧采自何处？

卞和洞，又名抱玉岩、抱璞岩，位于荆山东麓，相传为春秋楚人采宝玉和氏璧处。卞和得玉献楚厉王，王以为石，刖其左足；后献武王，又以为妄，刖其右足；文王即位，卞和抱璞而泣，王命工匠琢之，果为价值连城的宝玉，遂名和氏璧。

卞和洞为天然卵形巨石横嵌竖架叠成，石表苔痕斑驳。洞内宽广如屋，可容数十人，岩壁有“青螺石帐”4字，有明朝御史李循义手书《泣玉论》等题刻。洞口有明建古亭，额题“抱璞亭”。洞上有白云堆，即卞和采玉处，又称“采玉坑”，坑内白石晶莹，传为卞和得玉处。下临濯玉涧，传为卞和获宝濯洗尘垢之处。上有瀑布下泻，曲径径流入淮。附近还有仙桃石、凤凰池、莲花池、三仙避雨石等胜景。昔日有梓童阁，旧藏唐宋以来诗文碑刻，今遗址尚存。唐人胡曾有诗咏道“空山落日猿声叫，疑是荆山哭未休。”

你知道有“天下第四泉”之称的灵泉吗？

圣泉，又名“灵泉”，位于禹王宫西侧山腰处，有“天下第四泉”之美誉。相传，大禹率领众人治水于涂山，劈山导水，饥渴难耐，河蚌仙子圣珠、灵珠姐妹两人有感于大禹为民众兴利的精神，就一头扎进了山中，化作两股清泉。千百年来，悬于深涧上端的圣泉，四时不涸。清凉甘洌的泉水自岩罅缓缓流出，晶莹澄澈，色如琥珀，甘美如饴。圣泉周围树木萧森，怪石骈立，环境险奇幽谧。若值皓月当空、月映明泉之时，尤为清澈绝俗，令人叹为观止。

明代宋濂游涂山时曾于《游涂荆二山记》中云：“微径入灌莽，抵岩罅，储泉一泓，味甚甘，复以茅茨，曰圣水亭，取水以禜雨多验。”由此可知，圣泉之名的由来，系因“遇旱祷雨泉边辄应”的缘故。故“圣泉”又别名“灵泉”。据《嘉庆怀远县志》载：“涂山西岩有圣泉，旧志云：一名灵泉。”

泉上摩崖石刻“圣泉”二字，相传为宋苏东坡偕爱妾与二子游涂山时亲笔所书。其旁“灵泉”二字，传为宋濠州太守刘仲光朝觐禹庙，于泉畔祈雨时题刻泉池旁。宋代建有祈雨祠，元代复建圣水亭，均为旧时地方官员旱时祭天祈雨之所。

张公山因谁而得名？

张公山公园位于蚌埠市禹会区，占地56.6公顷。此园依山傍水，景色秀美，风光旖旎。公园因张公山而得名，据《怀远县志》记载，明嘉靖年间，一张氏官人致仕后退居山南，后人即将此山称作张公山了。

张公山海拔71.2米。清朝时，在山顶建有寺庙，最初名为“寺山庙”，后改为“中岳庙”，再改为“观音庙”。由于庙基南高北低，故又被称为“倒坐观音庙”。一年一度的初春庙会，八方香客来聚，盛况空前。现山顶上高耸着高达37.5米的望淮楼，可登高眺望滚滚东流的淮河。

山上高大的红枫、国槐、芙蓉，以及桉、柳、榆、松等各种树木蔚然成林。山的东面有“化陂湖”，湖畔建有苏州园林风格的园中园。园内花木扶苏，池泉喷涌，内有海棠亭、玉兰厅两座水榭，是游人休憩、观景的理想之所。山的西面建有功能齐备的大型儿童乐园和动物园。

明代开国功臣汤和葬在何地？

汤和（1326～1395年），濠州（今安徽凤阳）人，明代开国名将，小时候与朱元璋一起放牛嬉戏，后辅佐朱元璋南征北战，功勋卓越，封信国公，死后追封东瓯襄武王，其墓也称东瓯王墓。

汤和墓，位于蚌埠市东南郊龙子河东岸，曹山南麓，距离市区

2千米，占地2万多平方米。这里山清水秀，环境清幽。墓前神道长225米，两侧有石雕甲士、文臣和石狮、石羊、石马、牵马武士。雕像浑朴传神，技法练达，线条流畅。神道前竖立一块高达6.3米的石碑。墓室为大型单券式砖石结构，分前、后两室。前室有壁龛二，后室置一棺。墓室曾被盗，但仍出土一批颇有价值的文物，如陶瓶、木俑、白瓷罐、金银首饰、酒器、餐具、玉片、琥珀珠等。其中青花瓷罐，造型优美，花纹秀丽，瓷质精细，为罕见明瓷珍品，国家一级文物。汤和墓今纳入蚌埠龙子湖公园。

锥子山森林公园有哪八大景、八小景?

锥子山森林公园，位于蚌埠市市郊，北临淮河，东、西、南、北面群山环绕。锥子山最高峰海拔97米，山上林木茂盛，景色优美，自古有八大景、八小景之说。八大景为玲珑塔、龙凤桥、石屋、石门、古银杏、乳泉、点将台、仙人床；八小景为飞来石、蟒石、鹦鹉石、老虎石、楼石、灯座石、石坛子、无意井。这些景观都有着来历和古老的传说。

▲ 锥子山

每年何时在栖岩寺举行庙会?

栖岩寺，坐落在蚌埠市锥子山森林公园内，位于锥子山西峰南侧。该寺始建于汉代，因其佛殿、僧堂、经阁采用白色石块建于山岩之上，故称栖岩寺，俗称白马寺。寺庙前、后大殿各三间，东、西廊房各四间，院内有藏经阁一座。殿内塑有观音菩萨、送子观音、如来佛、十八罗汉等。后寺庙毁于历代兵事。明初，朱元璋派人重修，有大雄宝殿、僧堂、经阁、塔院等，并列为凤阳龙兴寺下院。

栖岩寺庙会盛况空前。每年农历二月十九日，邻近各县的民间戏班子、花鼓灯班子都赶来演出。善男信女摩肩接踵，拜佛进香，观灯游玩，游山观景，人山人海。庙会盛期时可连续举办20多天甚至1个月有余。

皖北最大的湖是哪个湖？

沱湖，位于五河县沱湖乡境内，距离县城约10千米。它是皖北的第一大湖，素有水乡之称，为省级自然保护区。6万亩水面碧波荡漾，其水质较少污染，湖底较平坦，正常水位最深处为3米，盛产螃蟹、鱼虾、野鸭，鱼类有桂鱼、鲤鱼、白鲢、黑鱼、银鱼、黄琼等。

沱湖中还有一小岛，称为“封侯岛”。传说乾隆皇帝三下江南期间，行船至五河口一带，突遇大风，龙船顺风行至城西沱湖边，风帆折毁，乾隆帝命随从到岸上找人修帆，随从找到正在湖边避风的渔民李二憨，李见其是龙船，不敢怠慢，两手抱住桅杆，猴般“嗖嗖”爬上杆顶，乾隆随即赞曰：“真乃猴也。”没想到李竟顺杆儿滑下，跪倒叩头：“谢主龙恩，封我侯爷。”乾隆一愣，缓过神来后，觉得皇帝是金口玉言，虽然是谐音，可金口一开，也不好再做解释，只得让李二憨白白地就拾了个“侯爷”当，但乾隆规定，李二憨只有侯爷的名分，并不享受官禄，并当即赐黄金50两，留其在岛上颐养天年。根据清嘉庆六年（1801年）所修的县志称，“乾隆船停在庙西北一百七十丈余嘴外也”。据考证，当时城西确有一座庙，名曰七里庙，在今沱湖村东首，以此测量“一百七十丈余”，正是浍光码头处小岛，后人称之为“封侯岛”。

“十面埋伏”、“四面楚歌”、“霸王别姬”这些成语典故源于何处？

2000多年前，在我国历史上著名的楚汉战争中，曾发生过一场决定性的重大战役，即轰轰烈烈的垓下之战。当年的古战场就位于现在固镇县濠城的沱河南岸的垓下一带。

公元前202年，韩信用“十面埋伏”之计，把楚霸王项羽的10余万大军重重围困在垓下，楚营以河为屏障，堆土为营垒，深堑拒敌。刘邦率数十万汉军四面包围，展开决战攻势。汉军夜唱楚歌，楚卒相继亡去，羽闻之，疑汉已得楚，帐中饮酒，慷慨悲歌：“力拔山兮气盖世，时不利兮骓不逝。骓不逝兮可奈何，虞兮虞兮奈若何！”爱妃虞姬深明大义，遂伏剑自刎，留下了“霸王别姬”的千古绝唱。项羽见大势已去，夜率800子弟垓下突围，败至乌江，自觉“无颜见江东父老”，遂乌江自刎，年仅31岁。

因此，随着这场大决战的结束，“十面埋伏”、“四面楚歌”和“霸王别姬”等成语典故也就产生并流传下来了。

垓下之战，是楚汉相争中决定性的战役，它既是楚汉相争的终结点，又是汉王朝繁荣强盛的起点，更是中国历史上具有里程碑意义的转折点，它结束了秦末混战的局面，统一了中国，奠定了汉王朝四百年基业；因其规模空前，影响深远，被列为世界著名古代七大战役之一，有“东方的滑铁卢”之誉。“垓下遗址”即古战场遗址于1986年经安徽省人民政府批准为省级重点文物保护单位。

安徽省迄今所发现的规模最大、葬式规格最高的汉代石墓位于哪里？

濠城1号汉墓是安徽省迄今所发现的规模最大、葬式规格最高的汉代石墓，对研究我国古墓葬有着重要的考古价值，蕴藏着我国汉代丰富的器物文明和精神文明。

濠城1号汉墓位于濠城镇濠城村境内，经初步考证，为东汉中晚期石墓葬，距今已有1800多年。出土玉器、瓷器、青铜器等各种汉代典型陪葬品20余件，其中镇墓兽青铜麒麟，工艺精致，形态可人；各式玉佩、玉璧，晶莹温润，造型优美，展现了高超的加工技术，蕴藏了丰富的历史文化信息。

1号汉墓为平地造墓，堆土而封，全石结构，虽历经千年风风雨雨，墓底石仍平坦如砥，四周排水沟错落有致；墓墙石壁立如削，条石与条石叠压紧密，间隙不可入刀；墓底石板上多处刻有文字和图案，其文字清晰可辨，篆隶手法，古拙苍劲，入石三分。

梁武帝为什么造浮山堰？

浮山位于寿春下游约120千米处，浮山峡位于五河县境内，它与寿春地势相差8～10米，是淮河上的第三个峡，控扼淮河中游水系的天然咽喉，宽近千米，南靠浮山，北靠潼河山，西北有沱河、浍河、石梁河等支流汇入淮河，北岸地势平缓，分布着香涧湖、沱湖、天井湖等大小湖泊。

南北朝时南梁和北魏之间在淮河流域经常发生争战。梁天监十三年（514年），梁欲夺取战略要地寿春（今寿县）。北魏当时在寿春驻有重兵，城池坚固，强攻不宜。但其防守上有一致命弱点，即其城池低洼，挡不住水攻。一个叫王足的北魏降将，向梁武帝献计在浮山作堰，壅淮水以灌寿春。梁武帝欣然同意并派出太子右卫康绚任总指挥，征调约20万人在钟离修筑浮山堰，用以阻断河流。在施工过程中，更是强征暴敛，短短一年时间，20余万役夫和80%左右的士兵都付出了生命的代价。

浮山堰建好后，寿春城即被水围困，对北魏军造成了极大的威胁，魏军被迫弃城退至八公山驻扎。淮河也被切成两段，上游水位不断上涨，开始威胁到下游地区。梁军故意向魏军宣传，称梁军不怕打战，就怕有人把水放掉。魏军中计“果凿山深五丈，开湫北注，水日夜分流”，这样，浮山堰蓄水大堤就有了两条泄洪道，这在我国水库建设史上算是最早的。

由于有了两条泄洪道泄水，汛期 4 个月浮山堰没有溃堤。但泄洪能力还是远远低于淮河上游洪水的来量，又因浮山堰是土坝，坝顶不能过水。梁天监十五年（516 年），浮山堰终究被汹涌的洪水冲垮，几百亿立方米的积水倾泻而下，下游淮扬境内均被淹没，梁十多万民众死于非命，财产损失无数。这样，梁武帝想建浮山堰以图谋进攻敌人开始，却以害己而告终。

值得一提的是，浮山堰的工程在当时是举世无双的。浮山堰拦河大坝长 4.5 公里，底宽 470 米，顶宽 150 米，高 70 米，深约 65 米。堰顶，在上、下游两侧各筑一道子堤，子堤上遍植柳树。浮山堰的拦河大坝之长是当时屈指可数的，筑子堤可节省大量土方，栽植柳树可以固堤，防止水土流失。上游子堤还具有防浪的作用，这是我国大坝工程中最早建起的防浪墙，在世界和中国科技史上写下了重要的一页。

严小姐是朱元璋的元配夫人吗?

严小姐墓，位于五河县小溪镇的化明堂东南 500 米处，占地面积约 1500 平方米。该墓现存神道 30 米，12 尊石羊、石虎、石马、文臣武将、华表石柱，呈对称状分立于神道两侧，增添了墓地的尊严。那里还建有一个高达 3 米多的墓碑，碑顶以凤凰和祥云图案装饰，栩栩如生。

该墓建于明洪武五年（1372 年）。《凤阳府志》有这样的记载：“严小姐坟在花园湖东肥山下，有石人石首而无碑碣。”据当地人说，严小姐为明太祖朱元璋元配，未婚而卒，太祖即位后赐厚葬。

相传严氏祖籍明光，后迁至五河，定居小溪镇南化明塘附近，家族渐旺，家境殷实。由于勤劳敦厚、和睦乡邻，很受赞誉，因此严氏的居所被称为“严家楼”，该地也称为“严家洼”。严小姐是严家的掌上明珠，知书达理，成为远近闻名的大家闺秀。元至正十二年（1352年）朱元璋投奔反元义军郭子兴。在一次交战中，朱元璋不幸负伤被元军追赶，逃至严家楼已体力不支。严小姐急中生智将朱元璋藏在箩筐下，自己坐在上面若无其事地绣花，帮助朱元璋逃过了劫难。严家人知道后虽然很生气，但考虑到怕被元军查到惹来杀身之祸，也怕传出去对女儿名声不利，勉强把朱元璋留在家里养伤。慢慢地，朱元璋和严小姐相互吸引，严家也就同意了将女儿许配给他。朱也同意了这桩婚事。朱离开时，对严小姐发誓，他日打下江山定当迎娶。1368年，朱元璋经过16年的浴血奋战，终于在南京登基，开创了大明江山。而严小姐自朱元璋走后终日以泪洗面，虽知道了朱元璋已登基，却一直不见迎亲的队伍，抑郁而终。

朱元璋待江山稳固大业稳定时，想起了严家的婚约。得知严小姐苦苦守候抑郁而终，心中无比悲痛。只能大赐严家，并将严小姐按一品夫人规格厚葬。因严小姐并无名分，所以正史和墓碑都没有记载，且因为严小姐未婚而卒，在碑刻上只刻了凤鸟一只。现在能见的只是一座单凤碑额的无字碑。

花鼓灯为何被誉为“东方芭蕾舞”？

花鼓灯，兴起于明代，后流行于以安徽蚌埠、淮南、阜阳、亳州为中心，辐射到安徽、河南、山东、江苏四省20多个县的整个淮河流域。花鼓灯是以舞蹈为主要表演形式的综合性艺术，它有舞、有歌、有锣鼓等打击乐演奏、有情节简单的小戏，场面热烈，民间喜庆风味浓郁，被誉为“东方芭蕾舞”。现已列入中国非物质文化遗产名录。

花鼓灯角色繁多，分工细致，主要演员有“腊花”（亦称“兰花”）和“鼓架子”。女角色一般统称“腊花”，是演出的核心成员；男角色一般统称“鼓架子”。花鼓灯班子的艺术人员构成一般有锣鼓队、演员、灯头、灯混子。花鼓灯的演出分为“开场”、“上盘鼓”、“中盘鼓”、“地盘鼓”、对唱、后场小戏等几个部分。

舞蹈是花鼓灯的主要构成部分，舞蹈中包括“大花场”、“小花场”、“盘鼓”。“大花场”是集体表演的情绪舞；“小花场”是“鼓架子”和“腊花”的双人或三人即兴表演的有人物和情节的小舞剧，是花鼓灯舞蹈的核心部分；“盘鼓”则是舞蹈、武术、技巧表演相结合又具有造型艺术特征的表演。

歌唱部分统称灯歌，多在“大花场”、“小花场”中间由“鼓架子”和“腊花”对唱或独唱，可长可短，即兴性强。

花鼓灯锣鼓是花鼓灯中极为重要的组成部分，包括场面锣鼓和灯场锣鼓，具有情绪热烈奔放、节奏形式多变、明快紧凑、感染力强等特点。场面锣鼓可独立存在，单独演奏；而灯场锣鼓则与花鼓灯的舞蹈和小戏表演融为一体，起伴奏和渲染情绪的作用。

微雕世家“杨氏徽雕”的传人是谁？

微雕被称为“鬼工技”，上至帝王下至庶民无不喜爱。蚌埠“杨氏微雕”集书法、绘画、雕刻于一体，巧夺天工，堪称中华绝技。

“杨氏微雕”一脉相承，系杨大可、杨其鹏、杨洋一家三代人不同时期微雕艺术作品的统称。杨大可（1926～1990年），杨氏微雕的一代宗师，曾任第七届全国人民代表大会代表、农工民主党中央委员、安徽省政协常委、蚌埠市书法家协会主席。其微雕绘画，造型准确精当，无论是人物、山水、花鸟、虫鱼、走兽皆栩栩如生，灵而有性；其微雕书法，飘逸潇洒。金石篆刻，刚劲有力。可谓书画兼工、技艺全面、风格独特。

杨其鹏，杨大可之子，工艺美术大师、高级美术师、安徽省政协委员、自幼师承其父杨大可，刻刀可直接运刃于珍珠、黄金、人发、瓷器、象牙、紫砂和各种玉石上施雕。其发雕作品还创造了多项世界吉尼斯纪录。

杨洋，杨其鹏之女，其微雕艺术作品别有佳趣，刚一出道，就已初显超越父辈的天分。2004 年，杨洋和父亲杨其鹏的象牙微雕作品被中共中央办公厅、毛主席纪念堂收藏。纤纤素手，玉笋刀笔，小荷初露，已成大观。

五河的“水三鲜”指的是哪三鲜？

蚌埠的五河县，自然条件优越，水资源非常丰富，有“五河五条河，淮浍漴潼沱”之说，这也是五河县名的由来。

沱湖的螃蟹、淮河的大虾和天井湖的银鱼，久负盛名，不仅产量大，其品质还属同类水产中的上品，被誉为“水三鲜”。

淮河的大虾，体姿健美，壳枵肉鲜，其色米黄，晶莹透明，籽多透鲜。

天井湖的银鱼更为珍贵，形似银针，全身洁白无瑕，犹如纯白玉，金丝眼圈，闪闪耀目。此鱼无刺，无腥、肉质鲜嫩，味鲜无比。被誉为银鱼中的珍品，常吃还益于长寿。

但由于近年来的环境污染以及滥捕滥捞，淮河的大虾、天井湖的银鱼近乎绝迹，唯独沱湖的螃蟹每年近 100 吨销往上海、南京、欧美及东南亚等地市场，闻名海内外。

沱湖螃蟹现年产量达 150 吨以上，成为沱湖的龙头和特色产业，养殖面积和产量位居皖北之首，沱河当地有一句俗语叫“吃蟹饭、住蟹房、娶蟹婆、嫁蟹郎”，螃蟹养殖在沱湖经济发展中的作用可窥一斑。沱湖生产的清水大闸蟹选用正宗的长江系中华绒螯蟹苗，个大、肉嫩、黄多，具有膏丰肉满、味道鲜美、营养丰富的特点。

据说民国早年，北京四大名医之一的施今墨是个有名的品蟹美食家，他把各地出产的蟹分为六等：一等是湖蟹、二等是江蟹、三等是河蟹、四等是溪蟹、五等是沟蟹、六等是海蟹。沱湖的螃蟹当属一等湖蟹中的极品。它所含的水分少，蛋白质、脂肪质、碳水化合物和维生素 A 等营养成分特别丰富。据专家测定，每100 克沱湖蟹肉中含蛋白质 15 克，铁 14 毫克，核黄素 0.72 毫克，维生素 A 5970 国际单位。

怀远石榴为何称雄天下？

怀远石榴产于荆、涂二山。汉代时已有栽种，驰名于唐代。明朝嘉靖年间（1522～1566 年），巡抚御史张惟恕曾游怀远留《九日登山》诗曰：“泉水细润玻璃碧，榴子新披玛瑙红。”（玛瑙红即指怀远石榴名品红玛瑙）。

“怀远石榴”以皮薄、粒大、味甘甜、百粒重、可食率高、含糖量高而著名。其原因与石榴产地系山坡黄土花岗岩风化后微酸性土壤有关。现在怀远石榴品种已发展到 13 个，分白花和红花两大类。白花只有白石榴一种，白花、白实、白粉，名为“三白石榴”。红花分青皮、粉皮、观赏三大类。全国石榴有五大名贵品种，其中以怀远玉石籽石榴为最佳。另外，怀远的“红玛瑙”、“铜皮糙”、“火葫芦”等石榴品种也很著名。怀远石榴曾做贡品，“玉石籽”的“玉”，就是从“御”字演变而来。“怀远石榴”除可食用外，还可制糖、果子露、果丹皮，亦可酿酒、制染料、治痢疾、驱蛔虫。

淮 南 市

你知道淮南市吗？

淮南市位于安徽省中北部，横跨淮河两岸。市辖六区一县，总面积2121平方千米，人口210万。

淮南市历史悠久，英才辈出。殷周时为淮夷所居，属洲来古国；春秋战国时，先后为蔡、楚两国都邑；西楚汉初，又为九洲国和淮南国国府。西汉初期，汉高祖刘邦之孙淮南王刘安在八公山上招贤纳士，讲经论道，编著了名篇《淮南子》。历史上著名的以少胜多的战役——淝水之战发生在淮南八公山地区。另外，战国名将廉颇、楚国名相孙叔敖、宋太祖赵匡胤、大诗人谢朓、李白、王安石、苏轼等都在这片土地上留下了足迹和动人的诗篇。

现在的淮南是座欣欣向荣的能源城市，矿产资源丰富，主要是煤、磷、石灰石、白云石等，尤其是煤炭储量占华东地区32%，是中国十大煤田之一。依托全市丰富的资源，淮南市正在建设三大基地（全国亿吨煤基地、华东火电基地、安徽煤化工基地），办好一大园区（淮南经济技术开发区），发展六大产业（煤炭电力、化工医药、机械电子、建材冶金、纺织服装、轻工食品），逐步建设成为经济繁荣、人民富裕、科技进步、社会文明、生态和谐、环境优美的现代化山水园。

春申君陵园中的“春申君”是何许人?

春申君陵园，位于淮南市谢家集区李郢孜镇境内。陵园背山面水，北靠八公山山脉的赖山，南邻瓦埠湖，距李郢孜镇政府50米。1979年10月，安徽省考古队对春申君墓进行了考察，1992年为春申君墓立了碑，2000年动工兴建“春申君陵园”，同年正式对外开放。其封土高19米，底径87米，占地总面积7000平方米。春申君，战国时楚国人，姓黄，名歇，在楚考烈王时期（前262～238年）为楚国令尹（相国），封号春申君，赐地淮北十二县，后改赐江东（今江苏、上海一带）。黄歇博学多闻，能言善策，为楚相期间施仁政，重农商，强兵革，功绩卓著，与齐孟尝君、赵平原君、魏信陵君并称战国“四君子”。公元前238年，楚考烈王去世，黄歇被李园谋害，葬于谢家集区李郢孜镇境内。

“淮南王刘安”你了解多少?

淮南王刘安是老淮南王刘长之子，汉高祖刘邦的嫡孙。刘邦死后，吕后专权，一批大臣被送上断头台，刘邦的儿子也一个个倒在血泊中。等到吕后死时，刘邦的8个儿子只剩下刘恒和刘长2人，刘恒被立为帝，即汉文帝。刘长被封为淮南王。后又因汉文帝的猜忌，蓄意铲除淮南王刘长，于是罗织刘长“不用权法”，废其王位，发配四川。刘长在流放途中绝食而死。汉文帝后分封刘长四个儿子为阜陵侯、安阳侯、阳周侯、东城侯。当时他们只有四五岁。汉文帝十六年（前164年）四月，刘安以长子身份袭封为淮南王，定都寿春，这时刘安年仅16岁。

饱经世态炎凉的刘安与其性情勇武刚烈的父王性格志趣截然不同。《史记·淮南王传》说：“淮南王为人好读书鼓琴，不喜弋猎狗马驰骋。”刘安一门心思用在研究整理先秦典籍上，企望从中获得修身养性之本。他广招天下贤士，在八公山上设坛求道，著书立说。

淮南王及其门客所著的《淮南子》综合了先秦至汉初诸子百家的学术观点和科学研究成果，内容渊博，集中体现了“无为而治”的道家思想。西汉王朝在窦太后去世后，董仲舒等人“提出“罢黜百家，独尊儒术”，开始全面实行文化专制主义。显然，淮南王刘安奉行道家思想是他们所不能相容的，于是厄运降临了。公元前122年，刘安被诬蔑“叛逆”的罪名，饮恨自杀。刘安在位43年，享年58岁。

你知道豆腐是谁发明的？

豆腐是中国民间美食之一，明朝李时珍在《本草纲目》中说：“豆腐之法，始于淮南王刘安。”古书记载，刘安是汉高祖刘邦的孙子，建都于寿春（即今寿县），招宾客、方士数千人，其中较为出名的有苏飞、李尚、田由、雷被、伍被、晋昌、毛被、左吴八人，号称“八公”。刘安常在八公的陪伴下，炼长生不老之灵丹妙药，不想炼丹不成，反以黄豆、盐卤（又有说石膏）做成豆腐。关于豆腐的诞生，民间有一个很有趣的故事。据说当时八公山的民众喜欢用珍珠泉的水，磨成豆浆作为饮料，刘安每天早上也会喝一碗豆浆。有一天，刘安端着一碗豆浆，在炼丹炉旁看得入神，忘了手中的豆浆碗，手一撒，豆浆泼到了炉边一块白色配料上，不一会儿那块白色的配料不见了，洒落的豆浆变成了一摊白嫩嫩的东西，于是历史上第一块豆腐就这样诞生了，至今淮南民间仍流传着一句“刘安做豆腐——因错而成”的歇后语。

豆腐起源于八公山而传遍全国，而论细白鲜嫩的美质，八公山豆腐仍为第一。究其奥妙有三：一是八公山豆腐制作选用的是当地优质矿泉水，这是其他任何地方的水不可替代的；二是八公山豆腐制作手艺精到，精确地掌握从滤浆到点膏的工序；三是八公山豆腐采用的是寿西湖上品的大豆原料。

你知道"一人得道，鸡犬升天"这一典故的来历吗?

西汉时，八公山属淮南国，汉厉王之子、汉武帝的皇叔刘安被封为淮南王，刘安尚文重才，广招天下贤达饱学之士3000多人，其中最为刘安赏识的有八位：左吴、李尚、苏飞、田由、毛被、雷被、伍被、晋昌，统称为八公。刘安与门客常在八公山中著书立说，研究天象，编制历法，冶丹炼沙。相传一日，刘安与八公炼成仙丹，服食后得道成仙。《太平寰宇记》中就有记载："昔淮南王与八公登山埋金于此，白日升天。余药在器，鸡犬舔之，皆仙。其处后皆现人马之迹，犹在，故山以八公为名。"这也是典故"一人得道，鸡犬升天"的出处。

你知道八公山——淝水之战古战场吗?

▲ 八公山

八公山，位于安徽省中部、淮河中游，由大小40余座山峰叠嶂而成，面积达200余平方千米，主峰海拔241.2米。

八公山历史悠久，古称北山、淝陵、紫金山，因相传西汉淮南王刘安与八公在此学道成仙的神话，改今名。

八公山作为"中州咽喉，江南屏障"，历来是兵家必争之地。4世纪，我国南北分裂，战争纷繁，北方先后建立18个小国。4世纪60年代，前秦逐渐强大起来，苻坚继承前任帝位的近20年来，先后征服了北方10多个小国。383年8月，前秦凭借着其强大的经济军事实力发兵百万，大举进攻偏安长江下游的东晋。苻坚亲率百万大军，水陆并进，东西万里，旗鼓相继，对于弱小的东晋似乎势在必得。然而他的骄傲轻敌受到了东晋将士的沉重打击。东晋在名将谢石、谢玄的带领下，巧妙地运用了心理战术，创造了我国战争史上为数不多的以少胜多的著名战役——淝水之战。东晋将士仅用了两个月的时间，战胜了十倍于己的敌人，前秦百万军队惨败退回到长安只剩下十余万人，这其中一条非常重要的规律就是“得道者多助，失道者寡助”。

八公山风景名胜区有哪些名胜古迹？

八公山是国家地质公园、国家4A级旅游景区、安徽省风景名胜区。

八公山丰富的自然资源可用“林密、石奇、泉古、水秀”八个字来概括。这里地质资源丰富，由于流水剥蚀、溶蚀、风化作用，裸露的石灰岩体流纹深刻，造型生动，似微缩的“锦绣河山”；“皖北石林”绵延数平方千米，十分壮美。淮南虫和淮南生物群古化石区保护良好。这里有面积达十余平方千米的天然次生林，植被保护良好，乔木高大，树种繁多，山林茂密。还有石门潭、南塘湖等山水胜境，以及载入《水经注》及地方志中的洗云泉、岚香泉、泌月泉、玉露泉等名泉十余处。

八公山历史文化内涵深厚，人文景点主要有淝水之战古战场、汉淮南王宫与升仙台、青琅轩馆、忘情谷、白塔寺等。

出过状元的青琅轩馆在哪里？

青琅轩馆，俗称孙家花园，是寿州孙蟠建造，位于白鹗山下，原

址面积约66000平方米，是八公区风景名胜之一。孙蟠，清乾隆年间贡生，历任广西南宁知府、浙江按察使，著述颇丰，后任修史官，固不愿妄述史志，辞官归里，选择风景幽美的白鹗山下建造了“青琅轩馆”，种植花木，习练书法，修身养性，颐养天年。青琅轩馆分为上花园、下花园、青竹园三部分，以环境幽深著称。清末状元、中国最早的大学——京师大学堂的开办者孙家鼐小时候曾在青琅轩馆刻苦攻读。

忘情谷为何令人忘情?

忘情谷，位于八公山腹地，与青琅轩馆相邻。谷长2.3千米，呈东北—西南走向，九曲回环，盘旋而上，谷涧落差160多米。据传，孙蟠在修建青琅轩馆后，读书习画，寄情山水，忘世间烦忧，见此谷清幽可人，遂于谷中一巨石上书刻“忘情”二字，因年代久远，原迹无可考。谷中有曲径小溪，水声淙淙，如歌如吟。峡谷两侧，古木参天，树生石中，石立谷边，石柱群生，奇形怪状。林间有奇花异草，鸟鸣蝶飞，为旅游休闲及避暑的胜地。

“石门潭”石刻是赵匡胤还是郦道元所书?

石门潭，位于八公山区王镇南塘村境内，那里“大石礌砢，类狞虬门”，是八公山的自然景观之一。据《凤台古志》载：“云条山、茵席山相峙为石门，两山交而中豁门。门高二十丈，西向南北，两崖相距十丈，中有潭，径十丈，深三尺，潭水终年不涸，漫流大石山。”临石门，峭壁凌空，直上云霄。迎面悬崖上，雕有“石门潭”三个巨字，苍劲挺拔；当地人传说是宋代开国皇帝赵匡胤兵困南塘留下的手迹；文史学家则说是北魏郦道元所书，理由是《水经注》中有洗云泉的记载：“洗云泉水洁，澈心骨，味甘洌，在珍珠、沁月之上。”洗云泉是石门潭的源头，郦道元勘察洗云泉必经石门潭。进入石门，便置身于“一线天”。过此豁然开朗，到了群山拥抱的一块盆地，石门潭的碑刻，洗云泉亭，裸露在簇簇的桃林之中。

你知道乐涧套的古生物化石堆积层吗？

乐涧套，俗称老涧套，位于南塘西 2 千米。三面环山，一面临水，山高林密，翠色醉人。1978 年后，考古学家在该地发现古生物化石堆积层。其沉积的植物化石有藻类、单叶及复叶等，随手可拾，拓开后植物的经络分明，各具姿态，图案像淋漓的水墨画。

你知道中国唐代六大名窑之一——古寿州窑吗？

古寿州窑是我国唐代六大名窑之一。陆羽《茶经》记载“（寿州）瓷黄色紫”，将寿州窑列为第五位。寿州窑，创烧于南朝陈，停烧于唐末，前后烧造约 400 余年。古寿州窑以中原文化为主，兼具南北方文化，并具有地方特色。器型主要有壶罐、碗、枕、注子、盂、玩具及建筑材料等，古寿州窑的瓷器胎体厚重，粗糙坚硬，呈黄白或黄红色。釉色以黄为主，表层有透明的玻璃质感，具有很高的艺术价值。

古寿州窑遗址主要分布在淮南市大通区上窑镇内，包括管嘴汶、高窑、医院住院部、松树林、车小湾五个保护区。中心窑址面积约 3 万平方米，总面积约 16 万平方千米。2001 年公布为全国重点文物保护单位。

你知道日寇侵略的罪恶证据——大通万人坑吗？

淮南以华东煤炭中心城市而闻名。日本侵略者在抗日战争期间，从 1938 年 6 月占领淮南煤矿起，到 1945 年投降，这 7 年间强迫 7 万中国劳工为他们挖煤。他们惨无人道地采用“以人换煤”策略，强迫矿工们日夜劳动，在非人的虐待下，许多矿工活活累死、饿死、病死、打死，死亡数万余人。堆积如山的尸体到了来年春天的时候气味难闻，日寇强令矿工们挖了3条长320米，宽和深都3米多大坑，将遍地的尸骨抛入坑内，再用石灰层层掩埋，形成了举世闻名的“万人坑”。

“万人坑”位于大通矿南，舜耕山北麓的南山脚下，作为全国重点文物保护单位的“万人坑”遗址，每年都有许多青少年学生前来参观，接受历史教育。在“万人坑”展览馆里的一件件刑具代表着屈死在日本铁蹄下无数矿工的冤魂，在向今天的人们讲述着中国矿工悲惨的遭遇；这些遗址上的血证都在诉说着同一个声音：前事不忘，后世之师！

你知道淮南的黑色黄金是指什么吗？

煤炭是淮南人引以为豪的黑色黄金。据勘测，淮南煤炭远景储量444亿吨，探明储量153亿吨，占华东地区的32%，占全国的19%。一批两院院士认定：淮南煤田是中国黄河以南、特别是中国东南地区资源条件最好的煤田，也是规模最大、最后一块整装煤田。

党中央、国务院历来看重淮南煤炭工业。新中国成立初期，淮南被列为全国五大煤矿之一。在此后岁月里，邓小平、江泽民、李鹏、胡锦涛、吴邦国等党和国家领导人先后视察淮南，对淮南的煤炭工业寄予重托和厚望。江泽民同志曾经三次视察淮南，并欣然题词：“发展煤电化，建设能源城。”

安徽省把淮南亿吨煤基地建设列入全省全面建设小康社会的战略目标。淮南建设亿吨煤基地条件得天独厚，一是淮南煤炭资源丰富，而且煤种以气煤为主，低硫特低磷，是优质的动力煤和炼焦配煤；二是水资源丰富，淮河贯穿矿区，过境水量大，且降雨、地下水补给资源理想；三是淮南矿区紧邻中国经济最发达也最具活力的长江三角洲地区，距南京、上海、杭州较近，又紧依铁路华东第二通道；四是淮南拥有三大火力发电厂，华东电网50万伏网架覆盖淮南矿区，拥有可靠的电力保障。

洞山公园因何得名？

洞山公园，位于淮南市区南面。山中有老佛洞，洞深不见底，据传与30千米外的凤台茅仙洞相通，古人称此洞为“淮南第一洞”，洞山也由此得名。占地面积为21.72平方千米，最高峰海拔215.5米，最低处仅为56米。公园包括电视台山、烈士纪念碑、老龙眼水库、泉山水库等，已建成景区面积为1.56平方千米。

舜耕山因何得名？

舜耕山，亦称舜过山、舜哥山，传说舜曾亲耕于此，故此而得名。舜耕山峰峦起伏，地形复杂，石、泉、洞、湖景色各异，尤以泉涌林茂著称。山洼谷地林木挺秀，绿影婆娑。舜耕山泉眼丰富，或积水成潭，或流水潺潺，或泉涌阵阵，有朱山南坡老泉眼为舜耕山第一涌泉，早年拦谷筑坝，已成现在的泉山湖，湖水清澈，终年不涸。

你知道淮南上窑森林公园吗？

上窑森林公园，位于淮南市东北部，它依托钟灵毓秀的上窑山水，横卧于美丽富饶的高塘湖之滨。公园以森林景观为主体。总面积10.4平方千米，是一座集生态旅游、人文景观、宗教信仰、度假休闲、科普教育、娱乐健身为一体的多功能省级森林公园。

山林中，自然人文景观相映生辉，名胜古迹浑然天成，有晋建雄伟壮观的“神山古刹”。“洞山寺”始建于明弘治年间，有“大雄宝殿”、“天王殿”、“观音殿”等庙宇甚多。有堪称一绝的古存八景：“奇峰障日”、“陡壁摩天”、“岩开斗石”、“仙人桥”、“仙人洞”、“王母滩”等。古联云“山林存八景毕竟是天然神妙，风月绝千秋到处皆画意诗情”。

新四军纪念林景区的景物有哪些象征寓意？

新四军纪念林景区，位于淮南市东北部的上窑森林公园，距市中心15千米，是一处集纪念、教育、休闲于一体的旅游景区。2002年10月，在淮南新四军历史研究会和中共淮南市委党史研究室共同倡议下兴建。

景区总面积43333平方米，整个林区被十字形道路分成四个部分。由于花果山顶与路面落差10米左右，主路设置37级踏步和5个平台，踏步数象征着抗日战争1937年爆发。在主路两边镶嵌着按时间顺序的新四军大事记和新四军著名将领的生平简介碑刻，顶部为20米×20米的中央平台，正面书写着“新四军精神永放光芒”九个大字，背面的新四军简介记述着新四军浴血奋战、抗日救国的光辉历程。毛泽东、刘少奇、周恩来等党和国家领导人的题词，著名战役，警世名言等碑刻，置于主路和“东进长廊”及“北上大道”两侧，供大家观赏、思索和遐想。

纪念林以树和碑相结合，以树为主，树以银杏和苍松翠柏相结合，广植银杏；银杏是长生树，有“活化石”之称，苍松翠柏，象征着先辈们的革命精神万古长青。该树林共栽植银杏千余棵，分为四种规格，30厘米左右的24棵，2、4寓意淮南市及周边地区曾经是新四军二师、四师战斗过的地方；24棵分为3组，每组8棵，寓意新四军是由浙江、福建、江西、安徽、河南、湖北、湖南、广东8省健儿组成，抗战8年，创建了8块根据地。此外，还栽有雪松，广玉兰、桂花以及蜡梅、红枫等名贵观赏树种，整个林区四季有花，常年有绿。新四军纪念林景区是一部碑、林结合的新四军历史知识宝库，是一处接受爱国主义教育的好课堂，是人们举行入党、入团宣誓活动的好场所。

卧龙山风景区有哪些景物？

卧龙山风景区，位于淮南市谢家集区境内，距市区 15 千米，总面积为 10 余平方千米。卧龙山风景区名胜古迹众多，自然和人文景观丰富，有龙窝泉、姐妹泉、元女泉、青石匣、御史碑、圣旨牌坊、千里坂子、跑鱼窝等 20 多处景点。景区有林木 80 余种，森林深处有狐狸、山鸡、画眉等珍稀动物。

卧龙湖位于中心景区，碧波荡漾、秀色宜人。湖边有金菊坡、古柏夕照、鳄鱼石、老虎洞、群羊求渡、平潭揽月等景点。沿湖两岸怪石嶙峋，它们好似姿态奇异、形貌怪诞的“精灵”，给人增添许多想象。青桐林位于卧龙湖北面，林子荫天蔽日，盈翠欲滴，高高耸立，为颇有名气的孙家花园下园子。孙家花园，为清末状元、寿州人孙家鼐叔父孙蟠归隐时于乾隆年间所建。长山与卧龙山隔湖相望。青石峡位于卧龙湖的东北面，峡宽约 3 米，长约 30 米，峭壁阴森，一块块巨石犹如天外飞来，叮咚的泉水不时从崖下滴落，余音绕峡，别有风韵。

你知道淮南市十涧湖湿地公园是如何变废为宝的吗？

十涧湖又名石涧湖，位于淮南市田家庵区与谢家集区之间的城市中心地段，汇流舜耕山系西端诸山来水成湖，与谢二矿采煤塌陷区相连通，下与淮河耿石涵相沟通，汇水区面积为 39. 2 平方千米。淮南市根据自然条件基础，模拟自然环境中的湿地，按照保护和开发利用相结合的原则，以湿地生态恢复为主，对十涧湖进行污水治

理，保护原有大面积湿生、水生植物，营造人工生态林，构建完善的湿地生态群落系统。并经过两年多的建设，将十涧湖建设成为具有独特景观风貌的城市湿地公园，成为淮南市城市整体景观体系中的重要组成部分。

你听说过佛道共享的圣地——茅仙洞吗？

茅仙洞，又名三茅古洞，位于淮南市凤台县三峰山（又称茅仙山）的中峰北麓，北距县城约 5 千米。它是一处寒武纪山洞，洞口小而腹深，洞中有洞，洞内白雾轻漫，颇多神秘景象。相传西汉景帝年间，陕西咸阳道士茅盈、茅固、茅衷三兄弟在此修炼得道成仙，故称“茅仙洞”。洞旁有道观，相传始建于唐代，三间三层歇山飞檐式，正殿供“三茅祖师”，后为佛、道两教传承圣地。历代名人杜甫、欧阳修、王安石等曾游览于此。

茅仙洞景区面积 16 平方千米，是淮上名胜风景旅游区。这里三面环水，淮河绕境而过。山中林壑幽美，佳树葱茏，花艳草丰；山下淮水如练，山石倒长，斜指南天；登高远眺，淮河唯此一段西流，而寿西湖、东风湖、焦岗湖三湖尽收眼底。

你知道淮河第一峡——峡山口吗？

峡山口，位于淮南市西部凤台县，距市中心约 30 千米。相传，这是大禹治水时开凿的山峡。峡山口两旁山峰连绵，滔滔淮水东流，遇八公山阻挡，在此折回倒流，将硖石劈为两半，夺路而下，形成淮河第一峡——峡山口，古称“硖石口”。峡山口是古代据险屯兵之地“淮上津要”，是淝水之战古战场之一。“硖石晴岚”为古来淮河胜景。硖石口分东硖石和西硖石。东硖石紧依三峰山，巍然屹立。西硖石以前为禹王山下一个悬崖，现已辟成小岛，中流砥柱，岛影如鼋，更为壮观。淮水沿八公山西南麓，浩浩而来，在此陡然向东折去，浩荡入海。站立淮水之滨，仰观石壁，峭似斧削。在东南崖壁上，宋咸淳年间寿阳夏松题《筑城记》尚可辨认。

禹王亭何时改名慰农亭？

慰农亭，在峡山口西硖石顶上。古称“禹王亭”，纪念大禹劈峡导淮之功。后经历代修葺，清光绪三年（1877 年）重修时改为“慰农亭”。现为四柱方亭、方形石柱、石栏，木顶结构，上有脊兽蹲立坐卧，下有兽面瓦当走檐。临河一面，以两只精美石雕镇水兽头作基础，上立青石柱一对，柱上方亭额横刻“慰农亭”三字，柱正面精工镌有光绪丁丑年凤台知县颜海扬亲题楹联一副，石兽栩栩如生，书体敦厚凝重。现为省级文物保护单位。

被称为“神字”的是什么摩崖石刻？

摩崖石刻《筑城记》，位于淮水之中的西硖石南角约 30 米的孤石峭壁上，石刻高 2 米，宽 1.5 米，字若碗口，八行，每行 12、13 字不等，为南宋所刻。全文 101 字，字体古朴苍劲，虽经年久剥蚀，但大部分仍可辨认。这是沿淮流域唯一的一处摩崖石刻，被当地百姓称之为“神字”。现为省级文物保护单位。

毛集农业生态旅游景区有何特色产品？

毛集农业生态旅游景区，位于淮南市西部的毛集社会发展综合实验区境内。该景区距淮南市区 30 千米。它是一处以观光为主的休闲、度假、体验农（渔）家生活、现代新农村展示、湿地和自然保护的综合类自然风景旅游区。

毛集农业生态旅游景区内有焦岗湖，水域面积40平方千米，有焦岗渔歌、万亩芦荡，千亩荷淀、大湖迷津、柳浪闻莺、平湖落雁、渔家乐、农家乐等景点；水域生态观光旅游项目有：轻舟观荷，芦荡迷津、水上飞舟、平湖垂钓、荡舟采菱等，还举办荷花节、赛渔舟、庙会等活动；主要旅游产品有咸鸭蛋、菱米、芡实和各种鱼类。

景区内有淮河民俗风情园、淮河风情民俗博物馆。每年的11月18号，毛集举办“淮河风情文化节”。

你知道淮南人民群众的“欢乐颂”——花鼓灯艺术吗？

1988年4月，在土耳其的安卡拉国际儿童艺术节上，凤台花鼓灯作为中国民间舞的代表之一参加盛会，花鼓灯艺术被国际舞蹈界人士称为“东方芭蕾”。

花鼓灯艺术是淮河两岸土生土长的一枝民间艺术花朵，它是劳动人民在劳动之余自娱自乐的一套具有较为固定的表演方法和技巧的歌舞艺术形式。自明代起，淮河两岸的凤台、怀远一带，民间就有比较原始的花鼓灯表演活动。历经数百年的风风雨雨，尤其是新中国成立以后，这种民间表演活动逐渐从田间地头、河滩场院走上了正规舞台。

代代相传的花鼓灯艺术经过历代艺人的综合提炼，特别是经过专业舞蹈表演艺术家和理论家的提炼整理和形体动作的规范化，音乐、歌唱曲谱固定化，使得今天展现在我们眼前的花鼓灯艺术不仅具有诗歌的韵味，同时兼容了歌唱、舞蹈、杂技为一体形成高难度的动作技巧，整个花鼓灯艺术升到了一个新境界。在剧目上，像表现农村青年男女恋情的《小花场》，表现青春少女赏春的独舞《春恋》，表现农民喜庆棉花丰收的集体舞《棉花新曲》、三人歌舞《拾棉花》，传统儿童喜剧《抢板凳》等几十个剧目享有很高的声誉。花鼓灯现已列入中国非物质文化遗产目录。

中国豆腐文化节定在何日何地举办?

豆腐文化是中华民族祖先留下的宝贵遗产，是中华民族文化的一个组成部分。1990 年 9 月 15 ~ 17 日在北京、台北举办了首届中国豆腐文化节，同时将 9 月 15 日淮南王刘安诞辰日定为中国豆腐文化节日。

由于豆腐的故乡在淮南，国家商业部决定：第二届中国豆腐文化节于 1991 年 9 月 15 日在淮南举办。后因淮河流域遭受历史罕见的洪涝灾害，故推迟到 1992 年。从 1992 年起，淮南市先后 13 次（1998 年和 1999 年因亚洲金融危机和国内水灾等原因停办 2 年）举办了中国豆腐文化节。

八公山旅游节已经举办几届了?

八公山旅游节是由安徽省旅游局、淮南市人民政府主办，淮南市旅游局和八公山区人民政府承办的一项节庆活动。2001 年 9 月，举办了第一届。至今已成功举办了十二届。八公山旅游节依托中国豆腐文化节强势载体，以扩大、培育旅游支柱产业为宗旨，以提高八公山风景区知名度、扩大对外开放为目的，以厚重的民族文化为支撑，充分挖掘古文化内涵为突破口，精心打造了八公山旅游品牌，提升了八公山风景区档次。

淮河风情文化节以何为特色?

淮河风情文化节由安徽省文化厅、安徽省旅游局和淮南市人民政府主办，毛集实验区管委会、淮南市旅游局承办。至今已成功举办了四届。淮河风情文化节立足淮河流域的民间风情文化，面向农民，突出淮河文化特色，是淮河流域独具特色的文化活动盛会，成为毛集对外交往、招商引资的平台，也将成为安徽省内乃至国内外享有重要影响的品牌展会。

你知道面筋的起源吗？

面筋是中国人民广泛食用的绿色食品，由植物蛋白中小麦蛋白质所制。面筋的发明者，据说是北宋名相吕夷简。

吕夷简是淮南凤台人。晚年的吕夷简思想逐渐变得保守起来，因为极力排斥范仲淹的改革而为官场正直者所不满，遂以衰老多病为由告老还乡。在凤台贺家塘花寺休养期间，除了读书赋诗，游玩山水之外，他还尝试着摆弄一些菜肴，变换花样。有一天，他见到厨子用面粉和面，忽然来了兴致，揪来一块在手中摆弄，突发奇想将面粉在水中揉洗，竟洗出一团颜色不同于面团的黏性的东西，兴奋之中他又让厨子将其烧制成菜，别有风味。看似平常的很细的面粉之中，竟然还隐藏着这种软绵绵、肉筋筋的东西，于是命名为“面筋”。从那以后，吕氏面筋诞生并传播开来。八公山一带居民制作面筋已成为风习，几乎家家会做。

淮 北 市

你了解淮北市吗?

淮北市位于安徽省北部，苏、豫、皖三省交界处。地势由西北向东南倾斜，平川广野是地貌的主要特征。全市面积 2725 平方千米，辖濉溪县、相山区、杜集区、烈山区。

淮北市源远流长，早在 7000 年前的新石器早期，人类就在此繁衍生息。约 4000 年前原始社会末期，中国“上古五帝”之一的颛顼在现淮北市市府所在地相山建城。公元前 21 世纪，商汤十一世祖相土曾迁都于此。2500 多年前，宋共公瑕将宋国国都由河南睢阳迁于此。

淮北市矿产资源得天独厚。现已探明的有煤、铁、钴、高岭土等 13 种，以煤为最，地质储量百亿吨，远景储量 350 亿吨。淮北市现有 24 对大型现代化矿井，年产原煤 2000 多万吨，年洗原煤能力 1100 万吨，出口 15 个国家和地区，为中国的五大煤炭基地之一。

淮北为何又名相城?

据传，距今约 4000 年前的夏朝前期，居于今河南商丘的商族部落首领相土曾一度来相城居住。

商族部落的始祖名契，是黄帝的后裔，契传位于昭明，昭明传位于相土。相土是个大有作为、声名显赫的人，在他的治理下，商族的农业、手工业和商业都有较大发展。随着生产力的发展，商族部落日益强盛，于是便决意向四方扩张势力。商族所到之处，其他弱小部落相继被征服，其势力范围一直延伸到山东渤海边上。相土干得轰轰烈烈，四海诸侯整齐地归服。后人为纪念他，便将此地命名为相城。

传说，相土还是马车的发明者之一。据史载，夏禹时的车正奚仲创造了车，那时很可能是一马或是二马驾车，而相土则把二马改成了四马，所以应说这是一种改制。这种车是相土随着扩张势力的需要而改制的，主要用于军事上。后来人们把这种四马一车称为一乘（shèng），乘数多少是一个国家大小强弱的象征。

相山为何名列皖北八大名胜？

▲ 相山

相山公园是皖北八大名胜之一，坐落在三面青山环抱的相山脚下。主峰海拔 342 米，公园占地 130 多公顷，人文景点有乾隆皇帝题词“惠我南黎”、显通寺、小仙洞、水牛墓、奏鸣台、饮马池和藏经洞等数十处。自然景观有香炉峰、叠翠峰、渗水崖等。小仙洞位于东岭，相传为王子乔修炼处，现存丹灶、药井等遗迹。

千年古刹显通寺因何得名？

显通寺俗称相山庙，它始建于西晋太康五年（284 年）。因宋代元丰年间赐匾额“显通”而得名。辽金时又加封为“显济王庙”。它历经数度摧毁，几番重修，现在的庙宇已是明清建筑风格了，为安徽省重点文物保护单位。

古庙依山而卧，背负青山峭壁，下临深沟大涧，四周花树环绕，既有巍峨之势，又不失清秀之姿，确是一处难得的胜迹佳境。山门门楣题“神烈丕昭”四个字，乃清乾隆二十四年（1759 年）安徽巡抚高晋所书。魁星楼，建于乾隆年间，楼高 12 米。

庙宇原有四进大院，现后院封闭，可见到三进院落。从 108 块石头券砌而成的 4 米宽门洞，进入宽敞的庭院。二进院内四方各挺立一棵千年松柏（现存 3 棵，东北角一株 80 多年前被雷击死，后补种一棵泡桐，现已 80 余岁，双人合抱）。明间有这样的传说：如果谁闭着眼睛，能够将四棵古树一一摸到，谁就能长命百岁，一生免灾。因此，凡是来寺的游人，都喜欢走近它摸摸它。不知道是天下百岁幸运之人太少，还是其中有什么玄机，四棵树相隔不过数米，摸它的人很多，而闭眼摸到它的人却很少。为此游人曾留下一首打油诗以表遗憾：“有人来寺摸树玩，摸来摸去常摸偏。开始两棵摸着易，后来两棵摸着难。”

岿然壮观的大殿是古寺的主建筑，多次重修的殿廊上方，至今仍然保存着唐代的建筑——斗拱。殿内原供奉着山神显济王及风、雨、雷、电四神像。后来改奉商部落首领相土的塑像。殿前两边伏着重约一吨的铁狮子两只，阶下有香炉一尊。

大殿后还有两进院落，中院内紧靠大殿后侧的乡贤祠，为古代相城名人供奉处，也就是名人堂，另有慧远楼一座，静室 6 间，园内有近 700 年树龄被称为活化石的银杏树，另有一株 300 多岁的木香花，春夏之交，百花叠叠，香气袭人。最后一进院落有香积橱三间，作为僧人的食堂，东北角还有赏月亭一座。

“惠我南黎”为何人所书？

显通寺（相山庙）东跨院正房内有一乾隆帝御书“惠我南黎”碑刻，是该庙现存重点文物之一。

清乾隆二十二年（1757 年）春，黄河泛滥，山东、河南、安徽之间广大地区一片汪洋。是年乾隆南巡江浙，沿途亲睹这些地方的灾情，回朝后，便命吏部侍郎裘日修会同山东、河南、安徽巡抚进行治理。裘侍郎会同安徽巡抚高晋同赴宿州、灵璧、虹县（泗县）进行实地勘察。他们在徐溪口看到该城“宛在水中”，便命同行的凤阳知府项樟环城筑堤以资保护，并查明“濉河自徐溪口至符离集七十余里，沙淤平岸，河形全失；自符离集至霸王城一百数十里，俱间段淤塞”，于是便提出治理方案，绘图上报朝廷，经允准后于当年秋季开工治理，经一冬春，于翌年夏初竣工。

冬春季施工时，天晴气暖，风雪不兴，民众情绪高昂，都感到这是相山神在暗助，于是纷纷提议愿意重修残破的相山庙，以答谢神灵。此议得到裘侍郎和高巡抚的支持，于是便向朝廷写奏折拨款，将残破的相山庙重修得焕然一新。这次重修奠定了我们今日所能见到的该庙的基本格局。

清乾隆二十三年（1758 年），裘侍郎“阅工经相山，备览舆情，为请于朝，蒙御书‘惠我南黎’，颁挂神庙，以昭崇敬之典”。当年除夕，高巡抚由凤阳知府项樟等陪同，冒雪亲临濉溪查看新修堤防（后人称此堤曰“项公堤”）。次日新年，于相山庙举行恭悬钦赐匾额典礼，高巡抚亲将匾额悬于大殿之上。后由宿州知州张开士将御书摹刻于石，陈设于大殿之东厢。原匾额现已不存，刻石则保留至今。由此可知，相山庙内御书“惠我南黎”是由吏部侍郎裘曰修在朝报告相山民情后向乾隆帝讨来的。

“渗水崖”石刻为何人所题？

清明时节，安徽巡抚高晋巡游到显通寺，适逢天降大雨，高晋坐在这儿，一边品茶，一边观赏寺东雨中山色。透过雨帘，看到寺东侧山腰上，一帘白亮亮的山水，从一处峭壁上滑落，渗入崖下沟内而不见踪影，他百思不得其解，遂挥毫题写了“渗水崖”三字，命匠人横向阴刻在那处悬崖底部的石壁上。后又在庙中东院内立碑做纪念，碑文与山上的摩崖石刻三字的尺寸基本相同，只是横竖排列不同。游人在庙内看了“渗水崖”的巨大石碑，皆以为那里便是渗水崖，这不过是一种误解。渗水崖反映了前人探究自然奥秘的心愿。其实呀，那悬崖下是布满石块的乱石沟，山体又是石灰岩结构，内部亦有许多溶洞，水从崖下跌落，当然不见踪影了。

你知道著名雕塑大师刘开渠纪念馆在哪儿吗？

刘开渠纪念馆坐落在淮北市相山公园内。这里依山傍水，环境幽雅。刘开渠是淮北市刘窑村人。家乡人民和政府怀着对大师的敬仰之情，兴建了我国首座雕塑家纪念馆。纪念馆坐北朝南，建筑在南低北高的山的怀抱中。纪念馆占地 4977 平方米，是由三部分组成的长方形庭院。前面左右对称的两栋两层小楼构成了纪念馆石门，中间四栋两层楼房首尾相接是展览厅，后院为大师的陵园。青松翠柏环抱着开渠大师的墓石。古朴的半圆形墓碑石上，镌刻着赵朴初题写的“人民艺术家雕塑宗师刘开渠之墓”金字。

纪念馆收藏陈列着刘开渠大量的珍贵作品和信件，向人们展示着刘开渠作为杰出的艺术家、美术教育家的辉煌人生。纪念馆自 1995 年 4 月 5 日正式对外开放以来，慕名而来参观的海内外人士络绎不绝。1995 年 5 月，安徽省委、省政府确定刘开渠纪念馆为爱国主义教育基地。

共姬墓所葬何人？

共姬名伯姬，鲁宣公之女，鲁成公之妹，鲁成公九年（前 582 年）嫁给宋国共公，故名“共姬”。共姬墓又称“皇姑墓”，距今已有 2500

余年的历史，坐落在横穿淮北市区淮海路西端，北枕相山西脉，南望百里绿野，其地势之绝妙，正是古代帝王后妃理想的墓葬之处。墓丘周长400米，坡长60米，占地面积10余亩，墓前原有明“周宋共姬之神道”和清“周宋共姬墓”两块石碑。可惜的是，墓碑在“文革”中被砸，现仅存“共姬墓”三个字。

共姬嫁宋共公后，并不受宠爱，但她能尽妇义，因此在宋国40年，颇受国人拥戴。周景王二年（前543年），宋国国都设在相城。是年夏天夜里，宋宫夜间失火，宫人劝共姬避开。共姬说：“妇人之义，傅母不在，宵不下堂”，可是，等“傅”赶来，而“母”未赶来，共姬仍不愿离开，终被大火烧死。“傅”和“母”是陪伴在共姬身边最高贵的两位女人。由于共姬拘守着缺一个人陪伴，女人夜间就不能外出的礼法，于是便送了命。

裂山为何改名为烈山？

淮北市区东南15千米处有一座山，从山顶到山底有一条自北向南的大裂沟，宽约数丈，深不可测。所以古人叫它“裂山”。后来它又改称“烈山”，并沿用至今。为何改“裂”为“烈”呢？传说很久以前，裂山下住着一家姓李的农户。他家境贫寒，有一个女儿叫香姑，姿色佳丽，当地的百姓都很喜欢她。后来因生活所迫，全家逃荒到山东泰山脚下落了户。他父亲种地，香姑天天上山放牛放羊，过着贫苦的生活。邻里有个恶少，听说香姑长得美貌，便带人前来强欲纳妾，但香姑拒不从命，独自逃上泰山之巅，恶少带人来追，只见香姑面露怒色，树柳眉，睁杏眼，怒斥恶少，瞬间巨石纷飞，击在恶少的身上。风石停息，香姑跨上青鸾徐徐南飞，来到裂山。后来她死了，当地百姓为了纪念她，就在裂山建了一座烈女庙。后人便将烈山的“裂”字改为“烈女”的“烈”字了。

你知道全国十大湿地公园之一的淮北南湖国家城市湿地公园吗？

淮北南湖国家城市湿地公园位于淮北市烈山区，是十大国家城市湿地公园之一，也是全国首个在煤矿开采形成的塌陷区上建设而成的湿地公园。水面面积约为 2.1 平方千米。随着杨庄煤矿进一步的开采，水面将进一步向北扩大。水质达到国家二级地表水标准，水位 28.3 ~ 28.8 米。南岸湖滨有酒店、机械游乐设施和寺庙。南湖公园水面开阔，风光秀丽，沿湖岸边杨柳依依，绿草茵茵，鲜花盛开，在这里，冬赏梅、夏观荷、秋看菊。如今，南湖公园已成为了人们游览、观赏、休闲娱乐的胜地。

柳孜集隋唐大运河遗址有何考古价值？

柳孜集古称柳孜镇，位于濉溪县百善镇西。始建于东汉，因隋唐运河之通济渠穿过，逐渐繁荣，成为唐宋时期淮北地区的政治、经济、军事、文化重镇，后因南宋光宗绍熙五年（1194 年）黄河泛滥，洪水夺淮入海，通济渠从此淤塞，柳孜镇因此衰落。

1999 年春夏之交，省道宿永公路濉溪段拓宽重修，发现古代码头遗址，并开始进行抢救性发掘。至当年 11 月，共发掘出完整的宋代码头一座，唐船八艘和大批唐宋名窑瓷器、钱币、铁器、石器等。该遗址的发现为 1000 年来古运河之谜揭开谜底，证明了通济渠的确切方向，填补了我国考古史上的一项空白，并为研究中国运河考古找到突破点，因而在 1999 年名列全国十大考古新发现。2001 年 7 月被国务院批准为“全国重点文物保护单位”。

八艘唐代沉船，已发掘出土三艘脱水保护。在这三艘中，有两艘船为木板结构，其中一艘头部缺损，包括尾舵在内存长 12.6 米，另一艘造型壮观，存长23.6米，可惜在沉没前船体遭到很大的损坏，仅存半个帮板连着部分底板。保存最好的是一艘用一根大木整体雕凿而成的独木舟，该舟长10.6米。

这次发掘还发现宋代石建筑码头一座，顺河道南侧而建，为长方形立体建筑，顶部已遭到了一定的破坏，东西长14.3米，南北宽9米，北壁临水陡直，存高5.5米，经古建专家初步认定，此构筑物是一座大运河岸边的货运码头。这一发现，对唐宋时期大运河内的运漕制度改革提供了佐证。这说明原先由始点运至终点的办法其实已改为分段运输的办法。这在中国古代大运河上还是首次新发现。

遗址发掘还出土了大量陶瓷、瓷器、铁器、铜钱等文化遗物。其中瓷器最多，从隋至唐、宋，跨越历史之久远，为国内少有，其中尤以唐、宋两代之珍品居多，北宋时期，南宋初期最为丰富；有寿州窑、萧窑的黄釉瓷，有磁州窑系白地黑花瓷，有吉州窑系的黑瓷，有耀州窑，越窑系，长沙窑的青瓷，有景德镇的影青瓷，有建窑的兔毫盏，有定窑系的白瓷，还有均瓷、三彩器等唐宋时期全国十几座窑口的瓷器产品。这些来自全国各地的瓷器等文化遗物的出土充分证明了大运河“公家运漕，私行商旅”的巨大枢纽功能，也充分证明柳孜当年是大运河岸边的一座商业重镇。

淮北市柳孜隋唐大运河遗址沉船、码头和大量文物的发现和出土，为研究中国运河史、交通航运史、水利史和三代历史增添了重要的新的实物资料。同时也为研究中国古代政治、经济、文化、商贸、旅游、瓷器的出口外运等提供了极其重要的考古新材料。

八仙之一张果老诞生于何处？

相传张果老诞生于龙脊山风景区内新蔡镇大山头东王庄后2千米左右处，这里重峦叠嶂，三山错落，中夹小山，绵延迂回，变幻神奇，是块风水宝地。当地流传着“三山夹一山，不出皇帝出神仙”的民谣。

龙脊山风景区美景知多少？

龙脊山风景区位于濉溪县，距淮北市20千米。

龙脊山风景区群山中以老虎脊最为雄奇，老龙脊为龙脊山主峰，海拔362.8米，是淮北地区最高峰。在龙脊山的南面，有一片平台，人称“观日台”。清晨在这里观看红日，就像从东海底升上天空，霞光艳艳，绮丽壮观，相传张果老食参后曾在此静坐清修，道行与日俱增，而后乘神驴腾空而去，故此又称“升仙台”。在老龙脊南端岩石峭壁间有一山洞，相传为八仙聚会之所，这里奇花异草，古柏苍岩，俯瞰田园村落，风景如画。

龙吟湖在龙脊山北麓，水色清如明镜，三面环山。

距龙吟湖不远处的杏子山顶，有一凳子大小的石头缝长出5米高的杏树，粗细均匀，约有碗口粗，花果累累，真是奇石怪树，人称“山杏出石”。

“山杏出石”上方的杏子山顶，可以看到一平台俗称观龙台，四周深涧环绕，在此观龙脊山全貌，像在云蒸雾绕中盘曲的巨龙，绵延雄奇，仰望四周景色如画，蔚为壮观。

距观龙台1公里之遥，便是传说中张果老出家修行的大方寺了。大方寺古称芳岩寺，又名“五佛金光寺”。相传始建于唐前，后世又多次修复。寺庙占地50多亩，僧众多时达40多人，建有大雄宝殿、佛殿、罗汉堂、碑林等。

▲ 龙脊山

现仅存大殿三间，北厢房三间，南厢房三间，有石桌、石鼓、石柱及残碑数块。

在大方寺东北 50 余米处，有一石长 3 米，围 2.5 米，形似一头卧牛，故名“卧牛石”。在卧牛石下坡，有面积 10 多平方米、中间凹陷的石堆，淤土已平，深度不测。传说这是八仙聚会宴请龙王的饮灶，后人称作“仙人灶”。俗名“下窑窝”。这里涧溪明月，泉流淙淙，峰回路转，环境清幽，难怪八仙会在这里宴请东海龙王。

临涣古城名字的由来？

临涣古城又称临涣集。位于濉溪县西南，包、浍两河汇合处。因濒临古涣水而名。始建于春秋，名铚城。秦汉置县。南朝时更名为临涣城，为淮北重镇。元朝以后，渐渐衰落。临涣城址为全国重点文物保护单位，城址呈方形，东西长约 550 米，南北宽 1496 米，面积 2.7 平方千米；城高 7～15 米，基部宽为 35～50 米，上部 3～8 米；有四座城门，城头有瞭望台、烽火台等古迹遗址。浍水河北岸尚有凤凰台、观星台、紫禁城、犀牛望月台等古迹和庙宇遗址多处，地下散落不少碑、石柱等遗物，有重要的研究价值。城内有文昌宫，现辟为淮海战役总前委纪念馆。

淮海战役总前委旧址在何地？

1948 年 11 月～1949 年 1 月，刘伯承、陈毅、邓小平等总前委同志在临涣文昌宫及小李庄度过 50 个日夜。文昌宫建于唐代，先叫昌帝庙，三进院子。现内设淮海战役纪念馆，介绍淮海战役的主要经过和参与战役的解放军、国民党高级将领。还有刘伯承、邓小平等领导人的旧居，以及当年总前委会议室。

你知道淮海战役烈士纪念碑在哪儿吗?

位于濉溪县双堆集南面的淮海战役双堆集烈士陵园。烈士陵园于1976年筹建，1981年10月淮海战役烈士纪念碑落成，双堆集歼灭战纪念馆于1988年10月竣工。陵园东西长368米，南北宽292米，面积10.6公顷。大门朝东，门内两侧各有一个面积为1250平方米的池塘。宽阔笔直的主干道通往纪念碑，南部的尖谷堆为新石器时期的文化遗址，也是淮海战役双堆集地区歼灭战期间敌我双方激烈争夺的制高点。园内遍植雪松、龙柏、黄杨等风景树木，并有花圃和果园。中国书法家协会主席启功题写匾额“淮海战役双堆集烈士陵园”。

▲ 双堆集烈士纪念碑

1995年12月，陵园被批准为安徽省首批爱国主义教育示范基地。2000年陵园被批准为省级重点烈士纪念建筑物保护单位。2001年6月，陵园被中共中央宣传部列为全国第二批100个爱国主义教育示范基地之一。

你知道淮海战役双堆集地区歼灭战烈士纪念碑碑文吗?

中国人民解放军华东、中原两大野战军和华东、中原、华北三大军区的地方武装，遵照中共中央军委和毛泽东同志的英明决策，在以徐州为中心，东起海州，西迄商丘，北自临城，南达淮河的广大地区，在邓小平、刘伯承、陈毅、粟裕、谭震林五同志组成的总前委的正确领导与指挥下，于1948年11月6日~翌年1月10日，进行了震撼中外的伟大的淮海战役。双堆集地区歼灭战，是这个战役的第二阶段。

淮海战役发起后，我军迅速将敌军黄百韬兵团包围歼灭于碾庄地区。猬集徐州之敌军主力陷于孤立，敌军黄维兵团由豫南急速东援。我中原野战军，先以一部兵力，对敌黄维兵团节节抗击，阻其前进，掩护主力集中并布成袋形阵地，继而全线出击，突将敌军包围，压缩在双堆集一带狭小地区；又以排山倒海之势，连续作战，展开猛烈进攻。这次作战，以运动战开始，以阵地战终结。从11月23日~12月15日，我中原野战军在华东野战军密切协同下，鏖战二十三昼夜，除一一缴师起义外，全歼国民党精锐部队十二兵团四个军、十一个师及一个快速纵队，计11.4万余人。生俘该兵团司令黄维、副司令吴绍周，为淮海战役的全胜奠定了基础。

双堆集歼灭战的胜利，是毛泽东同志伟大思想的光辉体现。我参战部队全体指战员不怕苦、不怕死；冒严寒、闯火海；连续作战奋不顾身，表现出一往无前、压倒一切敌人的英雄气概。中原、华东、华北各军区的地方武装和百万民兵、民工，艰苦奋斗，全力支援，对战斗的胜利做出了巨大的贡献。

双堆集歼灭战中，许多中国人民的优秀儿女，为人民解放事业献出了宝贵的生命，立下了不朽的功勋。我们永远高举起他们的旗帜，继承他们的遗志，为建设现代化的社会主义祖国和实现共产主义伟大目标而努力奋斗！

英雄们的伟大业迹昭日月！

烈士们的革命精神凛千秋！

你听说过口子酒的神奇来历吗？

淮北市盛产名酒口子酒。

相传从前有姓徐的夫妻俩逃荒到口子，见这里来往的船很多，河湾里又有蚌蛤鱼虾，就搭了个草棚，在棚边淘了口井，以卖茶为生，闲时捕捞鱼虾、开荒种田。

徐家夫妻待人热情，惜老怜贫，博得了众人的赞誉。人们还利用他们的姓，亲切地称呼这个地方为“徐口子”。

快到年关的时候，有个手执拂尘、衣衫破烂，身背大葫芦的老人来到棚外。夫妻忙迎上前，扶老人到锅门口坐下，又端碗热茶让老人祛寒。但老人不喝茶，要吃饭，夫妻俩忙给老人烧饭。第二天清晨，老人还没有动身之意。夫妻俩一商量：咱们要把这年迈孤独的老人照顾好。虽说咱日子清苦，冬粮不多，咱少吃点，也得让老人吃好，何况这寒天冻地的，老人又奔向哪里去呀？

一天、两天，半月过去了。眼看就要揭不开锅了，老人这才提出要走。夫妻俩忙取出卖茶积攒的一点钱，要尽数送给老人。老人笑着说：“真是百闻不如一见，你夫妻俩的盛情使俺不舍离去。来！”老人招呼着夫妻俩走到棚外，指着井说：“这眼井位处地冲脉，敛山川之灵气，聚地下之精华；泉连千渊，源接四海，若以高粱为料，大麦为曲，井水为浆，定能酿出世间最美好的酒来！”接着老人又把酿造方法一一告诉给夫妻俩。夫妻俩听后半信半疑，忽听一声响亮，只见老人的大葫芦腾空飞起，葫底朝天，葫嘴对着井口洒下数道金光。一刹那间，井水蒸腾，异香扑鼻。夫妻俩惊喜万分，欲向老人询问，老人已乘风飘然而去。

夫妻俩按照老人教给的方法，买来锅甑和高粱，磨糁制曲，经过九九八十一天的酿制，蒸出了第一坛美酒。来往的客人在喝茶时都说闻到一阵阵奇香。夫妻俩忙把坛子抬出来，请大家品尝品尝。坛子刚打开，一股酒香扑面而来。棚外顿时聚满了南北来往的客人，竞相品尝。有些客人忙掏出大把的银钱，交给徐家夫妻要灌点酒带走。夫妻俩一再推辞不肯收钱。客人们都说酒好，价值高，抛下银钱，只顾自往壶里装酒。霎时，一坛子酒就倒了个精光。后到的客人买不到酒，都埋怨徐家夫妻为啥不多酿点。有的客人听说徐家夫妻制酒的高粱不多，就主动送来，坐等好酒。

徐家夫妻不断总结经验，一次比一次酿得好。细品此酒，色清似玉露，浓香胜芝兰，甘美沁心脾，入口味延绵。后来有个客人称赞他们酿的酒说："飞鸟闻气化凤，游鱼食之成龙。"

从此以后，出外谋生的人纷纷来徐口子落户。徐家夫妻就把酿酒的技术传给他们，教他们用自家的井水做酒。从此这里酿造业日益兴盛，徐家口子遂成为以酿造业为主的集镇。"名驰冀北三千里，味占江南第一家。"历代迁客骚人，来此饮酒赋诗，对口子酒倍加赞赏。明代任柔节曾为口子酒留下了"隔壁千家醉，开坛十里香"的佳句。

宿 州 市

你了解宿州市吗？

宿州市位于安徽省东北部、黄淮平原南端，与苏、鲁、豫3省11县接壤，辖砀山、萧县、灵璧、泗县和埇桥区，总人口604万，总面积9787平方千米。

宿州市历史悠久，人文景观荟萃。秦汉时，已成为“舟车会聚，九州通衢之地”。秦末中国历史上第一次农民大起义，在大泽乡揭竿而起；楚汉相争，垓下决战发生于此。解放战争时期，这里是淮海战役的主战场。市域内南有陈胜、吴广盟誓诛暴所筑的涉故台；北有国家级森林公园皇藏峪；东有垓下古战场、虞姬墓；西有李白饮酒赋诗的燕嬉台；中有白居易寓居多年的东林草堂。李白、韩愈、白居易、苏轼等名士都曾游历或流寓于此，留下了许多美好的诗文和遗迹。萧县是著名“国画之乡”，埇桥区被誉为“书法之乡”、“杂技之乡”。

宿州市境内平原广袤、沃野千里，自然资源丰富，名特产品众多，拥有120万亩全国最大的连片水果产区，拥有80万亩的花生种植基地和沿国道、省道纵向分布的40万亩大棚蔬菜种植带。地下矿产资源丰富，煤储量约为60亿吨；黄口油田石油预测储量达20亿吨以上；宿南煤气层已探明储量达3000亿立方米；大理石储量4000万立方，居

安徽省之首，花色品种达 20 个以上。灵璧奇石为中国“四大奇石”之一。砀山酥梨为果中精品，为海内外顾客所青睐。符离集烧鸡，色佳味美，为《中国名菜谱》中的一品名肴。

白居易千古名篇《赋得古原草送别》写于何处？

乐天园位于宿州市埇桥区西昌路，为唐代大诗人白居易纪念馆。白居易祖籍山西太原，生于河南新郑，11 岁时随家人迁至其父白季庚所任新置的田庄——埇桥（现宿州市埇桥区），白居易在此度过了他的青少年时期，他自幼聪明好学，16 岁即写出了誉满京华的诗篇，其中“离离原上草，一岁一枯荣，野火烧不尽，春风吹又生”的千古绝唱就创作于此，唐贞元二十年（804 年）白居易离开埇桥赴长安。

扶疏亭之名由何而来？

扶疏亭位于宿州市埇桥区原古城北城墙上。宋苏轼为徐州知州时曾画墨竹一本，赠予宿州知州，并附有画竹诗：“寄卧虚寂堂，月明浸疏竹。泠然洗我心，欲饮不可掬。”下署“东坡居士”。宿州知州将画与诗镌于石，构亭储之，名曰扶疏，取“竹影扶疏”之意。元末毁于兵火。明弘治年间（1488～1505 年），宿州知府曾显重新筑亭，且将墨竹两段残碑嵌置亭壁。明、清两代屡加修葺。亭内歌颂苏轼的碑刻甚多，为皖北名胜之一。此后历经动乱，亭毁，题刻大多毁坏，现在亭已恢复，刻石墨竹重新嵌入亭壁，碑长约 1 米、宽 0.7 米。亭侧种竹林，以待游人。

五柳风景名胜区知多少？

五柳风景名胜区位于埇桥区北约 30 千米的夹沟镇，总面积约 35

平方千米。景区内有龙泉湖主景区、大芳林林场、盆山溶洞、龙泉寺、闵子谦、殷商文化遗址和古汉墓群等众多名胜古迹，以山清、水秀、洞奇、泉灵、稻香而闻名，景区南、西、北三面环山，植物种类繁多，气候宜人。主景区内龙泉湖碧波荡漾，水质甘甜，岸边垂柳、龙柏、雪松相托，景色非常秀丽；景区的盘山溶洞内的石笋、石柱，千奇百怪，给人以丰富的想象；五柳风景区孕育了著名的夹沟香稻米，宋至明、清为皇宫贡品，素有“一家煮饭十家香，十家煮饭香满庄”之誉。

林探花府为何人宅邸？

位于宿州市北约 45 千米的杨庄乡林庄，是清代探花林方标的府第，为省级重点文物保护单位，林方标，字锦堂，力大过人，善使兵器，武艺高强，清嘉庆辛未年（1811 年）武科探花，清代名将，历任甘州提标、城守参将、衢州总兵、浙江提督等职。探花府主体建筑原有四进院落，房间 81 间，占地面积 4 万平方米。府门前空场树立旗杆 4 根，高 11 米左右，旗杆座分列大门门侧。现在探花府尚存房间 58 间，是一处保存较好的具有典型北方建筑风格的府第，有着重要的艺术价值和科学价值，西部还有三进侧院建筑。

孔子七十二贤之首闵子骞祠在何处？

闵子骞祠为省级文物保护单位，位于埇桥区曹村镇闵祠村。三面环山，泉水涌流，环境幽雅，是宿州市重点名胜古迹之一。闵子名损，字子骞，孔子弟子，名列七十二贤之首，其学识道德和颜渊齐名。闵子尤以孝悌名天下，孔子赞曰：“孝哉！闵子骞，人不间于其父母昆弟之间。”宋代皇帝褒闵子为“畿圣”，历代皇帝赐匾封公，文人墨客赋诗题词，其懿行美德千古传为佳话。闵子骞墓园松柏茂盛，“闵墓松风”古为宿州八景之一。墓前有祠。闵祠始建于宋，现存殿宇 14 间。

祠内近旁还有牌坊一座，上书“先贤闵子故里”。祠东南有孝泉和闵子故居。闵祠近旁还有骞山、晒书台、洗漱沟、荷花池、芦花坡、洗砚池等景点。

九女坟画像石刻为何珍贵？

九女坟画像石刻位于宿州市东北褚兰乡夏町村东墓山上，故又称褚兰汉画像石刻，是东汉晚期的画像石墓。九女坟外形为圆土堆，墓内建筑由两进墓门过道、中室、耳室及两间后墓室组成。中室长 3. 35 米，宽 1. 9 米，高 2. 7 米，四壁皆为画像石刻，平底剔花，布局对称，计 14 幅，内容有歌舞、饮宴、祈祷、车马通行等。所有画像石刻，既独立成意，又带有故事性和连续性。九女坟附近另有一墓，有两间墓室，画像 6 块，内容、风格与九女坟略同。地面有石室享堂。画像石刻不仅具有艺术欣赏价值，也为研究东汉政治、经济、文化及绘画艺术提供实物资料。

中国历史上第一次农民起义发生在哪儿？

秦始皇为了抵抗匈奴，建造长城，发兵 30 万，征集了民夫几十万；为了开发南方，动员了军民 30 万；又用 70 万囚犯，动工建造阿房宫。到了二世即位，从各地征调了几十万囚犯和民夫，大规模修造秦始皇的陵墓。那时候，全中国人口不过 2000 万，前前后后被征发的劳役合起来差不多有二三百万人，逼得百姓怨声载道。

公元前 209 年，阳城（今河南登封东南）的地方官派了两个军官，押着九百名民夫送到渔阳（今北京市密云西南）去防守。军官从这批壮丁当中挑了两个个儿大、办事能干的人当屯长，叫他们管理其他的人。这两个人一个叫陈胜，阳城人，是个给人当长工的；一个叫吴广，阳夏（今河南太康县）人，是个贫苦农民。

到大泽乡（今安徽宿县东南）的时候，正赶上连天大雨，水淹了道，没法通行。他们只好扎了营，停留下来。秦朝的法令很严酷，被征发的民夫如果误了期，就要被杀头。大伙儿看看雨下个不停，急得真像热锅上的蚂蚁似的，不知道怎么办才好。陈胜偷偷跟吴广商量：“这儿离渔阳还有几千里，怎么也赶不上限期了，难道我们就白白地去送死吗？”吴广说：“那怎么行，咱们开小差逃吧。”陈胜说：“开小差被抓回来是死，起来造反也是死，一样是死，不如起来造反，就是死了也比送死强。老百姓吃秦朝的苦也吃够了。听说二世是个小儿子，本来就挨不到他做皇帝，该登基的是扶苏，大家都同情他。还有，楚国的大将项燕，立过大功，大家都知道他是条好汉，现在也不知道是死了还是活着。要是咱们借着扶苏和项燕的名义，号召天下，楚地的人一定会来响应我们。”吴广完全赞成陈胜的主张。为了让大伙儿相信他们，他们利用当时人大多迷信鬼神，想出了一些计策。他们拿了一块白绸条，用朱砂在上面写上“陈胜王”三个大字，把它塞在一条人家网起来的鱼肚子里。兵士们买了鱼回去，剖开了鱼，发现了这块绸子上面的字，十分惊奇。到了半夜，吴广又偷偷地跑到营房附近的一座破庙里，点起篝火，先装作狐狸叫，接着喊道：“大楚兴，陈胜王。”全营的兵士听了，更是又惊又害怕。第二天，大伙儿看到陈胜，都在背后点点戳戳地议论着这些奇怪的事，加上陈胜平日待人和气，就更加尊敬陈胜了。这一天，两个军官喝醉了酒。吴广故意跑去激怒军官，跟他们说，反正误了期，还是让大家散伙回去吧。那军官果然大怒，拿起军棍责打吴广，还拔出宝剑来威吓他。吴广夺过剑来顺手砍倒了一个军官。陈胜也赶上去，把另一个军官杀了。陈胜把兵士们召集起来说：“男子汉大丈夫不能白白去送死，死也要死得有个名堂。王侯将相，难道是命里注定的吗！”大伙儿一齐高喊说：“对呀，我们听您的！”陈胜叫弟兄们搭个台，做了一面大旗。旗上写了一个斗大的“楚”字。大伙对天起誓，同心协力，推翻秦朝。他们公推陈胜、吴广为首领。900 条好汉一下子就把大泽乡占领了。临近的农民听到这个消息，都拿出粮食来慰劳他们，青年们纷纷拿着锄头铁耙到营里来投军。人多了，没有刀枪和旗子，他们就砍了许多木棒做刀枪，削了竹子做旗竿。就这样，陈胜、吴广建立了历史上第一支农民起义军。历史上把这件事称作“揭竿而起”。起义军打下了陈县（今河南淮阳）。陈胜召集陈县父老商量。大家说：“将军替天下百姓报仇，征伐暴虐的秦国。这样大的功劳，应该称王。”陈胜就被拥戴称了王，国号叫作“张楚”。

陈胜、吴广发动农民起义以后，各地的百姓纷纷杀了官吏，响应起义。没过多久，农民起义的风暴席卷了大半个中国。陈胜派兵遣将分头去接应各地起义，他们节节胜利，占领了大批地方。但是因为战线长，号令不统一，有的地方被六国旧贵族占了去。起义不到3个月，赵、齐、燕、魏等地方都有人打着恢复六国的旗号，自立为王。陈胜派周文率领起义军向西进攻，很快攻进关中（指函谷关以西地区），逼近秦朝都城咸阳。秦二世惊慌失措，赶快派大将章邯把在骊山做苦役的囚犯、奴隶放了出来，编成一支军队，向起义军反扑。原来的六国贵族各自占据自己的地盘，谁也不去支援起义军。起义军孤军作战，终于失败。吴广在荥阳被部下杀死。起义后的第六个月，陈胜在撤退的路上被叛徒杀害了。

涉故台作何之用？

涉故台，又名射鼓台，位于宿州市区南22.5千米的大泽乡。这是一座覆斗状土台，东西长约67.6米，南北宽约65.5米，高不过5米。土台作用有三种不同的说法：一说是筑台盟誓，诛伐暴秦；二说是操练兵马，击鼓演武；最后一种，则是说大泽乡一带为沼泽之地，每逢雨季，便会成泽国水乡，所以，义军揭竿而起后，在此筑台屯兵。像这样的土台，共有72座，古称“七十二营垒”，而以涉故台最大。

这一带还流传着一个与此有关的民间传说：当年陈胜揭竿而起，筑台盟誓的时候，正看见一只梅花鹿倏然跃出草丛，朝东北方向的紫芦湖奔去。他立即弯弓搭箭，对士卒们说：“我的箭若能射中此鹿，起事必能成功。”弓弦响处，那只梅花鹿应声而倒。自此以后，这座台便被称为射鹿台，紫芦湖也被称为死鹿湖了。

▲ 涉故台

涉故台下，原有明朝万历年间人们集资兴建的钟楼、寺庙，并铸造铁钟一口。现存明万历、清道光、民国年间所立的石碑 4 块。1984 年，政府对这一全省重点文物保护单位进行了大规模的维修。1986 年，又于涉故台前竖立起一座高 11 米、宽 6.5 米的陈胜、吴广雕像纪念碑、14 块黑色的大理石。1991 年建成陈胜、吴广起义陈列馆——鸿鹄苑，东西两壁嵌满了当代知名人士的碑刻书法作品，引导着后人探寻中国第一次农民大起义的足迹。

你知道皇藏峪自然保护区吗？

皇藏峪自然保护区、国家森林公园，在萧县东南 30 千米处。1982 年 6 月建立，总面积 3.07 万亩，核心保护区约 7700 亩，森林蓄积量 1230 立方米，森林覆盖率 59%，系安徽省唯一保存较完好的成片暖温带落叶阔叶林区。这里冈峦起伏，林木参天，岭上坡下，繁衍着松柏、黄桑、青檀等 146 种木

▲ 皇藏峪

本植物、700 余种草本植物，并有 58 种鸟类在此栖息，还生存有珍奇的皮毛兽水獭、黄鼬、狐狸等。

皇藏峪古称黄桑峪，因峪中长满黄桑而得名。后相传汉高祖刘邦曾避难于此，而改名为皇藏峪。皇藏峪景点分布范围较广，比较集中的有瑞云寺和天门寺两个景区，有瑞云寺、天门寺、仙人桥、洗钵池、仙人床、皇藏洞、拔剑泉、马蹄泉、南天门、快活十八步、镇龙桥、龙泉洞、三仙洞等名胜古迹，是淮北地区的旅游胜地。

皇藏峪有各种名贵的动植物，其中以蘑菇、木耳、灵芝最有名气，还有一种名叫“鬼见愁”的奇木，刻制成筷子可与象牙筷子媲美，不仅质地洁白，而且据说有试毒作用。

登云寺为何改名瑞云寺？

瑞云寺建于南朝梁大同年间，原名登云寺。相传刘邦避难时，吕后寻夫，远望此寺院上方祥云缭绕，前来寻找，很快找到了刘邦，故后人将此寺改为瑞云寺。该寺位于皇藏峪的山巅，背负悬崖，面临深渊，绿树掩映，威严如一座城堡。呈三进三阶式院落，殿阁房舍共 99 间。藏经阁，飞檐垂铃，巍峨壮观。大雄宝殿，宽敞堂皇，气势雄伟，内塑有金身佛祖、观音、十八罗汉等 20 多尊，姿态各异，栩栩如生。寺僧住室，清雅别致，东西厢房前分别有金桂、银桂两树。寺内还有雌、雄两棵银杏树，虽经历 1300 个春秋，依然枝叶繁茂，绿荫如盖。雌株胸径 95 厘米，雄株胸径 139 厘米，三个成人才能合抱。在雄株基部荫生有二丫，大的胸径 40 厘米，小的胸径 18 厘米，可谓“三世同堂”。当地百姓誉其“携子抱孙”。

汉高祖刘邦与皇藏洞有何趣闻？

皇藏洞为瑞云寺前 100 多米处峭壁中的天然洞穴，深 10 余米，呈圆形，底平壁光，形势峻峭。又有一巨石迎洞而立，人称飞来石。相传楚汉相争时，刘邦曾在洞里躲避，心慌意乱，自语曰："如有巨石堵洞，吾则安也！"思绪未断，一方巨石从天而降，落在洞口，刘邦方免去一场大难。现洞口有"大洞"、"皇藏峪"等石刻。在洞口仰视群山翠绿，俯察流水瀑布，怪石嶙峋，玲珑天成，令人心旷神怡，流连忘返！

天门寺的历史知多少？

天门寺建于南北朝，有1400多年历史。此寺四面环山，庙东是悬崖峭壁，地势险要，风景秀丽，有房屋23间。大殿有释迦牟尼、十八罗汉像，西屋是牛王财神、华佗像，东屋有关公、周仓、关平塑像。寺内有1400多年的银杏树一棵，树高35米，胸径170厘米。院内有一泉，碧水长流，足够1000多人吃用。庙后有"果老洞"，据说张果老在此洞住过；寺东100米处有个桃花洞，洞门有桃树数株。天门寺山上有"圣人场"，传说孔夫子周游列国时路过此地，后世遂在此建一寺庙，共21间，后大殿塑有孔子及四大贤之像。寺庙西北500米之遥，有一名曰"晒书场"的地方，传说孔子路过此地，天下大雨，书被淋湿，天晴之后，孔子把书取出翻晒，以后这地方的草都斜着，"晒书场"由此而得名。该寺在日本侵华期间遭日本炮击，殿宇毁坏，但残垣断壁仍可显现盛时的规模。

由于该处古松修竹，清雅幽静，明、清两朝常有学者借读于此，留下许多诗词歌赋。最有名的为清道光二十四年（1844年）萧县知县赖以平所作回文诗。

其诗顺读是：

前来翠霭积烟村，兴触诗人醉酒樽。
悬涧水声琴入韵，列屏山景画留痕。
泉飞带雨穿虹架，树曲盘崖抱石吞。

天接路高登步步，烟云起落碧当门。（其一）

倒读则是：

门当碧落起云烟，步步登高路接天。
吞石抱崖盘曲树，架虹穿雨带飞泉。
痕留画景山屏列，韵入琴声水涧悬。
樽酒醉人诗触兴，村烟积霭翠来前。（其二）

奇妙之处不仅因为它是通体回文诗，而且正读、倒读时各删去每句前两字，又成了两首回文诗，堪称回文诗中的绝品。

燕嬉台和诗仙李白有何趣闻？

燕嬉台又叫“宴嬉台”，在砀山县城东郊。始建于汉，梁孝王刘武所筑。原名雁池，唐改名燕嬉。台下有池名华池。据传，唐天宝三年（744年），李白与杜甫、高适同游砀山，县令刘某于燕嬉台设宴招待。李白写下《秋夜于刘砀山泛宴嬉亭池》诗，曰：“明宰试舟楫，张灯宴华池。文招梁苑客，舞动郢中儿。月色望不尽，空天交相宜。令人欲泛海，只待长风吹。”《江南通志》载：“台上有石刻‘宴嬉台’三大字，相传李白笔。”北宋政和三年（1113年），真州知府李釜为记载这一千载雅事，亲笔题记，刻石立碑。今碑仍在，高175厘米，宽80厘米，楷体大字，并筑亭护碑，同时也恢复了华池等数处景致。

中国古鞋博物馆主要珍藏什么？

位于泗县国防中路42号。1989年筹建，1990年正式开放的中国第一座古鞋博物馆。该馆经安徽省文物管理局和安徽省纺织工业厅批准，国家文物局备案。馆内设展室 5 个，收藏了大量古今鞋饰、珍贵古鞋照片及名人字画。一、二两个展室展出古鞋及仿古鞋，再现了我国自原始社会至清代各民族的鞋文化史，藏品中以三寸金莲和古战靴最具特色；三室展出的是现代各种典型鞋饰及世界各民族部分鞋饰和传统鞋饰，其藏品之精美，工艺之高超，令人叹为观止；四、五展室展出的是 57 个国家近代少数民族和国内 34 个民族 4000 多年的珍贵鞋饰照片 500 幅，还有部分史料及名人鞋饰，如毛泽东、周恩来生前穿用的精工布底圆口鞋的复制品。

虞姬现葬于何地？

虞姬墓位于灵璧县城东 7.5 千米的唐河岸边，灵璧至泗县的公路南侧。原墓区范围较小，东西长约 100 米，南北宽仅 20 米。1979 年，灵璧县人民政府根据人民的意愿，拨出专款，重新覆土修筑了墓冢，并将清代和民国时期的三块墓碑精心修复，立于墓地。1982 年，又征用土地，扩大墓区，筑起围墙，建立门楼，门楣上方，是原国务院副总理方毅题写的“虞姬墓”三个大字。整个墓区，扩大到 3942 平方米，并于墓区的东南侧，建立小型纪念馆一处，为这一处省重点文物保护单位充实不少内容。

虞姬墓前，有石刻横额“巾帼春秋”，两边有楹联一副：“虞姬奈何，自古红颜多薄命；骓耶何在，独留青冢向黄昏。”居中一块高大的墓碑上，刻着苍劲有力的八个大字：“西楚霸王虞姬之墓”。霸王别姬的动人故事，作为一段史话，已广为流传。历代文人骚客，途经灵璧，总要来到这里凭吊一番，苏轼、范成大、王安石、施润章等留下大量诗词。清人杨兆鋆的一首《虞美人》，真实而又生动地再现了霸王别姬的情景：“楚歌声中愁云起，夜帐明灯里。振衣起舞拭龙泉，拼取一腔热血洒军前。顾骓无语军情变，似雪刀光乱。桃花片片堕东风，化作原头芳草泪丝红。”

乾隆皇帝为何封灵璧石为"天下第一石"？

古人云："山无石不奇，水无石不清，园无石不秀，室无石不雅。赏石清心，赏石怡人，赏石益智，赏石陶情，赏石长寿。"故中国自古以来就有赏石传统。天下第一奇石——灵璧石出于安徽省灵璧县北部磬石云山北平畴间，经古泗水亿万年的波涛冲击，峰峦洞壑，状物肖形，千态万状。又因其是10亿年前海藻化石，色泽黝黑天成，扣之铿然有声，从不同角度敲击能发生1、2、3、4、5、6、7、$\dot{1}$八个音节，故又名"八音石"。灵璧石亦褒称"灵璧"，集声、色、形、质、纹诸美于一体，以其瘦、透、漏、皱、伛、黑、声、丑、悬九美俱备而名扬天下。"灵璧一石天下奇，声如青铜色如玉"，这是宋代诗人方岩对灵璧石发出的由衷赞叹。灵璧石开发极早，早在《尚书·禹贡》中，就有徐州上贡"泗滨浮磬"的记录。灵璧石为世人瞩目，已有三四千年的历史，在供石家族中历来占据显赫的地位。《云林石谱》汇载石品116种，灵璧石被放在首位介绍；明人文震亨撰写《长物志》，称"石以灵璧为上，英石次之"。自古以来，有名的藏石家也无不藏有灵璧珍品，其中叫得出名的就有苏轼的"小蓬莱"、范成大的"小峨眉"等。

符离集烧鸡为什么名列中国四大名鸡？

符离集烧鸡素与道口烧鸡、德州扒鸡、沟帮子熏鸡并称为"中国四大名鸡"。

符离集烧鸡产于宿县符离集。据说，它起源于1910年，前身叫红曲鸡。制作方法十分讲究，从选鸡到捞鸡要经过12道严密精细的工序。符离集烧鸡，香气扑鼻，色佳味美，肉白而嫩，肥而不腻。现在符离集已成为名副其实的"烧鸡镇"。全镇烧鸡经营者数百家，从业人员数千人，每天上市烧鸡万余只，每逢节假日还成倍增加。

阜 阳 市

你知道阜阳市吗?

阜阳市位于安徽省西北部，辖颍州、颍泉、颍东三区和临泉、太和、阜南、颍上四县及界首市，人口932万，面积9775平方千米，是安徽省人口最多的市，也是全国比较大的地级市之一。

阜阳交通便捷，京九铁路纵贯境内，与漯阜、濉阜、淮阜、商阜铁路相会于此，使阜阳成为五路交会、八线引入的全国六大路网性铁路枢纽之一。阜阳编组站是京九线上最大的编组站，年客流量达300多万人次。

阜阳地处黄淮海平原，在我国南北气候分界线秦岭、淮河一线的交界处，地势平坦，四季分明，雨量适中，光照充足，适宜各类农作物和动植物的生长繁育，盛产小麦、水稻、红薯、棉花、玉米、大豆和水果、蔬菜、薄荷、中药材等，是国家重要的农副产品基地，全国秸秆养牛示范基地和山羊板皮重点产地。

阜阳历史文化悠久，生态旅游环境独特。阜阳古称汝阴、颍州、顺昌，是春秋时期政治家管仲的故里，诗人嵇康的桑梓，还诞生了鲍叔牙、甘罗、吕蒙、刘福通等历史名人。中国文学史上“唐宋八大家”中欧阳修、苏轼曾在这里为官多年。颍州西湖为唐、宋、明、清历代名胜。

你知道阜阳名称的由来吗？

阜阳市历史悠久，人文蔚盛。西周时，在今阜阳境内有妫姓的胡子国，临泉境内的沈子国，颍上境内的慎等国。春秋战国时，又出现了太和原墙的原阳、倪邱的新、临泉的寝等县邑。秦代始置汝阴县，汉属汝南郡。东汉曾封阜阳侯国于境内，阜阳之名始于此。三国魏置阴郡。北魏孝昌四年（528 年）置颍州，隋设汝阴郡，唐设颍州，宋设顺昌府，元属汝宁府，明属凤阳府。清为颍州府。清雍正十三年（1735 年），颍州更名阜阳。小山为阜，县在山南，故曰“阜阳”。

颍州西湖的历史知多少？

颍州西湖，位于阜阳城西北 1000 米的新泉河两岸，又称汝阴西湖。长 5000 米，宽 1500 米，是古代颍河、清河、小汝河、白龙沟四水汇流处，因阜阳在北魏以后称颍州而得名。为唐、宋、明、清历代名胜，宋代之后与扬州瘦西湖、杭州西湖并称。

颍州西湖景色之美，四时俱佳，招徕不少文人志士出守颍州，更是文人墨客吟诗作画之游赏胜地。从宋代起有北宋词人、宰相晏殊，北宋文学家、史学家欧阳修、苏轼、宋代中书侍郎吕公著等七大名人知颍州，为古颍州西湖建设立下了不朽的功勋，并留下了 113 首著名诗篇，加之 71 名古代和近

▲ 颍州西湖

代诗人的诗篇共259首。苏轼曾在诗中将颍州西湖与杭州西湖相媲美，“大千起灭一尘里，未觉杭颍谁雌雄”。后来由于黄河泛滥，西湖被泥沙填平，昔日美景，已不复存在。

现经过重新修建，颍州西湖绿柳盈岸、花木夹道、水面清澈，灰鹤、野鸭等飞禽在此栖息。

刘公祠是为纪念谁而建的？

刘公祠又称刘太尉祠，坐落在阜阳市区西北隅。为纪念南宋名将刘锜大破金兵于顺昌（今阜阳）而建。南宋绍兴十年（1140年）五月，时金兀术率兵南侵，破汴京后东进，刘锜协助顺昌太守陈规固守城池。刘锜出奇用智，以2万破金兵10万，并粉碎金精锐铁浮图，金兀术逃窜，燕京（今北京）震恐。此役为宋金战争中一次著名战役，史称顺昌大捷。当地人民念锜功勋，建祠祀之，题额曰“南宋屏藩”。祠内有报功堂。经历代修葺，今祠犹在。

资福寺有何珍藏？

资福寺，俗称大寺，是阜阳城现存历史最悠久、规模最宏大的地上建筑。始建于宋仁宗嘉祐（1056～1063年）年间。该寺所藏宋代《碛沙藏经》一部数千册，铜佛像多尊，均为珍贵文物。该寺现存山门、天王殿及藏经楼28间。天王殿飞檐斗枋、棂格门窗，保存着宋代建筑部分特征，具有较高的历史价值和艺术价值。

阜阳奎星楼为何一楼多名？

奎星楼，位于阜阳市老城东南城墙交接处，又称拐角楼。据传晴日登楼可望霍山，故旧县志又称“望霍楼”，俗称“三篷塔”。原为明万历二年（1574 年）知州赵世相扩建南城所建敌楼。清同治九年（1870 年）重修。全砖结构，三层六边形，通高 9. 93 米，叠涩出檐，起脊翘角，结顶饰铁制舞凤，六角饰铜制响铃（1981 年重修时改铁制铃）。

奎星楼三层均室，但互不贯通。一层朝南开一半圆形券门，二层一门四圆形券窗，三层南门楣额为“奎壁联辉”。“奎”、“壁”、“斗”均属二十八宿星座。“奎星”是二十八宿中白虎七宿的首宿，因其“屈曲相钩，似文字之画”，所以《孝经·援神契》有“奎主文章”之说。《春秋元命苞》更认为汉字起源也与奎星有关，说仓颉“仰观奎星圜曲之势，俯察鱼文鸟羽、山川指掌，而创文字”。《历代名画记》说：“奎有芒角，下主辞章”。由于古籍中常把奎星与文字、文章联系在一起，所以历代文人都崇拜奎星，各地为之建楼奉祀，以祈祷本地文人辈出，文风昌盛。

阜阳文峰塔为何而建？

文峰塔，位于阜阳城中心干道颍州路附近。近史志记载，因奎星楼不高，文星不太显露，所以当地文风不振，功名不多。清康熙三十五年（1696 年）于此建文峰塔，以振兴阜阳文风。塔为全砖结构，七层八边形，高 31. 8 米。各层有塔心室，一层独为一室，北门为阶梯入口，有盘旋梯道贯顶。一、三、五、七层四方有四券形门；二、四、六层，在南、西、东三面各有三门。塔为密檐楼阁式，每层叠涩出檐，有仿木结构的砖雕

▲ 阜阳文峰塔

斗拱支撑挑出的密檐。顶部起脊挑角，三叠珠式宝剑，由铁制五叉刹杆贯串攒尖，造型朴素庄严。文峰塔既与“文”相关，又极富道教色彩，该塔一些砖雕，有表示吉祥如意的长寿鹿、灵芝草、龙、凤，有文人祈求的鲤鱼跳龙门，还有阴阳鱼图案。

你去过阜阳生态乐园吗?

阜阳生态园，坐落在阜城西北城乡接合部，古颍州西湖遗址，欧阳修“会老堂”北侧，系农业结构调整，改造治理泉河洼地而建。景区占地 1107 亩，2002 年 5 月 1 日开园。

阜阳生态园水面 110 亩，土山 11 座，园内种植各种树木 82000 多棵，铺种草坪 40 多万平方米，建造新颖别致的大小桥梁 15 座，可观赏的人文景观多达 150 多处。生态园由 14 部分组成，东南部果树种植示范区主要有葡萄园、梨园、桃园、石榴园、樱桃园、柿园、苹果园、枣园、斑竹园和桂花树、香樟、琵琶树、银杏等稀有树种；中部为水上乐园和垂钓中心，养有日本锦鲤、斑点叉尾鮰、银鲫等珍稀鱼类；北部为动物园，有斑马、天鹅、海鸥、孔雀、火烈鸟、鸳鸯、猕猴、骆驼、牦牛、梅花鹿、鸵鸟、黑熊、棕熊、金刚鹦鹉等 80 余种名贵动物；中北部为文化园、高尔夫球练习场、农业科技示范园；西北部为五牛园和盆景园；西部为热带植物园区，引进 20 多个国家和地区珍贵树木，其中佛肚树、加拿利海枣、盘根榕树等最为名贵，美丽异木棉为阿根廷国花；西南部为恐龙园，主要展示霸王龙、暴龙、长颈龙等；南部为休闲中心，设有棋牌室、茶楼、餐饮等与水上音乐茶座隔湖而望；中南部为大型游乐园，是游客活动的好天地。

阜阳生态园建设风格独特，以高品位、生态性、知识性、趣味性为建园原则，融“农业示范、生态教育、休闲娱乐”等功能为一体。这里环境优雅、风景秀丽，特别是将欧阳修“愿将二十四桥月，换取西湖十顷秋”的传世佳句以胜景重新展示给世人，颇具艺术匠心。在这里可看、可赏、可吃、可学、可玩、可乐，是人与自然交流对话的最佳场所，是城市市民休闲娱乐的最佳去处。

你知道农民建设的国家4A级旅游景区——八里河吗？

八里河旅游景区，位于颍上县南部的八里河镇，南临淮河，东濒颍河，西迄阜阳60千米，东南距合肥170多千米。该旅游区为低湖沼泽洼地，1991年特大洪水后农民综合治理而建成，1996年对外开放，主园区“世界风光”、“锦绣中华”、“鸟语林”、“碧波游览区”，占地3600亩，风光秀丽，景色迷人。八里河以环保成就被联合国环境规划署授予“全球500佳”，被安徽省列为省级自然保护区。党和国家领导人的亲临视察和鼓励更使八里河声名鹊起，时任国务院总理的李鹏在开园后第三天就亲临视察，欣然题词“大灾促大变、奋发建家园”，胡锦涛、温家宝、曾庆红、回良玉、乔石、田纪云、邹家华等先后到此视察。

景区主园区“世界风光”微缩了世界名建筑希腊宙斯神庙、法国雄狮凯旋门、德国柏林众议院、美国大峡谷、荷兰风车、巴黎圣心教堂、北海白塔等；天鹅湖碧波荡漾，鱼跃鸟鸣；湖心书画长廊雕工精细，玲珑剔透；柳堤绿柳飘逸，婀娜多姿，一派江南水乡的旖旎风光。坐落在“世界风光”园西侧的“游乐场”设施齐全，可让人充分品味或惊险或舒适惬意的多种趣味。

“锦绣中华园”集东方建筑艺术之特色，融中国传统文化之精华，苏式园林，小巧奇绝，古色古香；白雀寺殿宇轩昂，古朴厚重；九天瀑布飞帘溅玉，气势磅礴；百龙亭下，绿柳掩映，清莲濯水；人民丰碑，高耸入云，气势雄伟；张公山上，长城逶迤，曲径通幽，登顶望远，景区全貌尽收眼底。

“碧波游览”占地3000亩，你可过长城，走铁索长桥，登临湖中群岛，观河马、鳄鱼，逗群猴嬉戏，看神龟蟒蛇，同时还能观赏到蒙古野驴、新疆野马、蒙古骆驼、海豹、狗熊、长颈鹿、黑天鹅等众多珍稀野生动物。汉民族文化村，截取了汉民族在历史文化进程中的片段，集中展现了当地汉民族 20 世纪 60 年代以前栩栩如生的生产生活画面。

"鸟语林"内树木假山、曲径水池以供鸟儿生息，这里鸟类近百种，其中国家一级保护鸟类鹅绿孔雀、白鹳、中华秋沙鸭、白尾海雕，国家二级保护鸟类天鹅、鸳鸯、白枕鹤、灰鹤、白鹇、白额雁、秃鹫等，这里是一个人鸟共乐的天然场所。

"白雀寺"为何而建?

白雀寺，坐落在八里河镇。始建于东汉桓帝时期。据说，当时八里河有一大财主叫济仁，家有万贯，但人丁不旺，唯一的儿子得了一种奇怪的病，整日昏睡不起，像植物人一样，请遍远近闻名的郎中都没有治好，济仁愁苦不堪。一年农历三月十五清晨，财主起床洗漱时，但见院落上空霞光闪闪，许多白色孔雀在上面翩翩飞舞鸣叫，正当财主及家丁们稀奇之际，有人来报说一僧人前来化缘，老财主原本是乐善好施之人，今天更感到不同寻常，便赶忙亲自出门迎接，只见一僧人身披袈裟，脚蹬僧靴，慧光满面，非同凡人，遂将他引进客厅，用茶寒暄，问其法名称呼，僧人说他法号白雀，老财主连称白雀长老，并把愁苦之事说与白雀，白雀见济仁乐善好施，便给了他一剂药后，飘然而去。老财主连忙让人灌到儿子肚里，不一会儿子便醒了过来，精神焕发。老财主为感谢僧人救命之恩，就建了一座寺庙，占地 50 亩，命名为白雀寺，每年农历三月十五焚香还愿。白雀寺香火缭绕了 1000 多年，几经兵火水患，最终毁于元末。

1994 年，经安徽省宗教局批准，八里河镇重建了白雀寺，建有大雄宝殿、观音殿、地藏殿、天王殿和咏经阁，庄严古朴，雄伟壮观。1996 年 5 月 2 日（即农历三月十五）举行了盛大的开光仪式，由合肥明教寺主持妙安法师主持开光，著名少林寺方丈释永信大师（颍上籍人）应邀参加，白雀寺又响起了千年梵语钟声。

“全球 500 佳”是什么称号？

“全球 500 佳”评比是联合国环境规划署主办的全球唯一的官方环保评选活动，具有很高的权威性，是全世界环境保护方面的最高荣誉。它是联合国环境规划署于 1987 年发起的每年一次的环保评选活动，旨在表彰在环境保护及促进提高环境质量方面有特殊贡献和成绩的组织和个人。目前，安徽省仅有阜阳市颍上县八里河风景区和小张庄公园获此殊荣。

你知道生态农业的典范——小张庄吗？

小张庄公园位于颍上县谢桥镇小张庄，距县城 20 千米。由小张庄村投资，始建于 1978 年，扩建于 1995 年。现占地面积 8 公顷。公园内花草茂盛，树木葱绿，四周壁画人物栩栩如生，汉白玉雕亭亭玉立，彩光喷泉波光闪烁，楼台亭阁古朴典雅，环境清幽，风景宜人。望富山是一座人工堆砌的假山，高 37 米，山坡绿荫环抱，山顶凉亭可供游人远眺小憩。人工河如同一条玉带环绕公园。公园南部是动物园，内有猴山熊馆，几十种珍奇动物供游人观赏。公园西部为游乐场，内有各种大型游艺机、电动火车、飞机等，供人游乐。公园外耸立一座高 13 层的环保塔，登上塔顶，小张庄村尽收眼底，美不胜收。小张庄为联合国评选出的生态环境“全球五百佳”。

你知道迪沟生态旅游风景区吗？

迪沟生态旅游风景区，位于颍上县东北部的汤店镇，地处济河、西肥河交汇处。1994 年以前，这里还是一条荒凉的湾地，后来因势利导，建成了生态旅游与佛教文化为一体的旅游风景区。整个风景区占地 40 公顷，由竹音寺，五百罗汉堂和生态园组成。

▲ 迪沟生态旅游风景区

你知道管鲍祠在哪里吗？

管鲍祠，在颍上县城北郊。原名管子祠，为纪念春秋政治家管仲而建。明万历六年（1578 年）重建时，增祭鲍叔牙，易为今名。几经兴废，现存殿堂五间，内供管、鲍牌位。两侧有多副楹联，其中邑人常良伍联最有气势：“霸世著春秋，九合诸侯，一匡天下，新政迄今光荣史；双贤合祠宇，攘敌功勋，分金义重，高风千古系人心。”管仲、鲍叔牙相传为颍上人，鲍先仕于齐，齐桓公即位时，鲍辞相位，主动让贤，力荐管仲任相。管仲任相后施政有方，齐国日益昌盛，称霸天下，成为后世所誉“春秋五霸”之一。管仲曰：“生我者父母，知我者鲍子。”于是“管鲍之交”、“鲍子知我”之典故不胫而走，传誉千古。管鲍祠为省级重点文物保护单位。

你听说“管鲍之交”的故事吗？

管仲和鲍叔牙从小就是好朋友。他们互相帮助，真诚相待。长大以后，他们一同去齐国谋生。当时齐国的国君齐襄王有两个弟弟，一个是公子纠，一个是公子小白。说来真巧，管仲和鲍叔牙分别当了他们两人的老师。齐国发生内乱，齐襄王被杀死，谁来当新国君呢？公子纠和公子小白便争斗起来。结果公子小白当了国君，他就是齐桓公。

为了治理好国家，齐桓公问鲍叔牙有什么高见。鲍叔牙说：“您需要一个才智过人的贤人来帮助。”齐桓公说：“难道还有比您更能干的人吗?”鲍叔牙肯定地说：“有，就是管仲。”提起管仲，齐桓公便咬牙切齿，原来在公子纠与公子小白争王位的时候，为保公子纠做国君，有一次，管仲躲在树林中向公子小白暗射了一箭，幸好射在衣带的铜钩上才没受伤，所以结下了一箭之仇。鲍叔牙说：“管仲的才能超过我十倍，您要是不记前仇，真心实意请他来，不但能治理好国家，恐怕其他各国也得听您指挥呢！”他说服了齐桓公，设法把管仲请来。管仲见齐桓公不记一箭之仇，非常信任他，就决定帮助齐桓公治理国家了。

管仲在齐桓公支持下，对齐国进行了一番改革。几年时间，齐国就富强起来，此时为了让管仲充分发挥才能智慧，鲍叔牙却谢绝挽留，悄悄地离开了齐桓公和管仲。他的为人令大家钦佩。后来人们常用“管鲍之交”、“管鲍遗风”来称赞管仲和鲍叔牙式的友谊。

“插花镇”镇名真与光武帝刘秀有关吗?

插花镇，原名叫吕家铺子，位于阜阳市颍东区。相传东汉的创建者刘秀，在一次战斗中失利，被敌军追赶路过此地，人困马乏，口渴难忍，遂向井边汲水的一位头插鲜花的姑娘讨水喝，并请求避难。这位姑娘就让刘秀进屋藏了起来，刘秀才躲过敌军的追捕。这件事不知如何被村里人传了出去，大家在姑娘背后风言风语，认为她未出嫁就与陌生男人来往，败坏了风气。姑娘不堪讥讽，投井自尽了。后来刘秀当了皇帝，想感谢这位姑娘，派人来寻访，属下人汇报了姑娘已死的消息，刘秀心中甚感内疚，乃下诏在此地建座庙宇，庙里塑一位头插金花的村姑像。人们于是改称此地为插花庙，建镇后叫插花镇。

阜阳“火把节”是何等景象？

阜阳地区称中秋节为火把节。夜晚打火把游乡，为纪念刘福通领导红巾军起义。相传韩山童、刘福通组织农民起义，四方纷纷举火把响应，首克颍州。时有童谣：“满城都是火，官府四散躲；城里无一人，红巾军席上坐。”此后，颍州民间每至中秋节晚上，青少年都要模仿红巾军，用秫秸、葵秸裹以稻草，到野外燃，摇来摇去，待燃尽返。当地习称“撂火把子”，至今不衰。

临泉古银杏树真可称全国第一吗？

银杏树在临泉县城西古城子处。银杏树与古城子、老丘堆并称为临泉三大古迹。树高 30 余米，胸围 8 米。九棱十八丫、七十二枝杈，已有 2000 多年的树龄。至今仍枝叶繁茂，挺拔苍劲，银果累累，突出地面的根部，自然形成的各种造型，如雄狮巨龙，如跃虎奔马，千姿百态，任凭想象。其中，在一根木上见一清晰的马蹄印，附近根木上又有一人脚印。传说，为明末农民起义军首领李闯王攻打北京时，在此倚树稍息留下的。据林业工作者考证，离城市这么近，又这么大，这么古的银杏树，为全国第一。此树已列为安徽省重点文物保护树木。

你知道“阜阳枕头馍”的来历吗？

枕头馍是阜阳特产之一，又称阜阳大馍。每个长约 40 厘米，宽约 25 厘米，厚约 15 厘米，重约 1 ~ 3 公斤，堪称馍中之王。阜阳大馍历史悠久，源远流长。相传南宋初年“顺昌之战”（阜阳古时又称顺昌），正值新麦登场，一来为了坚壁清野，二来为了支持宋军抗金，顺昌府百姓使用新麦做成大馍带入城内，宋军每日发一个，饿时削一片充饥，困时枕头而卧，因此又称枕头馍。

“阜阳皮丝”有何特色？

皮丝为阜阳特产，系新鲜猪皮经十多道工序加工而成，外观金黄透亮，薄如蝉翼，食之滑而不腻，味美绝伦。皮丝经高级厨师烹调后，成为招待客人的宴宾名菜，一般不可多得。

阜阳皮丝又称春祥皮丝，抗日战争前，阜阳城内鼓楼西面有一个“国民饭店”，因名厨掌勺，不仅生意红火，而且名声远播。凡到阜阳的人，必先进去小坐，以饱口福。饭店有位股东名叫刘春祥，由于经常到三河尖镇采购货物，与制作皮丝出名的顾某相识，天长日久也知其一点皮丝的制作方法，由于当时顾某技术不外传，刘春祥便回家进行试制，经多次实践后终于成功。从此以后，刘春祥的皮丝制作独树一帜，并很快在阜阳城传开，其质量和色泽也不断地提高和改进。

亳州市

你知道亳州市吗？

亳州市位于安徽省东北部，土地面积 8374 平方千米，全市总人口 560 万，辖涡阳、蒙城、利辛和谯城三县一区。

亳州古为商汤故都，三国曹魏陪都，元末红巾军帝都，故后人称亳州为“三朝古都”。亳州现为国家级历史文化名城和中国优秀旅游城市。历史悠久，文化底蕴深厚，历代人才辈出，如商朝开国圣君成汤，道家始祖老子、庄子，外科鼻祖华佗，魏武帝曹操，巾帼英雄花木兰。悠久的历史和灿烂的文化，给亳州大地留下众多的文物古迹。亳州现存文物保护单位 200 余处，其中国家级重点文物保护单位 5 处——花戏楼、亳州古地道、曹氏家族墓群、蒙城万佛塔、尉迟寺遗址；省级文物保护单位 17 处。许多已辟为旅游胜景，如：全国道教第一大殿——太清宫，气势非凡；汤陵丘埠巍然，古木虬枝盘空，庄严肃穆；被誉为“地下长城”的古运兵道，工程巨大，堪称古代军事史上的奇迹；华祖庵，古朴典雅。

亳州是“神医”华佗的故乡，也是我国历史上的四大药都之一。1994 年，亳州建成了全国最大的中药材交易中心，上市的药材品种多达 2000 余种，上市量 4000 万千克，年成交额 20 多亿元。1995 年，江泽民总书记欣然为亳州题词：“华佗故里，药材之乡。”

亳州是全国最大的黄牛产区，年肉类产量40多万吨；蒙城、涡阳、利辛三县是全国黄牛生产大县，被誉为中国黄牛“金三角”。

你知道汤王陵吗？

▲ 汤王陵

汤王陵，又称汤王墓，是商开国之君汤王的衣冠冢，位于亳州市谯陵北路东侧，涡河北岸。汤王陵东北有桐宫，是伊尹囚禁太甲之处，今具无存。1936年辟为“汤陵公园”，园内广植花木，松柏常青，亭榭翼然，曲径通幽。

现存汤陵为一高大圆形土丘，高6米余，周长近60米。墓冢前竖“商成汤王陵”石碑，墓南一棵500余年树龄的黄楝树生长顽强。历代重修汤陵碑刻，由于战争破坏，仅存清代康熙二十年（1681年）和乾隆三十六年（1771年）“重修汤陵碑记”立于左右，记录了历次维修汤陵的情况。园内古树、寝陵、墓碑，构成了帝王园林特色。

你知道汤王“桑林求雨”的故事吗？

商成汤是一代明君，他在政治上广泛采纳谏议，总结历史经验教训，在经济上大力发展农牧业，体察民情，顺应民心，四海升平，国泰民安。然而天有不测风云，就在成汤带领臣民安居乐业的时候，商朝遇到了从未有过的天下大旱。汤王想，这连续七年的旱灾，一定是自己哪个地方做得不好，上天怪罪下来了，他决定亲自到都城郊区叫桑林的地方，去设坛求雨，乞求上苍的谅解。在祭祀用的高台前面堆放了一堆干燥的桑树木柴，汤王来到桑林，在祭奠七天七夜之后，正要纵身跳到那木柴燃烧的熊熊烈火中把自己燃烧掉，以此感动上苍。蓦地一声惊雷划破长空，只见天空中乌云骤起，布满整个天空，顿时大雨倾盆，整个中原大地，笼罩在茫茫大雨之中。

道家创始人——老子知多少？

春秋时思想家，道家创始人——老子，他的故里今有多说，或谓安徽涡阳，或谓河南鹿邑。

老子所著《道德经》为中华文化之“元典”，全书五千言，81章。前37章为《道经》，后44章为《德经》。在这部著作中，老子基本上阐述了他的所有主张。他在书中提出了“道”的概念，认为“道”无所不包，无所不在，是一切的开始：“道生一，一生二，二生三，三生万物。”与道相对的另一个概念是“德”，德的意思是“得道”。老子希望人们通过德来认识和体验“道”，按照道的自然法则修身治国。

作为道家学派开山之作的《道德经》，是中国文化史上的一座丰碑，对中国古代政治、哲学、军事、文学、艺术乃至中国人的民族性格和民族精神都产生了巨大的影响。而这一著作也对世界文明产生重大影响。罗素、海德格尔、托尔斯泰、爱因斯坦、李约瑟等著名人物，都对《道德经》给予了高度评价。美国前总统里根也曾在国情咨文中引用《道德经》中“治大国若烹小鲜”。《道德经》中丰富的养生思想也日益受到全球广泛的关注。

你知道亳州道德中宫吗？

道德中宫，又名老祖殿，位于亳州市老祖殿街东首。坐北朝南，山门正对问礼巷，是祭祀春秋时期伟大的思想家、哲学家、道家学派的创始人老子的庙祠。道德中宫始建于汉代，据《亳州志》记载：汉桓帝、唐高宗、唐玄宗、宋真宗等，都曾前来拜谒过老子庙祠。后因战乱、洪水等圮废。

现存道德中宫是明代万历年间重修的，整个建筑坐北朝南，存有山门、拜殿、大殿、东殿、西殿等古建筑 20 余间，占地面积约 2000 平方米。布局对称，金碧辉煌。山门镶嵌“道德中宫”四个砖雕大字；步入山门，悬挂在拜殿门上的是“道法自然”巨型匾额；明间屏风，绘道教“太极图”。穿过拜殿为道德中宫的大殿，大殿三间，高大宏伟，正门上悬“上德若谷”巨型匾额，是祭祀老子的地方；殿内塑有 3 米多高的老子塑像。东殿三间题“紫气东来”匾额，敬奉鲁班；西殿悬“返璞归真”匾额，敬奉财神。1991 年重新镌刻的《道德经》石碑镶嵌在院内西墙上。

“问礼巷”地名从何而来？

问礼巷，位于亳州老祖殿街的道德中宫前，相传是孔子来向老子问礼处。孔子问礼后对弟子赞叹说：鸟，我知道它能飞；鱼，我知道它能游；兽，我知道它能走。走兽可以用网来捕，游鱼可以用鱼绳来钓，飞鸟可以用带丝的箭来射。至于龙，我不能知晓，它可以乘风云而上天！我今天见到老子，他就像是龙啊！

你知道“楚王好细腰，宫女多饿死”的章华宫在哪里吗？

春秋时，楚灵王游猎于今亳州周老嘴以北的隆兴垸中，看见了一处风景秀丽的地方，这里山体秀雅，林丰茂盛，水清澄碧，鱼翔浅底；楚灵王以为是上天特别赐予他的一块宝地，便在此大兴土木，建了一座金碧辉煌的离宫；又在宫中央筑起一个高 33 米、基广 50 米的高台——这就是著名的章华台。灵王喜好细腰的女子，大臣们就在楚国各地挑选数千名细腰女子送到章华台，供灵王享乐，因此章华台又名细腰宫。时间稍久，那些女子害怕自己的腰变粗，失宠于灵王，有的干脆勒紧裤带不吃不喝，竟然饿死，故有诗道“楚王好细腰，宫女多饿死。”灵王自筑章华台后，每日声色犬马，因此朝纲失修。数年后，山河破碎，灵王吊死在山村野人之家。而今踏访这里，只剩土堆一冢，让人不禁生出许多感慨。

你知道“三曹”是谁吗？

“三曹”，指三国时期的曹操、曹丕、曹植父子三人。

曹操（155~220 年），即魏武帝。汉魏间政治家、军事家、诗人。字孟德，沛国（今安徽亳州市）人。东汉建安元年（196 年），迎献帝都许（今河南许昌）。从此用其名义发号施令，先后削平吕布等割据势力。官渡之战大破河北割据势力袁绍后，逐渐统一了中国北部。建安十三年（208 年），进位为丞相，率军南下，被孙权和刘备的联军击败于赤壁。封魏王。后来其子曹丕称帝，追尊为武帝。

曹丕（187~226 年），字子桓，曹操次子，是建安文坛的领袖人物。建安二十五年（220 年）称帝即位，即魏文帝。他也是魏文学家，他的《燕歌行》是现存最早、而且艺术上很完整的七言诗。著有《魏文帝集》。

曹植（192~232 年），字子建。曹操之妻卞氏所生第三子。他自幼聪颖，10 岁左右，已诵读诗、文、赋数十万言，深得曹操的宠信。曹操认为曹植在诸子中“最可定大事”，几次想立他为太子，然而由于他行为放任，屡犯法禁，后来改变主意，立曹丕为太子。曹丕继承王位后，曹植的生活发生了根本性的改变，从一个过着悠游享乐生活的贵公子，变成处处受限制和打击的对象。他本来想在政治上有所作为，但终没有实现的机会。曹植诗以五言为主，词采华茂，辞赋以《洛神赋》最为著名。今传宋人所辑《曹子建集》。

你去过魏武帝故里吗？

曹操故居，位于亳州市区建安路北段。当时这里北临涡水，南面是开阔田野，春天碧绿万顷，夏天麦浪滚滚，芍药田里，红霞万朵，景色迷人。

曹操故宅的建筑已不复存在。建安十四年（209 年）建安七子之一的刘桢，随曹氏父子返故里时写有一首《赠五官中郎将》："众宾会广座，明灯喜炎光，清歌制妙声，万舞在中堂……" 从诗句中可窥见曹操故宅建筑的宏伟。东汉延康元年（220 年）7 月，魏文帝曹丕回到家乡，在故宅前筑大飨台，建大飨堂，刻大飨碑立于堂前，碑文由曹植撰写，著名书法家钟繇篆额，梁皓书丹，世称"三绝碑"。魏武故宅，大飨堂及大飨碑，均毁于兵燹。现遗址上仍有两棵历尽沧桑的千年银杏树，据传为曹操所植，附近有一口汉代砖井，供游人怀古凭吊。

曹氏宗族墓群有何特色？

曹氏宗族墓群，位于亳州魏武大道两侧，主要包括董园汉墓群、曹四孤堆、刘园孤堆、薛家孤堆、观音山孤堆、张园汉墓、马园汉墓、袁牌坊汉墓群、元宝坑汉墓群等，占地约 10 平方千米。2001 年 6 月 5 日，被国务院公布为全国重点文物保护单位。

根据文献记载，亳州城南有曹腾、曹褒、曹嵩、曹炽、曹胤等人的墓群。近年考古发掘证实，亳州城南除有《水经注》记载的曹腾等人墓以外，还有曹鼎、曹鸾、曹勋、曹水、曹宪以及许多不知名的墓。可见曹氏家族，自曹腾发迹后，形成一个庞大的官僚群，其宗族墓地广大。

从已发掘的墓葬可知，曹氏宗族墓群的形制基本相同，规模都很大，为砖石结构的多室墓，一般均具有前室、中室、后室以及数量不等的耳室或偏室组成，其中最具代表性的是石结构的曹腾墓和砖结构的曹嵩墓。

曹氏宗族墓群，墓门多为石结构，饰有画像刻石，墓室墙壁，券顶绘有彩色壁画。出土有玉刚卯、玉猪、银缕玉衣、玉枕、象牙石等珍贵文物。墓中出土的 800 多块带文字墓砖最引人注目，有隶、篆、草、真、行等书体，文字内容有记曹氏宗组成员或地方官吏姓名，也有一些反映人们对当时社会不满的词句，对研究我国古代书体演变和对外关系具有重要价值。

你见过地下长城——古运兵道吗?

亳州古运兵道，始建于东汉末年，相传为曹操所建。整个地道经纬交织，纵横交错，布局奥妙，规模宏大，目前已发现长近 8 千米，被誉为“地下长城”。2001 年 6 月 25 日被国务院公布为全国重点文物保护单位。

现存古运兵道，由于年代久远，并非一个时代修筑使用，结构不一，宽窄不同，高低不等。古地道距地表深度一般在 2 ~3 米之间，最深处超过 6 米。结构有土木结构、砖土结构、砖木结构、砖结构四种形式。有单形道、平行双道、上下两层道、立体交叉道等几种形式。道内高一般在 1.6 ~2.1 米，宽 0.6 ~0.9 米，道内转弯处均为“ ”形道口连接，平行双道相距约 2 ~3.5 米，中间砌有方形传话孔，设有猫耳洞、掩体、障碍券、障碍墙、绊腿板、陷井等军事设施，还有通气孔、灯龛等附属设施。近年来在古地道的发掘维修过程中出土有汉、唐、宋各代文物，有铁刀、铁剑、弹丸、衔枚、铜镜、铁钉、瓷器、围棋子、钱币等，对研究我国古代军事建筑、军事战术有重要价值。

华祖庵为纪念谁而建？

华祖庵，原名华祖庙，又名华佗祠，是祭祀东汉时期杰出的医学家华佗的庙祠，位于谯城区永安街西头。华佗，字元化，沛国谯（今亳州）人。他精研岐黄，并通数经，一生不慕利禄，走街串巷，寻求方药，为人医疾、济世活人。他在1600多年前就创用酒服“麻沸散”施行剖腹手术，为外科鼻祖。又创编“五禽戏”以防身保健，开我国体育医疗的先河，医术精湛、医德高尚，后人颂为神医。

华祖庵始建于唐宋年间，由庙祠、故居、古药园三个院落组成，占地面积8600平方米。正殿前双狮雄踞，古木虬枝盘空，殿宇辉煌，肃穆庄严。神医塑像高2.8米，热诚、慈祥、倔强、飘逸。这里陈列着大量的医史文献和文物展品。西偏殿内，数组彩塑蜡像，配以灯光布景，引人入胜。东院修竹门，自怡亭翘首昂然，亭悬楹联曰：“自是闲云野鹤，怡然流水瑶琴”。穿过庙祠就是他的故居，元化草堂立于高台之上，东厢名“益寿轩”，西厢“存珍斋”为其当年的药房和看病的地方，分别系挂着中国历代名医画像和其乡土别传以及国内外专家学者的题词和绘画。整个院落迴廊相接，松苍柏老，竹翠梅寒，绿荫沉沉遭到庙祠相映后辉。绕过画廊，进入古药园，被垂柳吊槐覆盖下的药池，晶莹绿泛，至善水榭与曲桥玉立其间，碧影波光晃然水晶宫时，一片竹篱柴扉间，满植芍药、牡丹、白菊、曼陀罗、玫瑰棕榈等名贵中药草及花卉，可谓药圃流香，四季繁花争艳。神医阁、五禽戏、云路桥和诗壁诸景，掩映在碧水绿树间，古香古色，令人静谧而神荡，悠思千古。

纪念花木兰的“木兰祠”在哪里？

木兰祠，位于亳州市城东南魏园村，祠南侧是木兰的出生地魏园，祠北则是木兰墓（魏园孤堆）。

木兰辞官后回到家乡，事亲终身，死后葬于故里。木兰祠，始建年代不详。现存木兰祠是 20 世纪 90 年代由原亳州市政府投资在原址上兴建的，祠内有木兰墓和“木兰还乡”汉白玉石雕像，并立《汉孝烈将军花木兰记》石碑，供人们凭吊瞻仰，不仅再现了当年花木兰的飒爽英姿，且表现了故乡人民对这位巾帼英雄的无比怀念。

你知道陈抟庙中的陈抟是什么人吗?

陈抟是生活在唐末宋初的著名道士，姓陈，字图南，自号扶摇子，宋太宗赐号“希夷先生”，是继老庄之后的道家至尊，世人皆尊其为“陈抟老祖”。据《亳州志》记载，陈抟生于唐懿宗咸通十二年（871 年），卒于北宋太宗端拱二年（989 年），是在农民大起义的暴风雨中诞生的，成年以后又经历了频繁的改朝换代。短短半个世纪，经历了五代十国的兴亡，仅中原一带就走马灯似的换了八姓十三帝。他走过了这个时代贫苦知识分子都经历过的艰难道路，年逾花甲仍“举进士不第”，后遂弃儒修道，80 余岁皈依玄门，遍访名山，终成一代道教至尊。现代学者蒙文通这样评价陈抟：中华民族文化“以孔、老子为一”，“希夷有开来之功”、“图南不徒为高隐，而实博学多能；不徒为书生，而固有雄武之略。其人之龙耶！方其高卧三峰，而两宋之道德文章已系一身”；任继愈先生在《中国道教史》中亦赞陈抟“淹通三教”。所以，历史上的陈抟学问高深，涉猎广泛，著述众多。

自宋朝起，在亳州就有专门纪念陈抟的庙祠，其址在今亳州城外十八镇十二里陈庄（现为希夷村），村民皆自称为陈抟后辈族人。每逢农历十月十日，陈抟庙还举行庙会，以示对他的怀念。陈抟故居和陈抟庙多次遭到毁坏，也多次得到重建。亳州市政府继于 1989 年重修之后，又于 2007 年投资重修。重修后的陈抟庙将与老子殿、庄子祠一起，为保护和弘扬道家文化发挥独特的作用。

花戏楼三绝是什么？

花戏楼，又称山陕会馆、大关帝庙，位于亳州市谯城区北关，它是明清时期山西、陕西商人聚会的地方。因关羽是山西人，因此他们在此建关公庙。清康熙十五年（1676 年）始在关公庙建花戏楼，乾隆年间又增添了许多彩绘和雕刻。花戏楼因精湛的雕刻、绚丽的彩绘而驰名中外。花戏楼是全国重点文物保护单位，整个建筑群面积 3163 平方米，分戏楼、钟楼、鼓楼、座楼和关帝庙大殿等几个部分。

花戏楼有“三绝”：第一绝是正门前的两根旗杆，每根重 6 吨，高 16 余米，直插云霄；旗杆分五节，每节分铸八卦蟠龙，顶端铸丹凤一只，造型生动，旗杆上还有三层方斗风铃 24 只，迎风叮当作响，清脆悦耳。花戏楼的第二绝是木雕，共雕有三国戏文 18 出，人物数百个，神态各异，龙争虎斗，呼之欲出。花戏楼的第三绝在山门，这是一座仿木结构的三层牌坊式建筑，上面镶嵌着闻名天下的徽派立体水磨砖雕，玲珑剔透，琳琅满目，在不足 5 厘米厚的水磨青砖面上，共雕人物 115 人，禽鸟 33 只，走兽 67 只，楼台殿阁多处，花草树木无数，内容涉及中国的宗教、历史、政治、军事、风俗民情等诸多方面。

“能断油，能断盐，不断朱公香火钱”中的“朱公”是指谁？

亳州花戏楼东边有一座朱公祠，这祠里敬的是清朝时亳州州官朱之琏。老辈人说：“能断油，能断盐，不断朱公香火钱。”亳州人为什么这么崇敬朱之琏呢？

清康熙年间，进士朱之琏到亳州任州官。上任之初，朱之琏严惩了当地恶霸“王一尺”，又捉拿地痞恶棍十余人，立地重法。这一举措受到了满城百姓的拍案叫好。朱之琏为官特别清廉，在灾荒年份，同老百姓一样，用雪充饥，用冰化成水解渴，吃着粗糙霉变的米粒，穿着破旧缝补的衣服，以至于外来的人分不出他是州官还是老百姓。在他的影响带动下，官府停止了向群众的任何摊派索取，民众也都戒掉了奢华之风，那些靠舞文弄墨制造政绩欺上瞒下的，那些为打通关节行贿受贿的，都觉得没有了市场，或者离开了亳州另谋高就，或者收敛了自己的行为。

▲ 亳州花戏楼

朱之琏调离官职离开亳州时，沿途村童田妇，有的挎着篮子，有的装着开水，有的装着鸡汤，箪食壶浆，跪在路旁争着献给朱之琏，有的甚至跪在地上号哭不止。朱之琏上了船，只见涡河两岸成千上万的人跪在河边焚香叩拜，把亳州境内几十里长的河岸挤得没有一片空地。可见，亳州老百姓对“朱公”的爱戴。

薛阁塔为什么而建？

薛阁塔，本名文峰塔，位于谯城区薛阁路中段路南。清乾隆三十七年（1772 年）亳州知州郑交泰，为振兴文风而建，故名文峰塔，塔高五层。嘉庆十七年（1812 年）州绅何天衢投资续建两层，成为七级玲珑宝塔。因塔建在明代吏部考

▲ 薛阁塔

功司朗中薛惠的家庙薛家阁附近，故当地人习称此塔为薛阁塔。

塔为砖结构，楼阁式建筑造型，八角形，共七层，高 34.15 米，底层周长 23.36 米，塔座为八块大清石奠基。每层外转角为砖砌仿木方柱，柱上是砖枋，枋上为塔檐，枋下饰砖刻斗拱、禽鸟、花卉图案。塔内为“壁内折上式”，从第二至第六层内壁上各有一面南小龛，为供神之处。塔顶八角飞檐、翘角垂脊、风铃叮当，筒瓦屋顶，玲珑剔透。塔尖为铁铸莲花座，座上铸葫芦式塔刹，直插云霄。2001 年 6 月国务院将该塔作为曹氏家族墓群的附属建筑，公布为全国重点文物保护单位。

常乐园与观音山为谁所建?

位于亳州市谯城区薛阁路中段路南，薛阁塔南侧，为亳州著名园林。

明正德九年（1514 年）薛惠中进士，授刑部主事，后改授吏部考功郎中，因谏武宗皇帝南巡，受迁权夺俸，引疾归隐家乡，后在亳州城南郊建一座“退乐园”，有人认为此名“过直”，后改为“常乐园”。其孙薛凤翔记云：“小筑丘园、灌木交荫、叠石为山、文石玲珑、嶙然玉立。”常乐园分“似漆园”、“西园”、“浮华园”三个园区，园内楼、台、亭、阁、轩、榭布局合理，景物天人合一，情景交融，四季如春，可惜早废。

观音山原是“常乐园”旧址。清嘉庆三年（1798 年）亳州督司李铭在废址上堆土为山，建观音庙，曲桥回廊，危楼玉宇，为亳州一大胜景。庙内供菩萨，世人俗称“薛阁庙”，每年农历二月十九日逢会。各地商贾云集，买卖交易，朝山进香，人群如潮，会期三天，盛况空前。今观音山庙宇已废，土山尚存，北侧的薛阁塔巍然屹立，薛阁庙会已成为亳州盛大物资交流会。

你知道江宁会馆的历史功能吗?

江宁会馆，位于谯城区古泉路中北侧，是南京药材商人为经销方便，于清嘉庆十二年（1807 年）在圆觉寺的基础上集资改建的（因圆觉寺自康熙时期就由南京商人管理使用），具有祭祀神灵、祈福求财、交流信息、商务活动、方便起居、娱乐休闲等功能。

会馆坐北朝南，青砖灰瓦。现存山门、戏楼、配楼、钟楼、鼓楼、看楼、正殿、偏殿等古建筑，计 52 间。山门 3 间，正门匾额镶嵌砖刻“江宁会馆”四个大字，东西次间匾额，分别镶嵌“钟山”、“分秀”碑刻大字，意为将中山之秀分到亳州来。进入山门即是戏楼，戏楼与大殿南北相对而建，舞台前突、木结构，屏风彩绘“二龙戏珠”图案，上悬“秀接钟山”匾额，整座戏楼建筑，集南北风格于一体，秀丽多姿。看楼与钟鼓楼分列东、西两侧，檐廊弯绕，构成一个古老的四合院，具有鲜明的亳州地方特色。江宁会馆对研究清代早期建筑艺术，宗教、商务具有重要价值。

中国（亳州）中药材交易中心为什么称雄天下?

中国（亳州）中药材交易中心位于亳州市内。亳州名列全国四大药都之首，久有“数天下药市，药材天地，歧黄事业，此城最古；量人间风采，神医故里，医药文化，吾地独优”的美誉。1995 年，江泽民总书记欣然亲笔题写“华佗故里，药材之乡”。目前，全市中药材种植面积已发展到 63 万多亩，种植 400 多个品种，新开发 208 种，从事种植、加工、购销中药材的人员达 100 万人之众，形成近千个中药材种植专业村。亳州已成为全国最大的中药材集散地，而中国（亳州）中药材交易中心成为全国规模最大、设施最好、档次最高的中药材专业市场，占地 400 余亩，建筑面积 24 万平方米，摊位 2600 多个，中药材日上市量达 6000 吨，日客流量近 3 万人，中药材年交易额达 100 亿元。

“八步六条街”说法的由何而来？

“八步六条街”，位于谯城区北关明清老街区内。在白布大街和帽铺街的结合处，向西是爬子巷，向东是炭场街；四街相交处，路西、路北有一斜向面铺，因涡河水最多只能到此，因此称其为“水门街”，“水门街”西侧向北有一条名叫“德振”的街道，于是形成了“八步六条街”的奇景，成了到亳州旅游的客人必到之处。

你知道“古井贡酒”的故乡吗？

古井贡酒产于安徽亳州市（今谯城区）减家集，是历史悠久的中国十大名酒之一。古井贡酒因采用古井泉水酿造而得名。

“古井”坐落在亳州市城东北 20 千米的减店集，已有 1400 多年的历史。据《亳县志》记载，在南北朝时，亳州市称“谯县”，属北魏境地。南朝梁武帝萧衍派大将元树领兵攻取“谯县”，镇守谯县的魏将樊子鹄派猛将独孤出城迎战，不胜而死，临死前他将金锏和长戟投入古井中。后人为纪念独孤将军，在投戟的井旁，盖了一座独孤将军庙，并在庙的四周又掘了 23 眼井。今仅存 4 眼井。这一带为盐碱地，井水味苦涩，唯独投戟之井水质与别的井迥然不同。千余年来，此井不溢不涸，井水清澈透明，味甜爽口，含有丰富的矿物质。用此井水酿酒，酒香浓郁，甘美醇和。因此，这眼古井被人们称为“天下名井”。

用“天下名井”酿制的酒，原名“减酒”。“减酒”历来被视为酒中珍品，民间至今仍流传着“胡芹减酒宴嘉宾”的美谈。到了明朝万历年间，此酒作为贡品进献皇帝，从此“减酒”改名“古井贡酒”，一直延至清代都列为“贡品”。

古井贡酒酒液清澈透明，香醇如幽兰，入口甘美醇和，回味经久不息，属浓香型大曲酒。酒精度数为60°。适量饮用有健胃、活血、提神之功效。古井贡酒是“一家饮酒千家醉，一户开坛千里香”的好酒。

你知道华夏第一白酒博物馆——安徽古井酒文化博物馆吗？

安徽古井酒文化博物馆位于亳州古井镇古井酒厂对面，为仿明清宫廷建筑，是安徽“十大”行业馆之一，也是国内最早的酒文化博物馆之一。连同古井酒厂、魏井、宋井，被国家旅游局命名为“工业旅游示范点”。

安徽古井酒文化博物馆建于1994年，占地3200平方米，建筑面积2200平方米，总投资近2000万元，由北京故宫博物院专家陈列布展，分为中国酒文化、古井酒文化、古井发展史、名酒荟萃、古井画廊五大展区。一大批诸如储秀宫慈禧太后专用酒器等国宝在馆内展出，充分展示了中国酒文化的博大精深。以古井酒文化博物馆为主要组成部分的古井酒文化博览园，包括北区和南区两大部分。北区可供游览点为：古井园—灌装自动化车间—酿酒生产车间；南区可供游览点为：古井酒文化博物馆—古井宾馆。开馆十多年来已经有着很高的知名度和美誉度，被誉为“华夏第一白酒博物馆”，并被评为“全国精神文明建设先进单位”、“全国工业旅游示范点”和“亳州市爱国主义教育基地”等。

魏井、宋井是魏代、宋代人开凿的吗？

魏井、宋井，均位于谯城区古井酒厂内。魏井不是魏代人开凿的，据传春秋时期，当地人就用此井水酿酒。曹操曾将用该井水酿造的美酒进贡给汉献帝。南北朝时期，咸阳王元树镇守谯城（今亳州市），被北魏樊子鹄擒杀，葬古井旁，此后该地名“咸王店”，俗称咸店。后来，北魏将军独孤信战败，弃金锏和长戟于井中，于是井水更加清澈甜美。汲水酿酒，酒香浓郁，甘美醇和，为酒中上品。

魏井，常年水深6、7米，从未干涸过。古井酒厂用每小时可提10立方米的水泵抽水，昼夜不停，井水仍不见明显下降。如今，井上建有“古井亭”，爱新觉罗·溥杰、赵朴初分别题写“古井亭”匾额，沈鹏撰写了“古井亭记”，启功题写“佳酿千年传魏井，浓香万里发汤都”的楹联，因此该亭称为“四绝亭”。古井旁一株参天古槐树与古井相映生辉，成为古井贡酒注册商标。

古井酒厂还保存一口宋代古井，现在仍然继续使用。魏井、宋井均为省级文物保护单位。

关于亳州的酒习俗你了解多少?

“百礼之会，非酒不行”，饮酒是中华民族的传统，而亳州作为酒城，饮酒的风俗更加浓厚，酒已融入亳州人生活的方方面面。

在亳州，婚丧嫁娶自然少不了酒，办喜事是用酒最多的时候。亳州办喜事都是两天时间，亲戚朋友平时疏于见面，现在都是专程来祝贺的，正好有时间喝个痛快，于是划拳行令，使本来锣鼓喧天的喜事更加热闹。

大多数亳州人都爱喝几杯，这使得酒成为亳州首要的礼品。小伙子找到了对象，端午节、中秋节、春节要给女朋友的父母送“节礼”，首要的礼品就是酒。逢年过节走亲戚，首要的礼品还是酒。

在亳州喝酒时的气氛也很热闹，划拳行令少不了，酒过三巡之后，就开始行令了。这里的酒令很多，传统的有划拳、猜宝、老虎杠子虫、大拿小，现在通过扑克牌又增加了吹牛等项目。划拳是最有气氛的一种酒令，也是亳州最主要的酒令，原来随处可见饭店内有人划拳喝酒，现在略有减少，不过在家中以及在农村还是非常盛行。划拳的喊法很有意思，不拘一格，比如“三”除了喊三，还有人喊“三星高照”、“桃园结义”等。划拳的双方都瞪大眼睛，观察对方指头的变化，再根据判断喊数字、出指头。划拳比的是反应的速度，遇到对手时，你快他也快，你慢他也慢，能够杀好几个回合都不见胜负，这时候双方兴致很高，喊声也是起起伏伏。猜宝则是由那些擅长心理战的人使用，伸出一个拳头让你猜里面有没有，双方虚虚实实比心计，擅长猜宝的人基本能让对手每次都喝酒。

你知道亳州古镇——古城父的悠久历史吗？

城父镇，位于谯城区东南边陲，距城区约 33 千米，南依漳河，北偎涡水，紧靠大京九，西傍商阜高速公路，307 省道穿镇而过，水陆交通极为便利。城父镇现有人口 62560 人，总面积 92 平方千米，耕地面积 93000 亩。

该镇已有 3600 多年的历史。城父古称夷，又称城父寨。春秋为陈国夷邑，楚灭陈后，夷沦为楚地。鲁昭公九年（前 533 年）楚迁许于夷。鲁昭公十三年（前 529 年）“吴灭徐，徐子奔楚，楚城夷而处之。”由此说明城父在未置业之前，曾居住过两个小国君。楚平王使太子建居城父。汉置城父县。东晋咸康四年（338 年）改置浚仪县，隋大业二年（606 年）恢复城父建制。明洪武初，废城父县，并入亳州，改称城父寨。新中国成立前后，一直为区、公社、乡镇政府所在地。

春秋名将伍子胥，西汉军事谋略家张良均出于此，是千年历史文化名镇。全镇现有省、市级文物保护单位十余处，如大汶口时期原始人居住地铁营古遗址，原始社会部落群青凤岭，神奇传说的四女孤堆、二女孤堆古墓群，春秋名将伍子胥的庄园遗址伍员庄园，春秋时期供楚国太子玩花赏景所在望花台，汉张良张门楼墓群遗址，汉代大型古墓葬庙台子遗址，宋太祖赵匡胤南巡休憩之地回龙寺，城父古城址等。

道教祖庭，老子故里——涡阳天静宫有哪三个中华第一？

天静宫，又名太清宫，位于老子故里涡阳县城北5000米处的闸北镇郑店村。占地258亩，现在尚存有天静宫、天齐庙、九龙井、老子娘坟等多处与老子有关的遗迹。天齐庙又称东岳庙、老子“老庙”，是元代天静宫建筑群旧址中保存至今、结构完好的地面建筑。

天静宫建筑群是老子故里的主体标志性建筑，目前已完成了老君殿、灵观殿、三清庙等殿堂的建筑。老君殿是天静宫的主殿，按照道教祖庭的规模及宋代规制修复，九脊重檐，东西长47米，南北深28米，殿高23.75米，立于2米高的崇台上，堪称道观第一殿。殿内屹立老子、尹喜、东华帝君三尊青铜像，其中老子像高5.5米，重6000千克，目前为国内最大的老子铜像，堪称中华第一。九龙井是天静宫建筑群中的又一主要景观，现已探明九龙井位于天静宫围墙的东侧，其中一口井经考古鉴定，系春秋时期的“瓦圈井”，如今已修建了井亭，加以保护，九龙井堪称中华第一，是老子故里在涡阳的有力佐证。

九龙井真与老子降生有关吗？

九龙井，在涡阳县太清宫东侧。传说老子降生时“万鹤翔空，九龙吐水，以浴圣姿，龙出之处，因成九井”。因此，这九眼井称为“九龙井”。除去传说中的神话色彩，查众多典籍方志，原老子庙内确实有九井。在考古发现的九井之中，有一眼深埋在池塘之中，离地表3米，井口内壁直径为90厘米，井深5.7米，是用红、褐两色夹砂陶制成的大块板瓦筒缸套制而成。此井为春秋时期的瓦圈井。其他8井，有3眼经汉代整修过；其余5眼为宋代重修。九井密布于流星园中，实为一大奇观。

道生园是为谁而建的？

道生园，坐落在涡阳县交通局院内，占地2000平方米。该园是为纪念老子而建的一座园林，老子宣传“道生天地、道法自然”，故名道生园。该园1999年3月16日破土动工，6月16日竣工。该园有亭、廊、堂、榭、山、水、桥、架八景。园分前、后两院，前简后繁，渐入佳境。

入园门正中为中华人民共和国地图造型；左侧为弧形花架，置紫藤、木香附之，架下为三友园；右侧蘑菇三亭错落分布，玫瑰、牡丹二园两翼流走。

“得一堂”将庭园中分为二，此堂取名于老子“天得一以清，地得一以宁，神得一以灵，谷得一以盈，万物得一以生，侯王得一以为天下贞”。堂前双狮护卫，门旁双凤起舞，步入得一堂，堂顶为九龙迎圣，紫气缭绕，万鹤翔集，九龙喷水，为老子沐浴。左右为长廊，两侧绘有老子、庄子的历史故事。

园内有聚仙榭、修亭、千石山、飞瀑、鉴海、缘桥、秦径、观复亭等。登上观复亭，满园风光尽收眼底，粉墙黄瓦，曲廊分院，绿树垂荫，竹影花香，犹如人间仙境，使人流连忘返。

你去过涡阳老子文化广场吗？

老子文化广场，坐落在涡阳县城中心，占地2.2万平方米，由原体育场改建而成。该广场是新世纪城市建设的标志性建筑。它集大型雕塑、音乐喷泉、绿地草坪为一体，突出道家文化特色。在下沉式广场中心园地坪铺有太极图图案，在其南端安装九根龙型图腾柱。老子文化广场是市民休闲健身的好去处。

九龙柱雕刻着哪九个历史故事?

九龙柱，位于涡阳县城老子文化广场内。九根直冲云霄的龙形汉白玉图腾柱，象征着老子降生时，九龙吐水，以浴圣姿。在九龙柱的底座上，雕刻着九个发生在涡阳境内的历史故事。依次为“陈抟卧迹”、“紫气东来”、“孔子问礼”、“老子传道”、“九龙迎驾”、“庄子演道”、“嵇康琴韵”、“遗桥敬履”、“激流勇退”。

高炉古镇因何而得名?

高炉镇，位于涡阳县城东12千米处的涡河北岸。据《涡阳县志》载，东汉末期，曹操在此沿涡一带屯兵数十万，并建高炉，打造兵器，准备攻打吴国，扫平中原。高炉镇因而得名。曹操为犒劳三军，又将各地酒师召来，利用本地的甘泉酿造美酒。于是，高炉的酒业也因此发达起来。在当时就有“汉三杰闻香下马，高炉酒十里飘香”的美誉。过去，高炉有数十家酿酒的糟坊（作坊），较有名的有汇海、广和、涌泉公等。其产品销往京沪和东北等地。著名的安徽双轮集团——高炉酒厂就坐落在高炉镇。

你知道范蠡西施墓在哪里吗?

范蠡西施墓也叫范蠡孤堆，位于涡阳县西阳镇西，原属蒙城县。清光绪年间《安徽通志》说：越大夫范蠡墓在涡阳东南范蠡村。《蒙城县志》说：范蠡墓在县西五十里，湖水环绕，墓浮其中，高瞻土山，上建庙宇，内塑范蠡西施像并有松柏密林覆照，异常壮观，行者皆瞻望凭吊焉。范蠡，字少白，春秋末政治家，越国大夫。他助越灭吴后，功成身退，偕西施游齐、鲁，一度为齐相，改名鸱夷子皮，不久又离齐，治产经商，成为巨富。19 年中，三致千金，散而复聚。晚年寄居于陶朱里，号陶朱公。因其人品高尚，善于理财，后被道教尊奉为财神。

尉迟寺新石器时代遗址有何重大历史价值？

尉迟寺新石器时代遗址，为全国重点文物保护单位，位于蒙城县许町镇毕集村东，是国内目前保存较为完整、规模较大、以大汶口文化为主的原始社会聚落遗存。考古工作者从 1989 年至今，在 1 万平方米的范围内，共清理出房迹 78 间，墓葬 300 余座及大量的灰坑、祭礼坑等。出土各种石器、陶器、骨器、蚌器等珍贵文物近万件，为研究皖北地区原始社会中、晚期的历史提供了重要的资料。

这里出土的大型红烧排房式建筑是我国原始建筑史上的瑰宝，无论是规模还是建筑形式，均为国内罕见。一条宽 20 余米、深 4 米多、南北长 230 米、东西宽 200 米的大型壕沟，把遗址的中心部分团团围住，说明当时人们在长期居住过程中营造了必需的防御设施。

大片的氏族公共墓地，是原始居民在意识形态方面的反应，成人实行土坑葬，儿童实行瓮棺葬，形成了迥然不同的埋葬方式，但头向一致，说明当时存在着浓厚的原始宗教信仰。

万佛塔为什么评为全国重点文物保护单位？

万佛塔又名插花塔、慈氏寺塔，全国重点文物保护单位，位于蒙城县城。始建于宋代，塔身内外嵌砌琉璃小佛近万尊，因而得名。塔内现存两块建塔的碑刻，一块在第四层，为宋崇宁元年（1102 年）所刻，一块在第十一层，为崇宁五年（1106 年）所刻。

万佛塔为八角十三层楼阁式砖塔，也是佛教最高级别的宝塔。高 42. 2 米，地座周长 24. 8 米。塔的四正面辟门，其余四面砌作假窗，七层为穿心式楼梯，八层以上为盘旋式楼梯。游人可登上第十层，远眺全城风光。万佛塔造型秀丽，结构富于变化，保存亦较完整。为我国南北方造塔技术融合的杰作。“故塔插花”为蒙城胜景之一。

你去过庄子祠吗？

宋元丰元年（1078 年），蒙城县令王竞始建庄子祠，此祠堂建于涡河北岸漆园故址，主要建筑有逍遥堂、梦蝶楼、观鱼台等。每年祭祀，从未间断，至明朝天顺年间被洪水淹没。明万历八年（1580 年），知县吴一鸾于县城东关重建。重建的庄子祠堂规模宏大，颇为壮观。有逍遥堂、梦蝶楼、卷篷各三间，道舍三间，鱼池桥一座。左为梦蝶楼，右为观鱼台。逍遥堂居中，堂中塑庄周像，每年春秋祭祀。明崇祯五年（1632 年），知县李时芳重修逍遥堂，增建五笑亭，辟池为庄子濠上观鱼园，并新撰《新修庄子祠记》，刻碑立于祠内。门前立丈余高的石碑，镌刻“庄周故里”四个大字。现存庄子祠是蒙城县政府在宋代庄子祠旧址上新建的，总占地面积 52 亩，总建筑面积 1086 平方米，全祠由祠堂建筑群与万树园两部分组成。主要建筑有大三门、影壁、山门、逍遥堂、古衡门，濮池、五笑亭、观台、观鱼桥、梦蝶楼、南华经阁、东西碑廊、道舍、客舍等。

你知道双锁山名称的来历吗？

双锁山，位于蒙城县小涧镇北，面积 1. 8 平方千米，又名齐山、驼腰山，以其形像古锁而得名。五代末期刘金定居守此山，保家护乡，史称“齐山公主”。今山上遗有饮马泉、旗杆座，山下有高琼墓、凉马棚、上马台、下马台、刘金定梳妆楼等遗迹。其中梳妆楼位于双锁山南东坡上，宋代为纪念刘金定而建，明代重建，为砖木结构，双层飞檐凌空，宏伟秀丽，雕梁画栋，惜后毁。1982 年山上建双锁山烈士陵园。

你了解双锁山汉墓群吗？

双锁山汉墓群，位于蒙城县双锁山下，红城周围。经探察，双锁山下有多座汉墓连片成群，曾出土战国时期的青铜器及秦汉时代的文物，其中以 7 件战国铜鼎最为珍贵（现存于文管所）。双锁山北一座汉墓经发掘，出土铜镜、铜钱等多种文物。墓室分前厅和四室，墓门为石门，门上有兽头卸环及凤鸟的雕刻，图案依然清晰生动，石门仍开关自如。

你知道红城的名称来历吗？

红城，又名垂惠聚，欲称红城子，位于蒙城县双锁山东北红城村一带。红城始建于春秋，时名垂惠聚。东汉建武四年（28 年），王莽部将苏茂、周建被刘秀军打败，逃至垂惠聚。次年，刘秀率军攻打垂惠聚，围困月余，后用火攻之，城土皆烧为红色，因此得名红城子。

红城遗址面积约 1.3 平方千米，长方形，外城为夯土筑成，东西长约 900 米，南北长约 1430 米。西城墙今平整作大路，残高 1.7 米，上宽 7 米，下宽 19 米余。其余三面城墙均成农田。内城地势较高，俗名小城墙，面积约 1897 平方米。北面城墙残高 1.5 米余，于庄庄东 200 米处地势最高，当地群众呼为“金銮殿”。

你知道伍子胥是利辛人吗？

伍子胥（? ~前 484 年），名员，春秋楚国乾溪（今利辛县）

人，吴国大臣。伍子胥之父伍奢为楚平王子建太傅，因受费无忌陷害，和其长子伍尚一同被楚平王杀害。伍子胥带太子建之子逃到吴国，成为吴王阖闾重臣。公元前 506 年，伍子胥带兵攻入楚都，掘楚平王墓，鞭尸三百，以报父兄之仇。吴国倚重伍子胥等人之谋，遂成为诸侯一霸。公元前 483 年，夫差派伍子胥出使齐国。太宰喜乘机进谗，说伍子胥阴谋倚托齐国反吴。夫差听信谗言，派人送一把宝剑给伍子胥，令其自杀。伍子胥自杀前对门客说：“请将我的眼睛挖出置于东门之上，我要看着吴国灭亡。”在伍子胥死后 9 年，吴国果然为越所灭。

伍奢冢遗址与伍子胥之父伍奢有什么关系？

伍奢冢遗址，位于利辛县孙庙乡庙李村东北，为新石器时代至汉代遗址。遗址呈谷堆形，占地 3 万平方米，因伍奢冢在此而得名。冢上文化堆积层为 38 米，冢下为 18 米（河堤剖面），冢南 100 米处有土城墙遗址，东西长 140 米，基宽 3 米，高出地面半米许，城墙北侧发现有古井、锅灶遗迹等。20 世纪 60 年代，曾发现有石斧、骨针、陶网坠、红烧土等。1980 年以来，地面采集大量文物标本，经专家鉴定，为大汶口文化晚期遗物，其上层夹杂着东周至汉代遗物。该处具有重要的保护价值和学术研究价值，现为安徽省文物保护单位。

你知道利辛县烈士陵园在哪里吗？

利辛县烈士陵园，原名路集烈士纪念碑，位于利辛县路集。这里埋葬着抗日战争和解放战争时期为国捐躯的祝聚民等 7 位烈士的遗骨。1984 年县人民政府出资兴建，2003 年 12 月县人民政府出资扩建并命名为利辛县烈士陵园。整个陵园长 110 米，宽 90 米，纪念碑高 10 米，气势恢宏，古朴庄重，依“山”傍水，松柏掩翠，满园馨香。既有陵园之凝重肃穆，又有园林之秀丽清新，集瞻仰、游览两种功能于一身。原安徽省委副书记、省人大主任王光宇为纪念碑题词：“革命烈士永垂不朽”。原省人大副主任郑锐为陵园题写了园名。

你知道旧城的名称来历吗？

旧城，位于利辛县城东北 18 千米，茨河东岸。城址东西 1.25 千米，南北 1.5 千米。城址地表可采集到灰陶四分式卷云瓦当，绳纹筒瓦，几何形空心砖等汉代遗物。城址外曾发现规模较大的汉砖石墓。墓葬石门，雕刻有朱雀图案及铺首衔环。在当地，民间广为流传着：越王坐旧城，72 眼井；落星桥、御花园、报恩寺，四门出棺越王死；东部大蒋湾，南有云蒙山，西靠运粮河，北边老龙滩。

你知道“运筹帷幄之中，决胜千里之外”的张良是亳州人吗？

张良（？～前 186 年），字子房，汉初三杰之一。传为汉初城父（今亳州市东南）人。先世原为韩国贵族。秦灭韩后，他图谋恢复韩国，结交刺客，在博浪沙（在河南原阳东南）狙击秦始皇未遂，逃亡至下邳（今江苏睢宁北）。秦末农民战争中，率部投奔刘邦，不久游说项梁立韩贵族成为韩王，为韩司徒。后韩王成被项羽杀害，复归刘邦，为其重要谋士。刘邦西入武关后，在峣下用计破敌；鸿门宴上帮助刘邦脱离险境；楚汉战争期间，提出不立六国后代，联合英布、彭越，重用韩信等策略，又主张追击项羽，歼灭楚军，“长计谋平天下”。刘邦盛赞其“运筹帷幄之中，决胜于千里外，子房功也”。汉朝建立，封留侯。传见《史记·留侯世家》、《汉书·张良传》。

捻军首领张乐行故居在哪里？

张乐行故居，位于涡阳县张老家村，是捻军首领张乐行的诞生地，为安徽省重点文物保护单位。故居属清式四合院，院内松柏掩映，有瓦房16间，其中前排堂屋5间，后客厅5间，东西厢房各3间。客厅重梁起架，雕梁画栋，明柱走廊，花格门窗，建筑雄伟。故居内存有张氏大宗谱、张氏小宗图、张慰祖墓碑及张敏行墓碑等。

张乐行（1810~1863年），涡阳县城西北6千米张老家村人。张乐行咸丰二年（1852年）抗清起义，是捻军的组织者、领导者，清同治二年（1863年）殉难。捻军起义沉重地打击了清朝统治者。

你知道“粒粒皆辛苦”诗句的作者吗？

《悯农诗》是我们从小就耳熟能详的唐诗，它的作者就是亳州诗人李绅。

李绅自幼好学，20岁中了进士，官至翰林学士。有一年夏天，李绅回故乡亳州探亲访友。恰遇浙东节度使李逢吉回朝奏事，路经亳州，二人是同榜进士，又是文朋诗友，久别重逢，自然要盘桓一日。这天，李绅和李逢吉携手登上城东观稼台。二人遥望远方，心潮起伏。李逢吉感慨之余，吟了一首诗，最后两句是：“何得千里朝野路，累年迁任如登台。”意思是，如果升官能像登台这样快就好了。李绅此时却被另一种景象感动了。他看到田野里的农夫，在火热的阳光下锄地，不禁感慨，随口吟道：“锄禾日当午，汗滴禾下土。谁知盘中餐，粒粒皆辛苦！”

李绅一生当中作了三首《悯农诗》，第二首是大家熟悉的“春种一粒粟，秋收万颗籽。四海无闲田，农夫犹饿死！”第三首《悯农诗》失传千年，近代人们才在敦煌石窟中的唐人诗卷中发现，全诗为：“垄上扶犁儿，手种腹长饥。窗下织梭女，手织身无衣。我愿燕赵姝，化为嫫女姿。一笑不值钱，自然家国肥。”

你知道“亳州三花”是哪三花吗？

“亳州三花”是指亳州芍花、亳州桐花和亳州牡丹。

亳州市是全国著名的药材之乡，全市药材种植面积近 100 万亩，其中白芍种植面积 17 万亩，是全国著名的芍花之乡。白芍又名芍药，系多年生宿根性草本植物，药用其根，性平味甘，以柔肝止痛、养血敛阴而药用。其花不仅是一种观赏植物，也是一种良好的保健品、化妆品。

亳州在商代就有“桐宫桑林”之称，向有“桐乡”美誉。如今，亳州市谯城区和涡阳义门一带所植林网近 200 余万亩，仅泡桐占 2/3 以上。每当春季来临，紫色的桐花夹道盛开，吸引了广大的游人，也吸引了各地桐木客商。

亳州不仅是芍药之乡、桐花之乡，而且更是著名的牡丹之乡。此处所植牡丹主要为：药用和观赏。从观赏来说，被誉为“花中之王”的牡丹，在亳州有着悠久的栽培历史，而且以花木艳丽、秀美多姿而英冠群芳。亳州志上记载：亳州种植牡丹始于晋，当时就已有御衣黄、迭翠芯珠、桃花湛露等许多名甲天下的极品。后“初盛于洛（阳），再盛于亳”。现在，每逢 4 月，各色牡丹竞相开放，五彩斑斓，婀娜多姿。

每年 4～5 月，盛开的桐花和芍花、牡丹花形成了亳州一道亮丽的风景线。

“亳桐”的桐树是指梧桐吗？

亳桐并不是常作为道旁树的梧桐树，而是指当地的一种泡桐树。

亳州的泡桐历史悠久，明人王廷相就称赞“桐宫桑林古帝都”。泡桐主要产区在谯城区和涡阳县义门镇一带。这里的土壤多为黄沙土，透气好，回水快，当地称为夜潮沙，白天表土被太阳晒得干干的，一夜间土壤便能回潮，非常适宜泡桐生长。

亳州泡桐的特点是面板光洁、瓷实、轻逸、不变形、不虫蛀，宁折而不弯，属于打制家具的上好材料。亳州泡桐的另一大特点是生长快，栽下一棵树苗，三五年即可成材。

相传，曹操、曹丕带兵打仗时遇到了瘟疫，兵士病倒很多，偶然想起家乡亳州的涡河岸边有一种楮树，树上结的果子能避瘟疫，便命兵士大量采摘，食后，果然止住了瘟疫流行。曹丕称帝之后，大封功臣时想起了楮树，便派近臣回亳封楮树为“大夫”，赠以红袍。不料近臣醉酒误事，把红袍错挂在了泡桐树上。楮树见了大为不满，从此便精神不振，不仅生长慢，而且生虫多病。泡桐呢，因为无功而受禄，心里很是过意不去，于是便拼命生长，以报答皇恩。

如今，亳州市谯城区和涡阳义门一带种植泡桐100余万亩。每当春季来临，紫色的桐花夹道盛开，吸引了广大的游人，也吸引了各地桐木客商。

你知道亳菊有哪些功效吗？

▲ 亳菊

亳菊产于安徽亳州，阴干入药。花朵较松、容易散瓣是亳菊的重要特点之一。亳菊以疏风散热、解暑明目见长。如果你不慎得了风热感冒，不妨取亳菊与冰糖代茶饮。夏季还可将亳菊与大米一起煮成粥，可预防中暑。

“天下一绝，亳州剪纸”知多少？

在亳州，旧时大户人家闺女出嫁，每件嫁妆上都贴有色彩鲜艳、构图新颖的剪纸，好似一次剪纸大展览，引得市民们争相观赏。如今，亳州一些人家的室内和许多单位的会议室，都饰以民间特色的剪纸，显得古朴、明朗、典雅、大方。它还一直作为礼品馈赠国外宾朋，并作为工艺品出口美国、大洋洲、欧洲。

亳州剪纸至少有七八百年的历史，从出土文物看，唐代瓦当和陶器就有剪纸图案，宋代已很流行。清末民初空前活跃。新中国成立后这一民间艺术受到重视，得以进一步发展。亳州剪纸艺术广泛吸收多种艺术的营养，已由纯民间艺术发展到颇具现代特征，而又不失民间风韵的当代剪纸。创作题材也由原来的花鸟虫鱼、飞禽走兽，以及一些表现民俗的喜庆吉祥之物，发展到以人物和现代社会生活题材为主。不仅具有装饰性和抽象意味，而且具有鲜明的内容和意旨。

亳州剪纸构图丰满，粗细结合，融南北剪纸风格于一体，秀丽与粗犷并存，显示了淮北风格。它以细致见长，头发丝般细的花纹都剪得细腻传神，显示出刀功的特异。艺术上以传神为主，注重人物性格的刻画和花鸟的动感。

“八角台萝卜穿心红”有什么故事？

“穿心红”辣萝卜，产于亳州城南三里的“八角点将台”周围一里左右。它的特点是酥脆如梨，甜中含微辣。初开萝卜，竟有一道红线纵穿中心，红线颜色鲜艳，如同血染。

为什么这种萝卜腹中生长红线，为什么“八角点将台”周围一里之外便无此品种？相传当年曹操刺杀董卓未遂，逃回家乡亳州招兵买马。在城南三里筑一“八角点将台”。点将之日，曹操与一班弟兄歃血为监，誓同生死。最后，将余下的血酒泼到了台下的萝卜地里。收萝卜时，园丁发现沾上血酒的萝卜，腹中都有一条红线，遂当种培植，成了八角点将台的名产。心红辣萝卜不仅是一道佳肴，而且是一味良药，具有滋阴、平喘、理气、清热等疗效。亳州民谚云：“吃辣萝卜喝热茶，大夫饿得满街爬。”

你知道观堂大蒜的独特医用价值吗？

大蒜乃百菜之王。观堂大蒜，可称蒜中之首。观堂大蒜产于刘集、沙土等沿涡河地段。观堂大蒜的独特之处是内在质量高，一般蒜种只能“吃”一水，它却能“吃”三水。所谓“吃”三水，指的是将大蒜捣碎，凉水调成蒜汁，馒头蘸而食之。汁干再兑水调之，味道不变。第三次兑水，仍能调成一定的浓度，味道如前。

你知道移村古银杏树的美丽传说吗？

移村位于蒙城县城以东 20 千米，古银杏树共有两株，树龄约千年。北面的一株，树高约 23 米，主干 5.8 米，胸围 7.5 米，冠幅 30.5 米，占地 1300 平方米。南面的一株毁于 1976 年秋，因孩童在根部穴洞内烧毛豆引起内燃，无法扑救，燃烧长达 5 天。据传，一对恋人因抗拒封建婚姻在这里双双殉情，死前唯一的心愿就是死后能合葬一起，但未能如愿。数年后，两座相距半里地的坟茔上各长出了一棵银杏树，天长日久，越长越大，渐渐地枝理相连，恰似恋人相互依偎的身影。

你知道狼山黑陶是哪里出产的吗？

狼山黑陶是蒙城狼山一带民间制陶工艺品，具有“古”、“拙”

感，纯黑色。据宜兴陶瓷研究所的理化性能测定表明：狼山的黑土是上好的制陶原料，产品理化性能远远超过德州的黑陶产品。狼山黑陶畅销上海、苏、杭一带，远销日本、东南亚、西欧。

你知道“一棵槐树罩两省”的传说吗?

谯城区牛集镇安溜集北头、惠济河南岸，有一棵已有700多年历史的槐树。该树树身粗如磨盘，中间已腐朽而空，可容纳一人，但槐树仍枝繁叶茂。这棵神奇的槐树还有一些美好的传说呢。

据说，明朝燕王扫北时，路过安溜，被这儿的风景所陶醉，于是他便将10万人马沿惠济河两岸设营立帐。他的中军大帐就设在今天的安溜集附近，集西筑台为岗，名曰王岗，是燕王操练军马的场所。燕王军纪严明，其部下对老百姓秋毫无犯。在这豫、皖两省交界土匪时常出没的地方，由于燕王大军的威力，一下子变得夜不闭户，因而老百姓都称这一地方为安溜，安即平安的意思，溜即惠济河这一水流。这就是安溜得名的原因。燕王离开国都南京，难免对家乡有些眷恋和怀念，于是就在帐前亲手栽下了一棵槐树，来寄托这种心思，这棵槐树后人称为明槐。后来燕王离开安溜，继续北上了。而安溜渐渐成为闻名遐迩的集镇，那棵槐树随着时光的流逝成为当地人们心中的圣树。

在以水运为主的年代，惠济河是不可多得的水运航道，上可达开封，下可抵扬州，一时间商贾云集，会馆林立，寺庙遍地，香火不断，好不繁华热闹，人送美名“小南京”。由于商贸的繁荣带来巨大的经济利益，安溜集属谁管辖便成为了安徽的亳州和河南的鹿邑地方官争论的焦点，因为历史上安溜集曾经有属于亳州和鹿邑管辖的记载，一时间难定伯仲，后来双方地方官采取了一个折中的办法，就是以槐树为界，树西为鹿邑，树东为亳，从此便有了“一棵槐树罩两省”的传说。

主要参考书目

[1] 臧维熙，中国旅游文化大辞典，上海：上海古籍出版社，2000

[2] 林众主编，中华旅游通典，北京：社会科学文献出版社，2004

[3] 李文芳，中国名胜索引，北京：中国旅游出版社，1987

[4] 安徽省地方志编纂委员会，安徽省志·文物志，北京：方志出版社，1998

[5] 安徽省地方志编纂委员会，安徽省志·旅游志，北京：方志出版社，1999

[6] 安徽省地方志编纂委员会，安徽省志·民俗志，北京：方志出版社，1998

[7] 安徽省地方志编纂委员会，安徽省志·人物志，北京：方志出版社，1999

[8] 安徽省旅游局编，安徽导游基础知识，合肥：安徽人民出版社，2007

[9] 安徽省旅游局编，走遍安徽，合肥：安徽人民出版社，2007

[10] 邓力群、安平生、李立安主编，当代安徽简史，北京：当代中国出版社，2001

[11] 丁剑、梅森，江淮热土的民俗与旅游，北京：旅游教育出

版社，1995

［12］安徽省地方志办公室，安徽历史文化名城，北京：中国对外翻译出版公司，1999

［13］徐守榜，安徽旅游揽胜，北京：海洋出版社，2000

［14］乌以风编著，天柱山志，合肥：安徽教育出版社，1984

［15］赵建章，桐城派文学思想研究，北京：北京图书馆出版社，2003

［16］吴孟复，桐城文派论述，合肥：安徽教育出版社，2001

［17］章沧授，安徽山水旅游文化，合肥：安徽大学出版社，2006

［18］戴健，庐阳春晖，合肥：安徽教育出版社，1999

［19］张建初主编，皖省首府老安庆/皖江文化研究丛书，合肥：黄山书社，2005

［20］朱恒夫、聂圣哲，中华艺术论丛（第6辑黄梅戏研究专辑），上海：同济大学出版社，2006

［21］安徽省艺术研究所编，黄梅戏通论，合肥：安徽人民出版社，2000

［22］陆洪非，黄梅戏源流，合肥：安徽文艺出版社，1985

［23］沈寂主编，陈独秀研究，合肥：安徽大学出版社，2003

［24］安徽省文学艺术工作者联合会编，安徽故事，北京：人民文学出版社，1960

［25］（明）朱元璋撰，胡士萼点校，明太祖集，合肥：黄山书社，1991

［26］安徽省亳州市地方志编纂委员会，亳州市志，合肥：黄山书社，1996

［27］安徽省阜阳市地方志编纂委员会，阜阳地区志，北京：方志出版社，1999

［28］丁剑主编，安徽掌故，合肥：黄山书社，1990

［29］潜山县地方志编纂委员会，潜山县志，北京：社会科学文

献出版社，1993

[30] 麦小麦，安徽行知书，广州：广东旅游出版社. 2004

[31] 彭卿云，全国重点文物大全，北京：中国旅游出版社，1989

[32] 当代安徽方志编纂委员会编，安庆地区志，合肥：黄山书社，2006

[33] 魏斌编，亳州历史深处的故事，北京：中国文化出版社，2007

[34] 张超凡、许发夫，锦绣安徽（亳州卷），合肥：安徽教育出版社，2000

[35] 金妤、陈文等，锦绣安徽（淮南卷），合肥：安徽教育出版社，2000

[36] 安徽省青阳县地方志编纂委员会，青阳县志，合肥：黄山书社，1992

[37] 丁俊先、李祝安，东至县志，合肥：安徽人民出版社，1991

[38] 石台县地方志办公室，石台县志，合肥：黄山书社，1991

[39] 贵池县地方志办公室，贵池县志，合肥：黄山书社，1994

[40] 欧远方主编，锦绣安徽（池州卷），合肥：安徽教育出版社，1999

[41] 胡学文，古歙春秋，北京：中国文史出版社，1990

[42] 海涛，锦绣安徽（宿州卷），合肥：安徽教育出版社，1998

[43] 巢湖地区文物管理所，巢湖风物志. 1983

[44] 安徽人民出版社编，可爱的安徽，合肥：安徽人民出版社，1994

[45] 王平才，锦绣安徽（芜湖卷），合肥：安徽教育出版社，1999

[46] 唐云龙，锦绣安徽（宣城卷），合肥：安徽教育出版社，1998

[47] 杨子江、桂声民等，锦绣安徽（马鞍山卷），合肥：安徽教

育出版社，1998

［48］龚延明，岳飞评传，南京：南京大学出版社，2001

［49］刘家松，锦绣安徽（六安卷），合肥：安徽教育出版社，1999

［50］王润慧等，锦绣安徽（淮北卷），合肥：安徽教育出版社，1998

［51］姚邦藻主编，徽州学概论，北京：中国社会科学出版社，2000

［52］季家宏主编，黄山旅游文化大辞典，合肥：中国科学技术大学出版社，1994

［53］胡宁主编，休宁——中国第一状元县，合肥：安徽人民出版社，2004

［54］夏发年、刘秉升编著，世界自然文化遗产地——黄山，广州：广东旅游出版社，2005

［55］盛学峰主编，新黄山古徽州导游词，北京：中国旅游出版社，2006

主要参考网站

安徽省人民政府网

安徽旅游资讯网

中国通用旅游网

合肥市旅游网

巢湖市门户网站

安庆旅游网

滁州旅游资讯网

滁州市琅玡山官方网

中国凤阳——旅游频道

中国铜陵门户网站

古镇大通

蚌埠市人民政府

宣城市人民政府网

宣城旅游网

泾县旅游局

中国芜湖

芜湖旅游网

马鞍旅游网

九游网

池州市人民政府网

九华山佛教网

九华山旅游网

选题策划：殷　钰　高　震　谭　燕

责任编辑：殷　钰

责任印制：闫立中

装帧设计：中文天地

图书在版编目（CIP）数据

江淮之滨安徽．2/章尚正主编．--北京：中国旅游出版社，2015.4

（中国地理文化丛书）

ISBN 978－7－5032－4685－2

Ⅰ．①江…　Ⅱ．①章…　Ⅲ．①安徽省－概况　Ⅳ．①K925.4

中国版本图书馆 CIP 数据核字（2013）第 053892 号

书　　名：中国地理文化丛书——江淮之滨安徽（二）

主　　编：章尚正

出版发行：中国旅游出版社

（北京建国门内大街甲 9 号　邮编：100005）

http：//www.cttp.net.cn　E-mail：cttp@cnta.gov.cn

发行部电话：010－85166503

排　　版：北京中文天地文化艺术有限公司

经　　销：全国各地新华书店

印　　刷：三河市恒升印装有限公司

版　　次：2018 年 1 月第 1 版　2018 年 1 月第 1 次印刷

开　　本：710 毫米×1000 毫米　1/16

印　　张：21

印　　数：1－5000 册

字　　数：260 千

定　　价：41.80 元

ISBN　978－7－5032－4685－2